Hanns-Rudolf Lipphardt / **Die kontingentierte Debatte**

Schriften zum Öffentlichen Recht

Band 309

Die kontingentierte Debatte

Parlamentsrechtliche Untersuchung zur Redeordnung des Bundestages

Von

Hanns-Rudolf Lipphardt

DUNCKER & HUMBLOT / BERLIN

CIP-Kurztitelaufnahme der Deutschen Bibliothek

Lipphardt, Hanns-Rudolf

Die kontingentierte Debatte: parlamentsrechtl. Unters. zur Redeordnung d. Bundestages. — 1. Aufl. — Berlin: Duncker und Humblot, 1976.
(Schriften zum Öffentlichen Recht; Bd. 309)
ISBN 3-428-03752-9

Gedruckt 1976 bei Berliner Buchdruckerei Union GmbH., Berlin 61
Printed in Germany

ISBN 3 428 03752 9

Inhaltsverzeichnis

Abkürzungen*

a. A.	=	anderer Ansicht
afd	=	Aktueller Fernsehdienst
AS	=	Amtliche Sammlung der Bundesgesetze und Verordnungen (Eidgenössische Gesetzsammlung); ab 1948: Sammlung der Eidgenössischen Gesetze
AusPoluZG	=	Aus Politik und Zeitgeschichte, Beilage (B) zur Wochenzeitung ‚Das Parlament'
BG/GONR	=	Bundesgesetz über die Geschäftsordnung des Nationalrates / autonome Geschäftsordnung des Nationalrates 1920
BGBlÖ	=	Bundesgesetzblatt für die Republik Österreich
BT-Drs.	=	Verhandlungen des Deutschen Bundestages: Drucksachen
BT-StB	=	Verhandlungen des Deutschen Bundestages: Stenographische Berichte
BV	=	Bundesverfassung der Schweizerischen Eidgenossenschaft
B-VG	=	Bundes-Verfassungsgesetz [der Republik Österreich]
DNG	=	Die Neue Gesellschaft
epd/KuF	=	Evangelischer Pressedienst ‚Kirche und Fernsehen'
FAZ	=	Frankfurter Allgemeine Zeitung
FK	=	Funk-Korrespondenz
GO	=	Geschäftsordnung: des Bundestages (GOBT), für den Reichstag (GORT), des Preußischen Abgeordnetenhauses (GOPrAbgH), für den Preußischen Landtag (GOPrLT), den Badischen Landtag (GOBadLT), den Braunschweigischen Landtag (GOBraunschwLT), der Bürgerschaft der Freien und Hansestadt Hamburg (GOHbgBsch), für den Hessischen Landtag (GOHesLT), den Landtag von Mecklenburg-Strelitz (GOMStrLT), des [österreichischen] Nationalrates (GONR), für den Landtag von Oldenburg (GOOldLT), des Sächsischen Landtages (GOSächsLT), für den Landtag von Thüringen (GOThürLT), den Volkstag der Freien Stadt Danzig (GODanzVT) sowie der Länderparlamente von Baden-Württemberg (BW-GO), Bayern (BayGO), Berlin (BlnGO), Bremen (BreGO), Hamburg (HbgGO), Hessen (HesGO), Niedersachsen (NdsGO), Nordrhein-Westfalen (NW-GO), Rheinland-Pfalz (RPfGO), Saarland (SlGO), Schleswig-Holstein (SH-GO)
GRNR	=	Geschäftsreglement des [schweizerischen] Nationalrates
HbdParl.	=	*Röhring/Sontheimer* (Hrsg.), Handbuch des deutschen Parlamentarismus

---

* Siehe im übrigen *H. Kirchner*, Abkürzungsverzeichnis der Rechtssprache, 2. Aufl., Berlin 1968.

HbDStR	=	*Anschütz/Thoma* (Hrsg.), Handbuch des Deutschen Staatsrechts
Herv. v. Verf.	=	Hervorhebung vom Verfasser
h. M.	=	herrschende Meinung
L/S	=	*Lammers/Simons* (Hrsg.), Die Rechtsprechung des Staatsgerichtshofs für das Deutsche Reich und des Reichsgerichts auf Grund Art. 13 Abs. 2 der Reichsverfassung, 6 Bde., Berlin 1929 ff.
PrJb	=	Preußische Jahrbücher
PrV	=	Preußische Verfassung
RStGH	=	Staatsgerichtshof für das Deutsche Reich
RT-Verh.	=	Verhandlungen des Reichstags
RV	=	Reichsverfassung 1871
SZ	=	Süddeutsche Zeitung
WRV	=	Reichsverfassung 1919
ZParl.	=	Zeitschrift für Parlamentsfragen
ZSR	=	Zeitschrift für Schweizerisches Recht
ZV+ZV	=	Zeitungsverlag + Zeitschriftenverlag

Einleitung

Das parlamentarische Regierungssystem ist ohne Parlamentsdebatte nicht denkbar. Das Parlament entscheidet nicht ohne vorausgehende Verhandlung. Die in Rede und Gegenrede voranschreitende Debatte ist das Herzstück des parlamentarischen Verfahrens. Der parlamentarischen Redeordnung kommt daher eine zentrale Bedeutung zu. Unter der Fülle der von den Parlamenten zu bewältigenden Aufgaben der Gegenwart geraten die Beratungen zunehmend unter Zeitdruck — trotz der weitreichenden Vorarbeit durch Fraktionen und Ausschüsse. Dieser Umstand zwingt seit langem zu einer zeitlichen Straffung der Plenardebatten. Der Bundestag hat der Zeitnot u. a. dadurch zu begegnen gesucht, daß er 1969 die schon 1922 im Reichstag für alle Redner als Regel eingeführte Maximalredezeit von einer Stunde auf 15 Minuten herabsetzte — bei gleichzeitiger Einführung einer Redezeit von 45 Minuten für je einen Fraktionsredner[1]. Neuere Bestrebungen gehen sogar dahin, diese Regelzeiten noch weiter herabzusetzen[2].

In der Regel verständigen sich die Fraktionen im Ältestenrat vor einer Aussprache über deren Ablauf und Dauer. Dissentierende Abgeordnete, die sich gegen den Willen ihrer Fraktion zu Wort melden oder keiner Fraktion angehören, können, sofern sie überhaupt zu Wort kommen, mit der 15-Minuten-Regel alsbald zum Schweigen gebracht werden. Auf diese Weise wird die Debatte im wesentlichen von den autorisierten Fraktionsrednern bestritten. Die Problematik der kurzen Redezeit und des Fraktionsrednerprivilegs liegt auf der Hand[3]. Sie wird indes übertroffen von der Problematik gestaffelter Fraktionsredezeiten bei ad hoc beschlossener Gesamtdauer einer Aussprache, von dem nach h. M. zeitlich unbegrenzten Rederecht der Minister ganz zu schweigen. Diese durch das Redezeit-Urteil des BVerfG vom 14. 7. 1959 (BVerfGE 10, S. 4 - 20) bestätigte, gegenwärtig freilich in den Hintergrund getretene, jedoch

---

[1] § 39 II GOBT 1970 (BGBl. I S. 628). Zur vorausgehenden Diskussion um die Herabsetzung der einstündigen Redezeit vgl. *Bücker*, Erl. II zu § 39 GOBT.

[2] Vgl. BT-Drs. 7/3692; Empfehlungen III, S. 10; so schon *Giesing*, S. 124.

[3] Schon 1958 hat *Friedrich Klein* darauf hingewiesen, daß zum verfassungsrechtlichen Status des Abgeordneten (Art. 38 I 2 GG) nicht nur die Befugnis gehört, im Bundestag das Wort zu ergreifen, sondern auch das Recht, „in dieser Befugnis nicht schlechter gestellt zu werden als andere BT-Abgeordnete (z. B. durch Festsetzung unterschiedlicher Redezeiten, . . .)“: *v. Mangoldt/Klein*, Erl. IV 1 a zu Art. 38 GG (S. 887). Vgl. ferner unten nach Anm. I/33, II/60. Kritisch zur Anerkennung privilegierter Fraktionsredner auch *v. Brentano*, S. 37.

durch einfachen Mehrheitsbeschluß jederzeit wiederzubelebende Praxis[4] wirft Grundfragen des parlamentarischen Regierungssystems und der ihm gemäßen Redeordnung des Parlaments auf, denen hier nachgegangen werden soll.

---

[4] Dazu *Loewenberg*, S. 255, 467 f. Vgl. namentlich die (mehrheitlich beschlossene) kontingentierte BT-Debatte vom 25. 3. 1958 mit der einem anderen Verteilungsschlüssel folgenden (vereinbarten) kontingentierten BT-Debatte vom 23./25. 2. 1972: zu dieser *Blischke*, S. 66 f.; zu jener BVerfGE 10, 4. — Zur Derogierbarkeit parlamentarischer Observanzen durch einfachen Mehrheitsbeschluß s. *H.-P. Schneider*, S. 244.

I. Maßstäbe kontingentierter Debatten

Obwohl sich bei „kontingentierter Debatte"[1] in deutschen Parlamenten seit der Weimarer Zeit die Festsetzung von „Fraktionsredezeiten" eingebürgert hat[2], sind diese in den Parlamentsgeschäftsordnungen damals wie heute kaum geregelt, mitunter nicht einmal erwähnt. Namentlich die Frage des Verteilungsschlüssels bleibt regelmäßig offen.

Eine Ausnahme machen lediglich die Parlamentsgeschäftsordnungen Bayerns und Berlins, seit 1973 auch diejenige Hessens, die entweder die Redezeit schon von vornherein auf 15, 30 oder 60 Minuten je Fraktion begrenzen — vgl. § 64 I BlnGO 1974, § 68 I HesGO 1973 — oder bei ad hoc beschlossener „Gesamtzeit" einer Aussprache jeder Fraktion neben einer (nicht näher bestimmten) „gleiche(n) Grundredezeit" eine „entsprechend der Stärke der Fraktion" abgestufte Redezeit zubilligen — so § 111 I 3 u. 4 BayGO 1974. Wohl der FDP wegen, die im Bayerischen Landtag gegenwärtig nicht in Fraktionsstärke vertreten ist[3], wurde die neue GO dahin ergänzt, daß „Abgeordnetengruppen ... höchstens die Hälfte der für eine Fraktion festgesetzten Grundredezeiten" erhalten (§ 111 I 6 BayGO i. d. F. v. 15. 5. 1975). Nach der früheren Regelung (§ 111 I 3 BayGO 1954 war „bei Begrenzung der Redezeit ... jeder Fraktion eine ihrer Stärke entsprechende Redezeit einzuräumen".

Keine Fraktionsredezeiten kennen, hält man sich an den Wortlaut, die Parlamentsgeschäftsordnungen der Bundesländer Baden-Württemberg, Bremen, Saarland und Rheinland-Pfalz: Vgl. §§ 60, 82 BW-GO 1972, § 45 BreGO 1956, § 44 SlGO 1973, § 33 RPfGO 1975. Die übrigen Geschäftsordnungen erwähnen zwar die Möglichkeit von Fraktionsredezeiten, äußern sich aber zum Verteilungsschlüssel (Proporz oder Parität?) nicht: Vgl. § 64 I NW-GO 1974, § 71 I NdsGO 1974, § 81 IV HbgGO 1963, § 49 IV SH-GO 1971. Zur letzten Gruppe zählten früher auch die Geschäftsordnungen des Hessischen und des Saarländischen Landtags: Vgl. § 90 II 1 HesGO 1952, Art. 56 I 2 SlGO 1956. Der hessischen Geschäftsordnung von 1968 waren hingegen Fraktionsredezeiten unbekannt: Vgl. § 75 I HesGO 1968[4].

---

[1] So der ältere Sprachgebrauch; vgl. etwa *Perels* II, S. 460 Anm. 34.

[2] BVerfGE 10, 4 (15).

[3] Zum Verfassungsstreit um den Fraktionsstatus der FDP-Abgeordnetengruppe im Bayer. Landtag s. *Arndt/Schweitzer*, S. 71 ff.

[4] Vorstehende und künftige GO-Zitate nach den im Loseblatt-Sammelwerk „Recht und Organisation der Parlamente" (Bd. 1, Kennziffer 09) abgedruckten

Die Geschäftsordnung des Bundestages setzt zwar — im Zusammenhang mit der Wiedereröffnung der Debatte nach einer Ministerrede — als selbstverständlich voraus, daß auch „Fraktionen" als solche eine „Redezeit" haben können[5], während gerade diejenige Bestimmung, die es erlaubt, daß „die Zeitdauer für die Aussprache über einen Gegenstand ... festgesetzt" oder im Laufe der Debatte „geändert" wird[6], bis auf den heutigen Tag expressis verbis nur eine Begrenzung der Rededauer „einzelne(r) Redner" kennt.

Dies gilt selbst für die privilegierten Fraktionsredner des § 39 II GOBT 1970, einer Schöpfung der „kleinen Parlamentsreform" von 1969, wenngleich es sich hier um einen Grenzfall handelt, der die Tendenz belegt, die Fraktionen, die die Redezeit ihres Redners zu „beanspruchen" haben, anstelle der einzelnen Abgeordneten zu Subjekten des parlamentarischen Rederechts zu machen. Es lohnt sich, den einzelnen Stationen dieser Neuerung des 5. Bundestags, die entgegen ihrer Intention nicht zu einer Stärkung, sondern zu einer Schwächung der Redefreiheit des einzelnen Abgeordneten geführt hat, nachzugehen.

Texten aller deutschen Parlamentsgeschäftsordnungen (Stand: Juni 1975). Die herkömmliche Diskontinuität der Parlamentsgeschäftsordnungen (dazu *Schneider* I, S. 314 u. *K. F. Arndt*, S. 126 ff.) und der Umstand, daß sie zu ihrer Gültigkeit keiner Verkündung bedürfen (dazu *K. F. Arndt*, S. 144 ff.; BayVerfGHE 9, 91 [101]) — seit 1973 gilt dies auch für das Saarland —, erschweren die Feststellung der in den einzelnen Legislaturperioden gültigen GO-Fassungen und ihrer Änderungen. Für Texte und Daten früherer Fassungen und Änderungen gibt es weder eine Dokumentation noch besondere Fundstellennachweise. Soweit die Geschäftsordnungen nicht in Gesetzblättern — wie jetzt in Baden-Württemberg, Bayern, Berlin, Bremen, Hessen, Saarland, Schleswig-Holstein und im Bund — „bekanntgemacht" oder in sonstigen amtlichen Periodika abgedruckt werden — in Niedersachsen wurden sie bisher in das Ministerialblatt, in Rheinland-Pfalz werden sie in die „Sammlung des bereinigten Landesrechts" aufgenommen —, muß auf Parlamentsdrucksachen und -protokolle, sowie auf die von den Parlamentsverwaltungen für jede Wahlperiode herausgegebenen amtlichen „Handbücher" zurückgegriffen werden. Die hier benutzten GO-Texte werden regelmäßig mit dem Jahr ihrer Neubekanntmachung bzw. Neuverabschiedung gekennzeichnet. Anstelle von Einzelnachweisen sei hier ein für allemal auf die genannten Quellen verwiesen. Soweit GO-Texte der Weimarer Zeit herangezogen werden, sind sie abgedruckt bei *Zschucke*. Die Parlamentsgeschäftsordnungen des Kaiserreichs sind wiedergegeben bei *v. Rauchhaupt*.

[5] Nach § 48 II GOBT 1970 haben, wie schon nach § 48 II GOBT 1951, „Fraktionen, deren Redezeit ... bereits erschöpft ist", im Falle der Wortnahme durch einen Vertreter der Bundesregierung oder des Bundesrates (Art. 43 II 2 GG) „das Recht, noch einmal ein Viertel ihrer Redezeit in Anspruch zu nehmen".

[6] § 39 I GOBT 1970, ebenso schon § 39 I 1, 2 GOBT 1951. Vorbild war § 88 GORT 1922: „Die Zeitdauer für die Besprechung eines Gegenstandes kann auf Vorschlag des Ältestenrats begrenzt werden." Zu §§ 39, 48 GOBT 1951 vgl. den Bericht des GO-Ausschusses BT-Drs. I/2550, S. 4; zu BT-Drs. I/2550, S. 3, 4, 14, 16 f.; die Beratung im Plenum BT-StB I/179, S. 7413, 7426, 7428 f., 7444; *Szmula* I, S. 142 f.

Nach § 39 I 3, 4 GOBT 1951 hatte jeder Abgeordnete im Prinzip Anspruch auf eine Maximalredezeit von einer Stunde, im Falle einer (weitergehenden) Redezeitbegrenzung auf wenigstens 5 Minuten („Mindestredezeit"). Vorläufer dieser Bestimmung war § 87 I GORT 1922, der erstmals die einstündige Redezeit als Regel einführte („Die Redezeit darf eine Stunde nicht überschreiten"), im Gegensatz zur GOBT 1951 aber nur für den Fall der Verlängerung der Redezeit durch den Reichstag eine Abweichung von dieser Regel gestattete, sofern nicht nach § 88 GORT eine Gesamtredezeit festgesetzt wurde. Diese Weimarer Regelung galt bis Ende 1951 auch noch für den Bundestag, der die GORT 1922 insoweit unverändert übernommen hatte[7]. Im April 1966 beantragten Mitglieder der CDU/CSU-Fraktion, § 39 GOBT dahin zu ergänzen, daß jeder Redner bei der Wortmeldung seine voraussichtliche Redezeit anzugeben habe. Bei Überschreiten der Gesamtredezeit im Rahmen einer kontingentierten Debatte sollte der Präsident eine angemessene Beschränkung der angemeldeten Redezeiten vorschlagen[8]. Im Dezember 1967 beantragte die CDU/CSU-Fraktion, in § 33 GOBT, der die Reihenfolge der Redner regelt, festzulegen, daß nach einer ersten, von den Fraktionen beschickten Rednerrunde Kurzreden von höchsten 10 Minuten Vorrang vor anderen Wortmeldungen erhalten sollten[9].

Nach der vom GO-Ausschuß daraufhin im Januar 1968 vorgeschlagenen Neufassung des § 39 GOBT sollte die Normalredezeit des einzelnen Redners auf 15 Minuten herabgesetzt und gleichzeitig jeder Fraktion ein Anspruch auf eine Redezeit von 30 Minuten für einen ihrer Redner eingeräumt werden. Beide Redezeiten konnten nach diesem Vorschlag auf Antrag verlängert werden[10]. § 33 GOBT sollte dahin ergänzt werden, daß jeder Redner bei der Wortmeldung seine voraussichtliche Redezeit anzugeben habe, die vom Präsidenten bei der Worterteilung bekanntzugeben sei[11]. Dieser Entwurf wurde indes, bevor das Plenum damit befaßt war, im März 1968 durch einen neuen ersetzt. In diesem waren die Fraktionsrednerzeiten bemerkenswerterweise gestrichen, wohl aus Gründen der Abgeordnetenparität, wie man auf Grund der Andeutungen des (gleichfalls neuen) Berichts vermuten darf. Eine Verlängerung der Redezeit einzelner Redner, namentlich also der Fraktionsredner, sollte auch nach diesem Vorschlag möglich sein[12], ja schon im Ältesten-

---

[7] Vgl. §§ 87 I, 88 GOBT 1949, abgedruckt in *F. Sängers* Handbuch des Deutschen Bundestags (1949), S. 70 (91).

[8] BT-Drs. V/509.

[9] BT-Drs. V/2343.

[10] § 39 I 3 bis 6 GOBT in der Fassung des Ausschuß-Entwurfs vom 16. 1. 1968 nebst Begründung (Bericht): BT-Drs. V/2479, S. 3 f., 5.

[11] Ebd. S. 2, 5.

[12] § 39 I 2 bis 4 GOBT in der Fassung des Ausschuß-Entwurfs vom 15. 3. 1968 nebst Begründung: BT-Drs. V/2479 (neu), S. 3, 4.

rat vereinbart werden können, wie es in der Begründung des 1. Entwurfs hieß[13]. Nachdem die Vorlage vom Plenum an den Ausschuß zurückverwiesen worden war, fanden die Ausschußvorschläge ein Jahr später Eingang in die „kleine Parlamentsreform"[14].

Auf Grund der Vorschläge zur Parlamentsreform, die die Reformkommissionen der Fraktionen der CDU/CSU und der SPD im Februar 1969 vorgelegt hatten[15], beantragte die CDU/CSU-Fraktion, in § 39 GOBT die 15-Minuten-Regel für „einzelne Redner" festzulegen und daneben jeder Fraktion für einen ihrer Redner 30 Minuten Redezeit einzuräumen[16]. Die SPD-Fraktion wollte hingegen in § 39 I 3 GOBT 1951 lediglich die Worte „eine Stunde" durch die Worte „45 Minuten" ersetzt wissen[17]. Nach dem zusammenfassenden Vorschlag des GO-Ausschusses vom Juni 1969 wurde für „einzelne Redner" eine Redezeit von 15 Minuten, für je einen Fraktionsredner eine Redezeit von 45 Minuten vorgeschrieben. Diese Redezeit *konnte* auf Antrag des einzelnen Redners und *sollte* auf Antrag einer Fraktion vom Präsidenten verlängert werden. Die Angabe der voraussichtlichen Rededauer sollte nicht mehr, wie ursprünglich vorgesehen, obligatorisch sein, sondern vom Präsidenten zu einzelnen Tagesordnungspunkten erbeten werden können[18]. In diesem Sinne wurden die §§ 33 und 39 GOBT durch Plenarbeschluß vom 18. 6. 1969[19] novelliert.

Die FDP lehnte bei der Aussprache im Plenum[20] — wie zuvor schon im GO-Ausschuß[21] — um des „Vorranges der freien Rede" willen nicht nur die geplanten Redezeitregelungen ab, sondern forderte darüber hinaus die Abschaffung der kontingentierten Debatte nach § 39 I 1 GOBT 1951[22].

---

[13] BT-Drs. V/2479, S. 3.

[14] Dazu *Thaysen*, S. 182 ff.

[15] Abgedruckt in: Parlamentsreform, Materialien Nr. 10 (1969).

[16] BT-Drs. V/3895, Ziff. 3.

[17] BT-Drs. V/3990, Ziff. 5.

[18] Bericht und Antrag des GO-Ausschusses: BT-Drs. V/4373, S. 7, 17 f.

[19] Bekanntmachung vom 25. 6. 1969, BGBl. I, S. 776. — In abgeschwächter Form fand die gespaltene Redezeit 1974 Eingang in die Redeordnung des schweizerischen Nationalrats; vgl. Art. 61 GRNR 1974 (AS S. 1645):

„(1) Niemand spricht mehr als zweimal zum gleichen Punkt.

(2) Die Redezeit beträgt für Fraktionssprecher und Antragsteller 15 Minuten, für die übrigen Redner 10 Minuten und für den, der zum zweiten Mal zum gleichen Punkt spricht, 5 Minuten. Sie kann vom Rat im Einzelfall verlängert werden.

(3) Berichterstatter und Vertreter des Bundesrates unterliegen diesen Einschränkungen nicht, haben sich aber ebenfalls möglichster Kürze zu befleißen."

[20] BT-StB V/161, S. 8434 - 8455; V/225, S. 12364 - 12418; V/240, S. 13294 - 13329.

[21] Vgl. die Ausschußberichte BT-Drs. V/2479, S. 3 f.; V/2479 (neu), S. 3; V/4373, S. 7 f.

[22] Vgl. insbes. BT-StB V/161, S. 8435 f., 8437, 8439 f., 8442 f., 8450, 8451, 8453; V/225, S. 12365, 12367 f., 12375 f., 12383, 12387, 12394; V/240, S. 13298 - 13305,

Nach einer nochmaligen Änderung des § 39 GOBT vom 6. 5. 1970[23], die lediglich eine Textverbesserung, keine inhaltliche Korrektur brachte, wurde die umfassend überarbeitete GOBT neu bekanntgemacht[24]. Die in die neue Redezeitregelung gesetzten Hoffnungen erfüllten sich indes nicht. Es kamen weniger Redner als zuvor zu Wort und die Fraktionen beantragten und erhielten für ihre Redner häufig Redezeitverlängerungen[25]. Bereits im Januar 1972 stellten daher Mitglieder der CDU/CSU-Fraktion den Antrag, in § 33 GOBT den Präsidenten zu ermächtigen, nach der Fraktionsredner-Runde und vorheriger Ankündigung Kurzreden von nicht mehr als 5 Minuten Dauer anderen Wortmeldungen vorzuziehen[26]. Auch die im Mai 1975 von gleicher Seite geforderte Ablösung der 15/45-Minuten-Regel durch eine 10/20-Minuten-Regel bei gleichzeitiger Beseitigung der bisherigen Möglichkeit von Redezeitverlängerungen wurde mit der Nichteinhaltung der Regelzeit begründet[27]. Der letzte Antrag wurde vorerst von der Tagesordnung abgesetzt[28], der Antrag von 1972 blieb unerledigt. — Zeitungsmeldungen zufolge hat sich der GO-Ausschuß im Februar 1976 diesbezügliche Vorschläge einer Unterkommission des Ältestenrats zu eigen gemacht: Danach soll die Regelzeit von 15 Minuten nur noch auf begründeten Antrag hin verlängert werden. Die Fraktionen sollen daneben für einen ihrer Redner 45 Minuten oder für zwei ihrer Redner je 30 Minuten Redezeit beanspruchen können[29].

13406 (Umdruck 704, Ziff. 1). Dort (BT-StB V/161, S. 8435 C, 8439 D) findet sich auch die aufschlußreiche Mitteilung, daß der Verkehrsausschuß, als er bei der Anhörung von Sachverständigen in Zeitnot geriet, das „Fragerecht der Fraktionen nach d'Hondt“ abstufte, gemildert freilich durch eine Sockelquote für die oppositionelle FDP-Fraktion. Die Perversion des Rede- und Fragerechts durch Proporzkontingentierung liegt hier auf der Hand.

[23] Bekanntmachung vom 22. 5. 1970, BGBl. I, S. 621; dazu der Ausschußbericht BT-Drs. VI/521, S. 3.

[24] Bekanntmachung vom 22. 5. 1970, BGBl. I, S. 628.

[25] *Liesegang*, S. 21 f.; Empfehlungen I, S. 2, III, S. 9 f.; ferner etwa BT-StB VI/6, S. 46 D, 79 C; VI/10, S. 307 A; VI/59, S. 3240 B; VI/130, S. 7508 A; VI/144, S. 8230 D; VI/177, S. 10234 B; VI/182, S. 10603 C, 10652 A; VI/199, S. 11773 D, 11783 B, 11786 C; vgl. auch die GO-Debatte BT-StB VI/23, S. 877 ff.

[26] BT-Drs. VI/3051.

[27] BT-Drs. 7/3692.

[28] Siehe unten zu Anm. 191.

[29] Vgl. FAZ Nr. 43 v. 20. 2. 1976, S. 2 („Kürzere Redezeiten für lebhaftere Debatten“). Die vom GO-Ausschuß nach zweijähriger Vorarbeit durch den „Parlamentsreform-Kommission“ genannten Unterausschuß einstimmig beschlossenen „Empfehlungen zur Änderung der Geschäftsordnung des Deutschen Bundestages“, die der geltenden GOBT 1970 nebst ihren Anlagen 3 (Fragestunde) und 4 (aktuelle Stunde) den ausgearbeiteten Entwurf einer vielfach geänderten Fassung mit neuer Paragraphenfolge gegenüberstellen und ausführlich begründen, wurden zwischenzeitlich den Fraktionen zugeleitet. Ob die vorgeschlagenen Änderungen, wie geplant, noch vom 7. Bundestag beschlossen werden, steht dahin. In jedem Falle dürften sie alsbald abermals eine umfassende GO-Novelle nach sich ziehen.

§ 37 des Entwurfs sieht anstelle des bisherigen § 39 GOBT folgende Regelung der *Rededauer* vor:

Die kontingentierte Debatte hat im Laufe der Zeit vier verschiedene Modelle ausgebildet: die gleichmäßige Kürzung der Maximalredezeit aller Redner ohne Rücksicht auf ihre Fraktionszugehörigkeit (1), die Zuteilung gleicher Zeitquoten an alle Fraktionen ohne Rücksicht auf ihre Stärke und die Zahl ihrer Redner (2), die Staffelung der Fraktionsredezeiten nach dem Stärkeverhältnis der einzelnen Fraktionen und Gruppen (3) und schließlich die Zeitgleichheit von Regierungsparteien (Koalition) und Oppositionsparteien insgesamt ohne Rücksicht auf Zielsetzung, Zahl und Stärke der einzelnen Fraktionen und Gruppen (4)[30].

1. Gleiche Redezeit der Abgeordneten

Der in der GOBT zweifelsfrei geregelte Fall einer gleichmäßigen Kürzung der Redezeit aller Redner war in der Praxis des Bundestages schon unter der einstündigen Regelzeit selten[31]. Da indes sowohl die jetzige 15-Minuten-Regel als auch die einstündige Redezeit der früheren Regelung (ebenso wie ihre Verlängerung im Einzelfall) eine Beschränkung der Redefreiheit darstellen, gibt es seit der Abschaffung der unbegrenzten Redezeit im Jahre 1922 im Grunde nur noch kontingentierte Reichstags- bzw. Bundestagsdebatten. Vom Boden unbegrenzter Redefreiheit aus sind die Stundenregel des § 39 I 3 GOBT 1951 und die 15-

---

"(1) Die Dauer der Aussprache über einen Verhandlungsgegenstand wird nach Vorschlag des Ältestenrates vom Bundestag festgesetzt. Sie kann während der Beratung eines Verhandlungsgegenstandes geändert werden.

(2) Die Redezeit des einzelnen Redners ist auf fünfzehn Minuten begrenzt.

(3) Jede Fraktion kann im Rahmen der nach Absatz 1 festgesetzten Dauer der Aussprache für einen ihrer Redner bis zu fünfundvierzig Minute bzw. für zwei ihrer Redner insgesamt bis zu einer Stunde Redezeit beanspruchen.

(4) In begründeten Ausnahmefällen soll der Präsident auf Antrag einer Fraktion unter Beachtung der Grundsätze des § 30 Abs. 1 Satz 2 (= § 33 I 2 GOBT 1970) die Redezeiten verlängern oder zusätzlichen Rednern das Wort erteilen. Dies gilt insbesondere, wenn die nach Absatz 1 vorgesehene Dauer der Aussprache aufgrund von Wortmeldungen von Mitgliedern der Bundesregierung, des Bundesrates oder ihrer Beauftragten nicht eingehalten werden kann. § 46 Abs. 2 (= § 48 II GOBT 1970) bleibt unberührt.

(5) Spricht ein Mitglied des Bundestages über die Redezeit hinaus, so kann ihm der Präsident nach einmaliger Mahnung das Wort entziehen. Ist einem Redner das Wort entzogen, so darf er es in derselben Aussprache zum selben Verhandlungsgegenstand nicht wieder erhalten."

[30] Die von *Schindler* II, S. 253 f. vorgestellten drei Redezeitmodelle — sie gehen von einer gleichmäßigen Zwei- bzw. Dreiteilung der Gesamtredezeit im Verhältnis Regierung : Parlament, Regierung : Opposition oder Regierung : Koalition : Opposition aus — beziehen sich in Wahrheit nur auf das letzte der hier zur Diskussion gestellten Modelle, machen zudem zwischen kontingentierter und verbrauchter Redezeit keinen Unterschied und übergehen die Frage des jederzeitigen Rederechts von Bundesregierung und Bundesrat nach Art. 43 II 2 GG. Wie Schindler jetzt auch *Kißler*, S. 342 f.

[31] Vgl. etwa BT-StB III/102, S. 5566 B; ferner die Vorwegnahme der gespaltenen Redezeit in den Sitzungen vom 17. 11., 1. 12. 1967, 4. 12. 1968: BT-StB V/136, S. 6895 f., 6906 D; V/139, S. 7037; V/201, S. 10844 f.

Minuten-Regel des § 39 II 1 GOBT 1970 selbst Musterbeispiele der kontingentierten Debatte auf Grund einer Beschränkung der Abgeordneten-Redezeit. Gleiches gilt für die 5-Minuten-Regel der GO-Debatte[32] oder der „Aktuellen Stunde“[33]. *Theoretisch* begrenzte die Stundenregel die Debatte auf so viele Stunden, als das Parlament Abgeordnete zählte. Seit 1969 wird sie theoretisch auf 1/4 dieser Zeit beschränkt. *Praktisch* hätte die Stundenregel indes — wäre sie strikt durchgeführt worden — die langen Reden der Fraktionssprecher unterbinden und, da ja stets nur ein Bruchteil der Parlamentarier das Wort verlangt, schon auf diese Weise zu einer erheblichen Verkürzung der Debatte im Vergleich zu Debatten mit unbegrenzter Redezeit führen können. Es hätte daher nahegelegen, die „Reform“ der seit 1966 nicht mehr zur Ruhe gekommenen Redezeitfrage zunächst einmal an der geschäftsordnungswidrigen Duldung der langen „Fraktionsreden“ anzusetzen. Jede über die Stundenregel von 1922 hinausgehende Kürzung der Abgeordneten-Redezeit mußte dagegen notgedrungen die problematische Privilegierung der Fraktionsredner zur Folge haben, da offenbar in 15 Minuten der Standpunkt einer Fraktion zu einem Gegenstand in aller Regel nicht hinreichend dargelegt werden kann. Daß auch die gespaltene Redezeitbegrenzung des § 39 II GOBT 1970 häufig durch Verlängerungsanträge der Fraktionen hinfällig wird, zeigt, wie sehr Reformen der Geschäftsordnungs*rechts* von ihren Befürwortern überschätzt zu werden pflegen.

Die Kontingentierung der Abgeordneten-Redezeit stand am Anfang der kontingentierten Debatte. Sieht man von dem Vorschlag des Abgeordneten *Lasker* von 1867, in der allgemeinen Diskussion über einen Gesetzentwurf „jedes Mitglied nur ein Mal zum Worte gelangen“ zu lassen und für Amendements eine 5-Minuten-Regel einzuführen[34], und von der ‚lex Gröber‘, die 1902 für GO-Debatten die 5-Minuten-Regel brachte[35], einmal ab, lassen sich folgende Präzedenzfälle nachweisen: Der wohl älteste Fall einer kontingentierten Debatte in deutschen Parlamenten ereignete sich im Frankfurter Vorparlament von 1848. Die Geschäftsordnung dieser ursprünglich auf 2 Tage befristeten, dann aber auf 4 Tage ausgedehnten Versammlung schrieb wegen der Kürze der Zeit und der großen Zahl der Mitglieder (511) in § 6 S. 1 vor: „Niemand darf länger als 10 Minuten reden, niemand geschriebene Reden vortragen[36].“ Diese Vorschrift scheint im allgemeinen auch eingehalten worden zu sein. Nur einmal sah sich der Präsident zu der Feststellung veranlaßt, daß ein Redner „über 10 Minuten“ gesprochen habe[37]. Allein mittelbar wurde

[32] § 34 S. 3 GOBT 1951/70.

[33] GOBT 1970, Anlage 4 Ziff. 3 Abs. 2.

[34] Dazu *Müller-Meiningen*, S. 729.

[35] Dazu unten nach Anm. 72.

[36] Offizieller Bericht, S. 1, 2.

[37] Ebd. S. 4.

an ihr Kritik geübt, indem die Beschränkung der Versammlung auf 2-mal 24 Stunden beanstandet und die permanente Tagung des Vorparlaments bis zum Zusammentritt der Nationalversammlung gefordert wurde[38]. Der für diese im April 1848 ausgearbeitete GO-Entwurf *R. v. Mohls* sah in Ziff. 3 für „eingeschriebene" Redner — nicht dagegen für die ihnen folgende „freie Verhandlung" — eine 30-Minuten-Regel vor, die von der Versammlung indes nicht gebilligt wurde[39].

Im Reichstag des Kaiserreichs scheint es erstmals im Juli 1918 Zeitkontingentierungen gegeben zu haben. In einer der letzten Sitzungen dieses Parlaments erklärte Präsident *Fehrenbach*, im Seniorenkonvent habe man sich geeinigt, bestimmte Tagesordnungspunkte in der nächsten Sitzung zu erledigen. „Dazu ist aber erforderlich, einmal, daß man die Rednerliste beschränkt auf eine Garnitur, und zweitens, daß man den im Hause zweifellos vorhandenen ... Neigungen zu exzessiver Entfaltung der Beredsamkeit einige Fesseln anzulegen versucht ... Ich bin der Meinung, daß auch über diese Fragen ausgiebig gesprochen werden kann von jeder Fraktion in einer einstündigen Rede. Der Seniorenkonvent hat mir also das Recht gegeben, und ich werde morgen in freundlicher Weise, wenn die Stunde vorbei ist, darauf aufmerksam machen, daß eben die Redezeit für den betreffenden Herrn abgelaufen ist. Ich nehme an — dazu brauche ich die Unterstützung der Fraktionen, der Präsident kann das allein für sich nicht machen —, daß die Fraktionen ihren Herren Rednern die scharfe Weisung geben, daß es bei dieser Stunde bleibt ...[40]." In der folgenden Sitzung kam er noch einmal darauf zu sprechen: Solle die Angelegenheit heute erledigt, zugleich aber „sämtlichen Fraktionen ... Gelegenheit gegeben werden ..., zu Wort zu kommen", bedinge das „eine gewisse Einschränkung in dem Redeumfange". Der Ältestenrat habe daher beschlossen, „dem Präsidenten die entsprechende Ermächtigung zu erteilen, darauf hinzuwirken, daß die einzelnen Redner nicht über eine Stunde sprechen ..."[41]. Trotz wiederholter Überschreitung der Redezeit wurde jedoch keinem Redner das Wort entzogen[42]. In der Sitzung vom 8. 7. 1918 wurden „nach der einstimmigen Entschließung des Seniorenkonvents ... die Herren Redner gebeten, ihre Reden (sc. zu einem bestimmten Punkt der Tagesordnung) auf die Dauer einer halben Stunde zu beschränken"[43]. Auch hier führte die Überschreitung der Redezeit lediglich zu Ermahnungen, nicht zu Ordnungsrufen oder gar zur Wortentziehung[44].

---

[38] Ebd. S. 8.

[39] Siehe unten nach Anm. 132.

[40] Sitzung vom 5. 7. 1918, RT-Verh., Bd. 313, S. 5847 C, D.

[41] Ebd. S. 5852 A.

[42] Ebd. S. 5876, 5883 f.

[43] Ebd. S. 5935 D.

[44] Ebd. S. 5939, 5949.

In der Weimarer Nationalversammlung wurde diese Praxis fortgesetzt und namentlich auf die Beratung des Verfassungsentwurfs angewandt. In der Sitzung vom 28. 2. 1919 erklärte Präsident *Fehrenbach*, der Ältestenausschuß schlage vor, bei der 1. Beratung des Verfassungsentwurfs „zwei Rednerfolgen sprechen zu lassen" und darüber hinaus „die Redezeit des einzelnen Abgeordneten auf das Höchstmaß von einer Stunde zu beschränken". Dabei sei man davon ausgegangen, „daß, wenn zwei Herren ... von jeder Fraktion sprechen, der Stoff unter diesen ... so geteilt wird, daß ... (er) von den betreffenden Rednern in einer Stunde bewältigt werden kann. Das Haus ist damit einverstanden; es gibt dem Präsidenten also die entsprechende Ermächtigung"[45]. Damit war die Redezeit des einzelnen Abgeordneten auf 1 Stunde beschränkt, die der Fraktionen — da es zwei Rednerreihen gab — auf 2 Stunden. Widerspruch erhob sich gegen diese Einschränkung der Redefreiheit von keiner Seite.

In der Sitzung vom 5. 3. 1919 schlug der Präsident die zeitliche Beschränkung einer Interpellationsdebatte vor: Da die zur Debatte stehende Angelegenheit unbedingt in der gleichen Sitzung ihre Erledigung finden müsse, glaube er, „dem Interesse aller Parteien im Hause" zu dienen, wenn er „dafür sorge, daß alle zu Worte kommen. Das ist nur dann möglich, wenn wir uns eine gewisse Beschränkung der Redezeit auferlegen. Die Beschränkung bei der Verfassungsdebatte hat sich bewährt. Ich möchte Ihnen vorschlagen, mit Rücksicht auf den Stoff ... die Redezeit für den einzelnen Redner auf 25 Minuten zu beschränken. Das Haus ist damit einverstanden; es gibt dem Präsidenten die entsprechende Ermächtigung". „Allseitige Zustimmung"[46]. Auch hier gab es bei Redezeitüberschreitungen nur Ermahnungen[47]. In einer weiteren Interpellationsdebatte ersuchte der Präsident die Versammlung, ihm „das Recht zu erteilen, die Redezeit für die Parteiredner auf etwa 1/2 Stunde zu beschränken"[48].

Die 2. Beratung des Verfassungsentwurfs eröffnete der Präsident in der Sitzung vom 2. 7. 1919 mit der Erklärung: „Der Ältestenausschuß hat die Meinung ausgesprochen, daß es der schleunigeren Beratung dieses wichtigen Werkes entsprechend wäre, wenn die Herren Berichterstatter sich mit einer Zeitdauer von 25 Minuten und die einzelnen Parteiredner mit einer Zeitdauer von 15 Minuten begnügen würden." Da dies jedoch „nach Lage der Sache" nicht immer eingehalten werden könne, schlage der Ältestenausschuß vor, „je nach der Vielgestaltigkeit der Materie dem Präsidenten einen weiten Spielraum zu gewähren"[49]. Als ein Vertreter

[45] RT-Verh., Bd. 326, S. 371 C.

[46] Ebd. S. 511 B.

[47] z. B. ebd. S. 526 C: „Die Redezeit ist längst herum".

[48] RT-Verh., Bd. 327, S. 1016 A.

[49] RT-Verh., Bd. 327, S. 1201 A.

der DDP widersprach, bei den „großen und wichtigen Fragen" der Verfassung müsse „für alle Meinungen volle Redefreiheit" gegeben sein, „damit im ganzen deutschen Volke Aufklärung darüber verbreitet wird, wie die verschiedenen Parteien dazu Stellung nehmen", versicherte der Präsident: „Das Wort wird bei diesen wichtigen Dingen nicht beschnitten werden"[50].

Im Reichstag der Weimarer Republik gab es erstmals in der Sitzung vom 28. 11. 1921, also noch unter der GORT 1868 — der Reichstagsgeschäftsordnung des Norddeutschen Bundes, die der Reichstag des Kaiserreichs übernommen hatte —, eine kontingentierte Debatte mit Beschränkung der Abgeordneten-Redezeit[51]. Als der Sprecher der KPD diese Neuerung eine „Vergewaltigung des Hauses gegenüber seiner Geschäftsordnung" nannte, erwiderte Präsident *Löbe*, da es sich bei seiner „dringenden Bitte" nur um einen „Wunsch" an die Redner handle, könne von einer Vergewaltigung keine Rede sein. Wenn er auch damit rechne, daß die meisten Redner dem Wunsche folgen werden, so solle doch kein „Zwang" ausgeübt werden. Zur Erleichterung der Geschäftsführung bitte er jedoch darum, daß diejenigen Redner, die dem Wunsche des Ältestenausschusses nicht zu folgen gewillt seien, dem Präsidenten vorher davon Mitteilung machten, damit ihrem Wunsche „ohne lauten Zwischenfall" entsprochen werden könne[52]. Als daher ein Sprecher der USPD zum Schluß gemahnt wurde, berief er sich darauf, daß die Redezeit ja „nicht unbedingt bis auf die Minute" eingehalten werden müsse[53]. In einem anderen Fall widersprachen die Parteifreunde des ermahnten SPD-Sprechers[54]. Beide Redner brachen ihre Reden nicht ab, waren aber bemüht, „so schnell wie möglich" zu Ende zu kommen.

Bis zur Aufnahme der kontingentierten Debatte in die GORT 1922 konnte sie mithin nicht durch bloßen Mehrheitsbeschluß für alle Fraktionen und Gruppen verbindlich gemacht werden. Sie beruhte vielmehr auf der freiwilligen Anerkennung aller Mitglieder des Hauses. Ihre Zulässigkeit ergab sich aus der alten Regel: „Wenn niemand aus dem Hause widerspricht, ist alles zulässig[55]." Die Aufnahme der kontingentierten Debatte in die GORT 1922 wurde denn auch damit begründet, ein Teil des Reichstags habe sich nie um die Abmachungen des Ältestenrates geschert, namentlich die äußerste Linke. Deshalb habe eine bestimmte Redezeit als Regel festgesetzt werden müssen[56].

[50] Ebd. S. 1201 C.
[51] RT-Verh., Bd. 347, S. 2212 A: drei Viertelstunden je Redner.
[52] Ebd. S. 2212 B, C.
[53] Ebd. S. 2231 B.
[54] Ebd. S. 2450 D.
[55] *Perels* I, S. 4; vgl. § 114 GORT 1922 u. § 127 GOBT.
[56] So der Berichterstatter in: RT-Verh., Bd. 357, S. 9181 B.

Nach dem im Mai 1922 vom GO-Ausschuß vorgelegten Entwurf einer Geschäftsordnung[57] sollte die normale Rededauer 3/4-Stunden je Redner nicht übersteigen, wobei der Reichstag für bestimmte Beratungen eine Verlängerung beschließen konnte (§ 87 I). Daneben wurde die Möglichkeit vorgesehen, die Zeitdauer für die Besprechung eines Gegenstandes auf Vorschlag des Ältestenrates durch Beschluß zu begrenzen (§ 88). Wie die festgesetzte Gesamtredezeit jedoch auf die einzelnen Redner verteilt werden sollte, darüber machte man sich damals noch keine Gedanken. Die Ausschußbegründung geht auf diese Frage nicht ein[58]. Bei der mündlichen Begründung im Plenum teilte der Berichterstatter lediglich mit, eine Minderheit habe sich im Ausschuß gegen jede Beschränkung der Redezeit gewandt, weil damit „ein wichtiges Recht der Opposition eingeschränkt" werde. Nach der „neuen" Bestimmung des § 88 könne die Beratung eines Gegenstandes „kontingentiert" werden — wie, wurde nicht einmal angedeutet[59].

RT-Präsident *Löbe,* der sich als Abgeordneter mit Entschiedenheit für die Begrenzung der Redezeit aussprach[60], bezeichnete sie als das „Kernstück" der Verbesserungen in der Geschäftsordnung des Reichstags. Die Überproduktion von Reden sei innerhalb und außerhalb des Hauses zur „Plage" geworden, das den Eindruck einer Mühle erwecke, „die unheimlich geräuschvoll klappert, aber sehr wenig Mehl gibt". Die Überzeugung der Zuhörer, die Widerlegung des Gegners, die Rechtfertigung des Parteistandpunktes vor dem Volke, Propaganda und Agitation — darin fänden Parlamentsreden ihre Rechtfertigung — ließen sich in ganz anderer Weise verstärken, „wenn in schneller Rede und Gegenrede eine gewisse geistige Regsamkeit erzeugt wird", als dies in endlos langen, abstumpfenden Reden der Fall sei[61]. Ihm pflichteten Redner der Parteien DVP, DDP, Z und SPD bei[62], wobei die bürgerlichen Parteien einen Antrag der DVP auf Herabsetzung der normalen Rededauer auf 1/2 Stunde unterstützten, während die Sozialdemokraten teils die Heraufsetzung auf eine Stunde forderten[63], teils mit den Kommunisten und Deutschnationalen jede Beschränkung ablehnten[64].

Die Gegner jeder Beschränkung beriefen sich übereinstimmend auf die Redefreiheit im Parlament und das lebenswichtige Interesse der Opposition, sich nicht mundtot machen zu lassen, selbst wenn es sich

---

[57] RT-Drs. I/4411 in: RT-Verh., Bd. 374.

[58] Vgl. RT-Verh., Bd. 374, S. 4869.

[59] RT-Verh., Bd. 357, S. 8966 D, 9181 B.

[60] RT-Verh., Bd. 357, S. 8969 f.

[61] Ebd. S. 8969.

[62] Ebd. S. 8971 A, 8974 A, 8976 A, 9049 B.

[63] Ebd. S. 8966 D, 9200 B.

[64] Ebd. S. 9180 f.

nur um Propagandareden handle. Darauf habe gerade die SPD vor 1918 größten Wert gelegt. Die Beschränkung der Redezeit sei ein Eingeständnis der Schwäche der parlamentarischen Demokratie, die Angst vor der Demaskierung durch ihre Gegner habe und deren Reden in den außerparlamentarischen Raum verweisen wolle, um sie dem Indemnitätsprivileg der Verfassung zu entziehen. Die bisherige Redepraxis der Befürworter einer Kontingentierung der Redezeit beweise gerade, daß man die Rededauer gar nicht schematisch kürzen könne. Die Redezeitbegrenzung sei ungeeignet, das Ansehen des Parlaments zu heben; im Gegenteil, erst wenn es der Öffentlichkeit zeige, daß die politischen Entscheidungen vom Parlament in „öffentlicher Rede und Gegenrede" und nicht hinter den Kulissen von anderen gefällt würden, werde das Ansehen des Parlaments gewinnen. Die „Kulissenschieberei", die die „allerkläglichste Erscheinung in unserem öffentlichen Leben" sei, müsse überwunden werden. Diesem Ziel wirke aber die Redezeitverkürzung gerade entgegen. Mit der Kontingentierung der Redezeit spreche sich der Parlamentarismus sein eigenes Urteil, da er die im Parlament gehaltenen Reden zu bloßen „Demonstrationsreden nach außen" abqualifiziere. Durch § 87 GO werde die Opposition im Reichstag vergewaltigt und auf den Weg der Obstruktion in und außerhalb des Parlaments gedrängt[65]. Gleiches gelte für § 88 GO. Jede Partei, jeder Abgeordnete habe das Recht, ihre bzw. seine Meinung im Reichstag auszusprechen. Das werde durch eine Begrenzung der Gesamtredezeit unmöglich gemacht[66]. Den Dauerreden könne nur durch Selbstzucht des einzelnen Redners — darauf komme es in erster Linie an — und durch den Einfluß der Fraktionen entgegengewirkt werden. Eine „Fessel" dürfe den Abgeordneten dagegen nicht angelegt werden[67]. Es müsse daher unter allen Umständen der Weg einer gütlichen Einigung beschritten werden, wie man es auch bisher gehalten habe. Nur so werde die „Grundbedingung des demokratischen Parlamentarismus", die „Redefreiheit des Parlaments", gewahrt[68].

Die DNVP wünschte hingegen lediglich eine „Umkehrung" des Grundsatzes der Redezeitbeschränkung. An der Spitze müsse der Grundsatz der unbeschränkten Redezeit stehen. Dem Bedürfnis einer Redezeitbeschränkung im Einzelfalle könne durch einen entsprechenden Vorbehalt Rechnung getragen werden[69]. Sie beantragte daher folgende Fassung des § 87 GO: „Die Rededauer ist grundsätzlich unbeschränkt. Für bestimmte Beratungen kann die Rededauer durch Beschluß des Reichstages beschränkt werden[70]." Dieser Antrag wurde abgelehnt. Angenommen

[65] Ebd. S. 8971 f., 8980 f., 9045 f., 9047, 9080 f.

[66] Ebd. S. 8981 A.

[67] Ebd. S. 8972 A, 8980 D, 9045 D, 9047 B.

[68] So der SPD-Abgeordnete *Geyer*, ebd. S. 9181 f.

[69] Ebd. S. 8972 B.

[70] Ebd. S. 9200 B.

wurde dagegen die beantragte Heraufsetzung der Normalredezeit auf eine Stunde. Die Streichung des § 88 GO, dessen Tragweise und Problematik damals noch nicht erkannt und daher auch nicht erörtert worden war, wurde lediglich von der KPD beantragt, freilich erfolglos[71].

Als die DVP 1923 aus Sparsamkeitsgründen vorschlug, die Freiheit der Rede noch weiter einzuschränken, verbunden mit einer Verminderung der Drucksachen und Plenarsitzungen, entgegnete der Abgeordnete *Ledebour* (USPD): „Daß hin und wieder zu viel und zu weitläufig geredet wird, ist eine unvermeidliche Begleiterscheinung des Redens überhaupt." Indem die Befürworter der DVP-Vorschläge diese unvermeidliche Begleiterscheinung des Meinungsaustausches bekämpften, arbeiteten sie „systematisch auf eine Einschränkung der parlamentarischen Tätigkeit" hin und sägten damit „den Ast ab, auf dem sie sitzen". Sie diskreditierten den Parlamentarismus, denn: „die Republik steht und fällt damit, daß alle öffentlichen Angelegenheiten unter öffentlicher Kontrolle hier im Reichstag verhandelt werden." Deshalb sei es notwendig, „daß alle Angelegenheiten, die ... für die Gesamtheit des Volkes ein Interesse haben, hier unter der Kontrolle der Öffentlichkeit kontradiktorisch durchgesprochen werden. Das ist der ganze Sinn des Parla-

[71] Ebd. S. 9200 C. Zur damaligen Rechtslage in den Länderparlamenten s. *v. Brentano*, S. 39; *Perels* III, S. 647.

Österreich hält hingegen auch heute noch unverändert an dem 1920 in der Geschäftsordnung verankerten Grundsatz der unbeschränkten Redezeit fest und garantiert überdies dem einzelnen Redner für den Fall einer ad hoc kontingentierten Debatte, die zudem auf 2. Lesungen und solche Debatten beschränkt ist, die keine drei Lesungen kennen — arg. §§ 41 III, 44 I GONR 1961; *Czerny/Fischer*, S. 205 f. —, noch eine Mindestredezeit von 30 Minuten; vgl. § 60 I GONR 1961 (BGBlÖ 1961, S. 935 ff. [Nr. 178]) = §§ 23 I/54 Abs. A BG/GONR 1920 (*Zschucke*, S. 614, 636): „Auf Vorschlag des Präsidenten kann der Nationalrat bei einzelnen Verhandlungen sowohl für die Generaldebatte als auch für einzelne oder sämtliche Abschnitte der Spezialdebatte beschließen, daß die Redezeit eines jeden Redners aus dem Nationalrat mit Ausnahme des Berichterstatters ein bestimmtes Ausmaß nicht überschreiten darf. Auf weniger als eine halbe Stunde kann jedoch die Redezeit nicht herabgesetzt werden. Der Beschluß wird ohne Debatte gefaßt." Nach § 59 II GONR 1961 (= § 53 Abs. B GONR 1920) darf freilich „kein Redner ... über denselben Gegenstand öfter als zweimal sprechen".

Ebenfalls 1920 hat dagegen die Schweiz die Maximalredezeit bereits generell auf 30 Minuten je Redner begrenzt (Art. 65 GRNR 1920) und diese normative Beschränkung der Redefreiheit durch das seither nicht mehr gelockerte Verbot, mehr als zweimal in derselben Sache bzw. zum gleichen Punkt zu sprechen, abgesichert (Art. 60 II GRNR 1920). 1946 wurde die Maximalredezeit generell bei erstmaliger Wortnahme auf 20 Minuten, bei nochmaliger Rede in derselben Sache auf 10 Minuten je Redner herabgesetzt (Art. 66 I, II GRNR 1946 = Art. 63 I, II GRNR 1962). 1974 wurden schließlich beide Redezeiten für die nicht privilegierten Redner halbiert (Art. 61 II GRNR 1974 [s. o. Anm. 19]). Nach allen Fassungen konnte bzw. kann die Redezeit „im Einzelfall" (1974) durch Ratsbeschluß verlängert werden, ursprünglich sogar nur bei „besonders wichtigen Geschäften" (1920). Die einzelnen GRNR-Fassungen wurden jeweils in der Eidgenössischen Gesetzsammlung amtlich publiziert; vgl. AS Bd. 37 (1920), S. 3 ff.; Bd. 62 (1946), S. 443 ff.; 1962, S. 1321 ff.; 1974, S. 1645 ff.

mentarismus". Die Reichstagssitzungen müßten mithin nicht vermindert, sondern vermehrt werden[72].

Als 1902 auf Vorschlag des Abgeordneten *Gröber* für GO-Debatten die 5-Minuten-Regel eingeführt wurde (§ 44 GORT), um kurz vor Ende der Legislaturperiode noch die Verabschiedung des umstrittenen Zolltarifs sicherzustellen, wurde diese heute nicht mehr angezweifelte Regelung von der Opposition als „Maulkorb" und als unzulässige Einschränkung der verfassungsmäßigen „Freiheit der Rede" bekämpft[73]. Selbst *Laband* hat die „lex Gröber" scharf verurteilt. Eine GO-Debatte unter dem Druck dieser Vorschrift werde zur „Farce" und verletze Würde und Ansehen des Reichstags. Sie sei nichts als „ein brutaler Mißbrauch der Macht der Majorität..., um die Minorität mundtot zu machen". Das Parlament sei nach dem buchstäblichen Sinne des Wortes ein „Gespräch", bei welchem die verschiedenen Ansichten geäußert werden sollen. Werde dies gewaltsam verhindert, „so frevelt das Parlament gegen sein eigentliches Wesen". Dieses „Gelegenheitsgesetz" werde sich eines Tages noch als „Verlegenheitsgesetz" erweisen. „Denn ein gewisses Schamgefühl wird vielleicht die Majorität davon abhalten, diese Bestimmung nach Einheimsung des Zolltarifs alsbald wieder aufzuheben"[74]. In der Tat gilt dieses „Gelegenheitsgesetz" noch heute (§ 34 GOBT 1951/70).

Robert von Mohl hatte sich noch ganz allgemein gegen eine Einschränkung der Redezeit ausgesprochen: „Die Festsetzung einer äußersten Dauer der Rede", schreibt er 1875, also zu einer Zeit, als die kontingentierte Debatte in den deutschen Parlamenten noch als indiskutabel galt, „wäre ein rohes mechanisches Mittel, überdies entweder wirkungslos, wenn das Maß nach dem doch häufig eintretenden Bedürfnisse ausführlicher Auseinandersetzungen berechnet wäre, oder ganz widersinnig und unerträglich, wenn kurz gesteckt[75]." *Laband* hatte diese Feststellung als „vollkommen und in jeder Hinsicht zutreffend" bezeichnet[76].

Selbst das Recht des Parlaments, jederzeit mit einfacher Mehrheit den Schluß der Debatte zu beschließen, ein Recht, ohne das nach Ansicht des BVerfG „kein Parlament auf die Dauer arbeitsfähig bleiben (kann), weil es sonst der Obstruktion jeder Minderheit... ausgeliefert wäre", ein Recht, aus dem das Gericht a maiore ad minus die Zulässigkeit der kontingentierten Debatte gefolgert hat[77], selbst dieses heute unbestrittene Recht wurde früher als „Tyrannei" empfunden, als eine „Ein-

---

[72] RT-Verh., Bd. 360, S. 11089 f.

[73] So *Müller-Meiningen*, S. 729 ff.

[74] *Laband*, S. 7; ähnlich kritisch auch *Seligmann*, S. 41 f. und *Reifenberg*, 190; positiv hingegen das Urteil *v. Brentanos*, S. 36, 38.

[75] *v. Mohl* II, S. 76.

[76] *Laband*, S. 7.

[77] BVerfGE 10, 4 (13); dazu unten Abschnitt II 1.

richtung, die dem Terrorismus der Majoritäten Vorschub leistet", als eine „Zwangs- und Noteinrichtung", „die bei starken Parteigefühlen dahin führt, daß die Minorität überhaupt nicht mehr zu Worte kommt", die folglich „in einem geordneten parlamentarischen Leben schwerlich auf Beibehaltung Anspruch haben (dürfte)"[78]. Anders äußerte sich hierzu freilich *R. v. Mohl*[79]: Die Beendigung der Debatte durch Mehrheitsbeschluß habe zwar auch ihre „üblen Seiten", da sie der Mehrheit die Möglichkeit biete, „eine Minderheit nicht zu Wort kommen zu lassen, deren Auseinandersetzungen und Anträge sie lieber ganz unterdrücken als bekämpfen und ausdrücklich verwerfen will". Da jedoch häufiger Veranlassung bestehe, der Versammlung, „wenn sie einen Gegenstand genügsam erörtert findet, Ermüdung und Zeitverlust durch unnötige Rednerei (zu) ersparen" oder ihr „geistlose oder sonst unerwünschte Sprecher vom Halse (zu) halten", sei die Beibehaltung der Maßregel zu befürworten[80].

Unter dem GG lebte die Grundsatzdebatte um die Redezeitbeschränkung wieder auf, als der GO-Ausschuß des Bundestags im Frühjahr 1968 vorschlug, die einstündige Normalredezeit (§ 39 I 3 GOBT 1951) durch eine 15-Minuten-Regel zu ersetzen, die ein Jahr später in der Tat eingeführt wurde (§ 39 II 1 GOBT 1970)[81].

2. Gleiche Redezeit der Fraktionen

Die Zuteilung gleicher Zeitquoten an die Fraktionen war der Regelfall einer nach § 88 GORT 1922 ad hoc kontingentierten Debatte im Reichstag der Weimarer Republik[82]. Das Verhältnis der — nicht immer klar auseinandergehaltenen — §§ 87 und 88 GORT 1922 stellte sich nach der Verhandlungspraxis des Reichstags folgendermaßen dar: Da bei einer Debatte des Jahres 1927 einzelne Fraktionen zwei Redner sprechen lassen wollten, schlug der Präsident eine Redezeit von 1 1/4 Stunden je Fraktion vor, mit der Maßgabe, daß es für den einzelnen Redner bei der

[78] *Cohen* II, S. 168 — unter Hinweis auf die damals noch ungeschmälerte Redefreiheit im britischen Unterhaus; ähnlich *Müller-Meiningen*, S. 730 f.

[79] *v. Mohl* II, S. 79.

[80] Zur späteren Einschränkung der Redefreiheit im Unterhaus vgl. *J. Redlich*, S. 162 ff., 586 ff.; *Müller-Meiningen*, S. 730 ff.; *Loewenstein* I, S. 307 ff., II, S. 38 f.; *Wollmann*, S. 172 f., 175 ff., 181 f. — Aus den Reichstagsdebatten vgl. etwa den Streit um die „lex Gröber", RT-Verh., Bd. 186 (1902), S. 6993 ff.; aus späterer Zeit die Diskussion um die kontingentierte Debatte nach §§ 87, 88 GORT 1922, RT-Verh., Bd. 357 (1922), S. 8966 ff.; dazu oben nach Anm. 56 u. 72.

[81] Dazu oben nach Anm. 6, insbes. zu Anm. 21, 22.

[82] Vgl. etwa RT-Verh., Bd. 392 (1927), S. 9017, 9110, 9237, 9299, 9448, 9534, 9619, 9725, 9765, 9768, 9815, 9862; Bd. 393 (1927), S. 10023, 10092 f., 10180, 10200, 10252, 10478, 10985 f., 11052, 11054, 11122 f., 11213; Bd. 423 (1928), S. 12, 49 f., 127, 274; Bd. 424 (1929), S. 1516, 1956, 1097 f.; Bd. 425 (1929), S. 2153 f., 2763, 2921 f.; Bd. 426 (1929), S. 3512, 3789, 3792; Bd. 444 (1931), S. 781, 783 f., 786.

Höchstredezeit von einer Stunde bleibt[83]. 1931 stellte Präsident *Löbe* fest, § 87 GORT sei nie anders ausgelegt worden, „als daß damit die Redezeit des einzelnen Abgeordneten festgesetzt wird". Auch wenn (nach § 88 GORT) „für die Parteien zwei oder drei Stunden Redezeit festgesetzt waren", sei man stets davon ausgegangen, „daß der Sinn und der Gebrauch dieses Paragraphen der gewesen ist, daß die Rededauer für den einzelnen Redner eine Stunde nicht überschreiten darf", er also nicht etwa die gesamte Fraktionsredezeit in Anspruch nehmen durfte. „Auch bei der übrigen Bemessung der Redezeit ... handelt es sich nicht um einen Redner, sondern auch hier setzen wir ja die Redezeit für jede Fraktion fest". Deshalb habe der Reichstag trotz des § 87 GORT 1/4 Stunde, 1/2 Stunde oder 10 Minuten festgesetzt. Andere Redner vertraten indes die Ansicht, § 87 sichere (auch) den Fraktionen eine „ordnungsmäßige" Redezeit von einer Stunde zu[84].

Die paritätische Behandlung der Fraktionen machte freilich eine Sonderregelung für fraktionslose Abgeordnete und Gruppen notwendig. Dieses Problem hatte man im Reichstag seinerzeit dadurch zu lösen gesucht, daß man sämtliche fraktionslosen Abgeordneten als eine Einheit betrachtete und ihnen zusammen *eine* Fraktionsredezeit gewährte, wobei diese Zeitspanne paritätisch unter die Splittergruppen aufgeteilt wurde, deren jeweilige Quote sich mithin nach der jeweiligen Zahl der nicht fraktionsstarken Gruppen richtete[85]. Diese Regelung blieb indes umstritten. Während die Splittergruppen darin eine ungerechtfertigte Zurücksetzung gegenüber den Fraktionen erblickten, die zu „zwei verschiedenen Arten von Abgeordneten" und zu einer „willkürlichen Unterscheidung von Fraktionen und Nichtfraktionen" führe, die der Verfassung und der Geschäftsordnung fremd seien[86], sahen die fraktionsstarken Parteien in dieser „provisorischen" Lösung eine unerträgliche Privilegierung der Splittergruppen, die nicht länger geduldet werden könne und durch eine Regelung ersetzt werden müsse, die diesen zusammen nur 1/3 der festgesetzten Fraktionsredezeit einräume[87] — eine Regelung, die die Parteien der Mitte (DDP, Z, DVP) schon 1924 erfolglos angestrebt hatten, als sie beantragten, § 87 GORT um folgenden Absatz zu erweitern: „Die für die Fraktionen geltende oder jeweils besonders bestimmte Redezeit kann von den keiner Fraktion und keiner Gruppe angehörenden Abgeordneten nur bis zu einem Drittel beansprucht werden. Mitglieder, die zu einer Gruppe zusammengeschlossen sind, können

---

[83] RT-Verh., Bd. 392, S. 9017.

[84] RT-Verh., Bd. 444, S. 782, 783 f., 786; dazu *Thamm*, S. 103 f., mit Nachweisen für die Jahre 1924 - 1926.

[85] RT-Verh., Bd. 392 (1927), S. 9862; Bd. 393 (1927), S. 10092; Bd. 423 (1928), S. 12, 49 f.; Bd. 426 (1929), S. 3512; *Perels* II, S. 460 Anm. 34.

[86] RT-Verh., Bd. 392, S. 9725; Bd. 423, S. 50.

[87] RT-Verh., Bd, 393, S. 10092.

diesen Anspruch nur durch einen von ihrer Gruppe zu bestellenden Vertreter geltend machen[88]."

Der Ältestenrat sah jedoch immer wieder davon ab, „eine Änderung des ... bestehenden Zustandes etwa dahin herbeizuführen, daß den Splitterparteien nur ein Bruchteil der den Fraktionen zustehenden Redezeit zugebilligt wird"[89]. Die Reformbestrebungen des GO-Ausschusses führten nicht zum Ziel[90]. Zu der in Aussicht gestellten „prinzipiellen" Regelung[91] kam es nicht.

Unmittelbares Vorbild der Praxis des Reichstags war das Beispiel des Preußischen Landtags, der ebenfalls sämtliche fraktionslosen Abgeordneten als eine Einheit betrachtete, dieser Einheit jedoch nur die Hälfte der Fraktionsredezeit zugestand[92]. Ihre eigentliche Wurzel hatte diese differenzierende Behandlung der Splittergruppen jedoch in der Praxis des alten Reichstags, für die Reihenfolge der Redner zwei Rednerreihen zu bilden, in der ersten die Sprecher der Fraktionen in der Reihenfolge ihrer Stärke zu Wort kommen zu lassen, die nicht fraktionsstarken Gruppen und die „Wilden" hingegen in die zweite Rednerreihe zu verweisen[93]. Entsprechend schlug der Ältestenrat 1928 vor, für die kontingentierte Debatte „zwei Rednerreihen zu je einer Stunde zuzulassen, die nicht fraktionsstarken Gruppen in die zweite Rednerreihe zu verweisen und ihnen dort zusammen die Redezeit einer Fraktion zu gewähren", wobei auf die „Praxis des Reichstags vor dem Kriege" ausdrücklich Bezug genommen wurde[94]. Mit Recht wurde gegenüber dieser Analogie darauf hingewiesen, daß ja der alte Reichstag keine Redezeitbeschränkung kannte, für die Festsetzung unterschiedlicher Zeitquoten also keinen Maßstab bot. Die damalige Verweisung der nicht fraktionsstarken Gruppen in eine zweite Rednerreihe habe mit der Rededauer nichts zu tun gehabt, sondern sich lediglich auf die Rednerliste bezogen[95]. Indes war es wohl dieser Praxis zuzuschreiben, daß für beide Rednerreihen

---

[88] RT-Drs. II/528, in: RT-Verh., Bd. 383. Vgl. hierzu die 1975 in Bayern eingeführte halbe „Grundredezeit" für Abgeordnetengruppen (s. o. zu Anm. 3).

[89] RT-Verh., Bd. 393, S. 10092. *Roßmann*, S. 38 berichtet dazu, im Ältestenrat sei seinerzeit erwogen worden, „eine unterschiedliche Redezeit für große und kleine Fraktionen einzuführen".

[90] Vgl. RT-Verh., Bd. 393, S. 10092.

[91] RT-Verh., Bd. 423, S. 274.

[92] RT-Verh., Bd. 392, S. 9862.

[93] Vgl. *Seligmann*, S. 36 f., 38; *Engels*, S. 26 f.; *Spengler*, S. 28 (m. w. Nachw.). Von der „Übung", zwei Reihen von Rednern sprechen zu lassen, berichtet schon *R. v. Mohl* II, S. 69 f.

[94] RT-Verh., Bd. 423, S. 49 f. Vgl. dazu § 53 III 3 GOPrLT 1921: „Fraktionslose Abgeordnete werden in der Regel an den Schluß der Rednerliste gesetzt"; ebenso § 52 III 2 Hlbs. 2 GODanzVT 1925, § 55 IV 3 GOBraunschwLT 1927 (Zitate nach *Zschucke*).

[95] RT-Verh., Bd. 423, S. 50.

in der kontingentierten Debatte der Weimarer Zeit zwar unterschiedliche Zeitquoten festgesetzt wurden, innerhalb derselben Reihe jedoch auf strikte Parität geachtet wurde[96].

Für die fraktionsangehörigen Abgeordneten aller Richtungen war es „selbstverständlich, daß man Splittern einer Fraktion nicht die Redezeit zubilligen kann, mit der sich große Fraktionen begnügen müssen"[97]. Sie hielten die Praxis des Reichstags für großzügig, weil so die Redezeit nach einem Schlüssel verteilt werde, „der den kleinen Parteien zugute kommt". Denn dieser gewähre beispielsweise der KPD mit ihren 54 Abgeordneten gegenüber den 152 Abgeordneten der SPD „praktisch schon ein dreifaches Rederecht". Dieses (Miß-)Verhältnis sei „natürlich gegenüber den übrigen Parteien noch stärker"[98].

---

[96] Kennzeichnend in diesem Sinne bereits § 55 IV GOBraunschwLT 1927: „In besonderen Fällen kann der Präsident im Einvernehmen mit dem Ältestenrate bestimmen, daß von jeder Fraktion nur ein Redner oder eine bestimmte gleiche Zahl von Rednern nach einer bestimmten Reihenfolge zur Sache sprechen darf. Fraktionslosen Abgeordneten kann dabei unter Berücksichtigung des § 68" — d. h. unter obligatorischer Festsetzung einer Längstdauer ausschließlich ihrer Reden — „eine beschränkte Redemöglichkeit gegeben werden. Sie werden in der Regel an den Schluß der Rednerliste gesetzt". Diese Regelung fand später Eingang in Art. 54 III GOHesLT 1933, unter charakteristischer Weglassung des Wortes „gleiche". Vgl. auch § 80 I 2 GOThürLT 1924: „Ist die Redezeit für die Fraktionen festgesetzt, so ist sie zugleich für die fraktionslosen Abgeordneten und für die Schlußworte festzusetzen"; § 67 S. 2 GOBadLT 1929: „... über die Festsetzung einer Gesamtredezeit für die einzelnen Fraktionen, Gruppen und fraktionslosen Mitglieder für die Besprechung eines Verhandlungsgegenstandes entscheidet der Landtag auf Vorschlag des Präsidenten, ..."; ferner § 56 S. 2 GODanzVT 1933 (unten Anm. 99).

Nach einigen Landtagsgeschäftsordnungen der Weimarer Zeit sollte der Präsident von der Rednerfolge-Regel (z. B. nach der Anmeldung) nicht nur um der Wechselrede willen eine Ausnahme machen, sondern auch, „um die Fraktionen gleichmäßig zu Worte kommen zu lassen": so § 52 II 3 GOSächsLT 1921, § 61 I 2 GOBadLT 1919, Art. 50 II GOHessLT 1926; in diesem Sinne, wenngleich weniger deutlich, auch § 82 I 2 GORT 1922: „Rücksicht auf die verschiedenen Parteirichtungen"; § 53 III 2 GOPrLT 1921 und § 52 III 2 GODanzVT 1925: „Einigung der Fraktionen untereinander", „Rücksicht auf die verschiedenen Parteirichtungen"; § 50 II 2 GOHbgBSch 1924: „Der Präsident kann auf Vorschlag des Ältestenrats bei bestimmten Gegenständen der Tagesordnung den Rednern der Fraktionen unabhängig von der Reihenfolge der Meldungen das Wort erteilen"; Abs. 3: „Der Präsident hat das Recht, bei weiteren Wortmeldungen von Rednern derselben Fraktion die Redner der noch nicht zu Wort gekommenen Fraktionen voranzustellen"; § 83 S. 1 GOMStrLT 1923: „Bei der Beratung von ... ist in der Besprechung nur ein Redner jeder Fraktion zuzulassen" (Zitate für die Zeit vor 1928 nach *Zschucke*).

Hinzuweisen bleibt noch auf die 1974 in der Schweiz eingeführte zweistufige Rednerfolge-Regel, wonach „Fraktionsvertreter ... vor den übrigen Mitgliedern" sprechen: Art. 59 I 2 GRNR 1974 (s. u. Anm. 156). Vgl. auch § 60 II GONR 1961 (BGBlÖ Nr. 178): „Bei der zweiten Lesung des Bundesvoranschlages, ferner von Staatsverträgen muß von jeder Gruppe von Abgeordneten, die ein Mitglied in den Ausschuß entsendet, mindestens ein Redner zum Wort kommen."

[97] RT-Verh., Bd. 392, S. 9725.

[98] So RT-Präsident *Löbe*, RT-Verh., Bd. 426, S. 3512.

Damit war der erste Schritt zum Proporz getan[99], der bemerkenswerterweise gerade von den Splittergruppen gefordert wurde. Als im März 1927 die Völkische Arbeitsgemeinschaft (DFP/NSDAP) auseinanderbrach und damit die beteiligten Parteien nicht mehr durch eine Fraktion vertreten waren, wies ein Sprecher der DFP auf den Widersinn der Kontingentierungspraxis hin. Der Beschluß des Ältestenrats, sämtliche Splitterparteien oder fraktionslosen Mitglieder als eine Fraktion zu betrachten, mache vor jeder Debatte eine „interfraktionelle Sitzung der Fraktionslosen notwendig, um zuerst einmal mit den politisch heterogensten Elementen eine Vereinbarung darüber zu treffen, wie die Redezeit ausgenützt werden soll". Bei kontingentierter Debatte müsse die Redezeit allgemein so geregelt werden, daß die normale Redezeit nur für die stärkste Fraktion gilt. Die Splitterparteien hätten sich dann solange zu addieren, bis sie gemeinsam dieselbe Mitgliederzahl bekommen wie die großen Fraktionen, um anschließend die ihnen gemeinsam zustehende Redezeit untereinander zu verteilen. Das wäre die logische Konsequenz ihrer gemeinsamen Redezeit. Solange dies jedoch nicht geschehe, solle man den 15 Abgeordneten der bisherigen Fraktion der VA zusammen eine Fraktionsredezeit zubilligen und die Verteilung ihnen überlassen. Vizepräsident *Esser* schlug daraufhin — unter Hinweis auf die engherzigere Praxis des Preußischen Landtags — vor, den 3 Splittergruppen des Jahres 1927 (DFP, NSDAP, Linke KP) jeweils die Hälfte der einstündigen Fraktionsredezeit zuzubilligen, beschränkt freilich auf den zur Beratung anstehenden Gegenstand[100].

In einer der ersten Sitzungen des nächsten Reichstags, in dem die NSDAP mit 12 Abgeordneten vertreten war und die den Splitterparteien zugebilligte Fraktionsredezeit mit 4 weiteren Splittergruppen teilen mußte, kritisierte der NS-Abgeordnete *Frick* die Redezeitverteilung. Es sei ein „grotesker Zustand", wenn eine Gruppe von 2 Abgeordneten (VRP) mit einer Gruppe von 12 Abgeordneten (NSDAP) gleichbehandelt werde, wie es auch „Unsinn" sei, „wenn ein Redner, der einer Fraktion von 17 Abgeordneten angehört, gleichbehandelt wird mit einem Redner einer Fraktion mit 152 Abgeordneten" (gemeint waren BVP und SPD). „Wenn sie schon einmal hier Unterschiede treffen wollen, so muß das nach der Zahl der Abgeordneten geschehen, die einer Gruppe angehören, nicht aber einfach nach dieser willkürlichen Unterscheidung von Fraktionen und Nichtfraktionen." Solange keine „differenzielle Behandlung" stattfinde, die diesem Vorschlag entspreche, müsse „jeder Redner gleich-

[99] § 56 S. 2 GODanzVT 1933 schrieb ihn bei beschlossener Gesamtredezeit zwingend vor: „Bei der Bemessung der Redezeit ist die Stärke der Fraktionen zugrunde zu legen; für die fraktionslosen Abgeordneten wird eine entsprechende Gesamtdauer festgesetzt." Vgl. auch oben Anm. 96. Auf gleicher Ebene lagen die Bestrebungen, statt der Redezeit die Rednerzahl der einzelnen Fraktionen von ihrer Mitgliederzahl abhängig zu machen (dazu *Roßmann*, S. 36).

[100] RT-Verh., Bd. 392, S. 9815, 9862.

behandelt" werden[101]. — Der Reichstag lehnte beide Anträge „mit großer Mehrheit" ab. Es blieb bei der zweistufigen Parität.

Nachdem sich eine der Splittergruppen der WP-Fraktion angeschlossen hatte[102], forderte *Frick*, weil seine Ablehnung der zweistufigen Parität im Reichstag kein Gehör fand, daß den 12 Nationalsozialisten als der größten Splittergruppe wenigstens „die Hälfte der den vier Gruppen zusammen zustehenden Redezeit, also bei einer Stunde eine halbe Stunde zugebilligt wird"[103]. Auf Vorschlag von RT-Präsident *Löbe* wurde diesem Antrag entsprochen, wenn auch beschränkt auf den zur Debatte stehenden Punkt der Tagesordnung[104].

Der Bundestag setzte die Weimarer Praxis der kontingentierten Debatte nicht fort, obwohl die GORT 1922 als vorläufige GOBT bis Ende 1951 galt und gerade in dieser Zeit die Redezeit häufig kontingentiert wurde. Eine paritätische Aufteilung der Redezeit auf die Fraktionen scheint es, hält man sich an die stenographischen Berichte der Plenardebatten, im Bundestag nur ein einziges Mal gegeben zu haben, als in der 48. Sitzung des 1. Bundestages (März 1950) für jede Partei 10 Minuten festgesetzt wurden[105].

3. Abgestufte Redezeit der Fraktionen

Mit bemerkenswerter Selbstverständlichkeit entschied sich vielmehr der 1. Bundestag für die Staffelung der Redezeiten nach der Fraktionsstärke, und zwar nicht erst auf Grund des § 39 I GOBT 1951[106], sondern schon und gerade unter der Geltung des § 88 GOBT 1949, will sagen: unter der Geltung des § 88 GORT 1922. Der proportionale Verteilungsschlüssel wurde erstmals in der BT-Sitzung vom 11. 1. 1950 praktiziert: Von einer festgesetzten Gesamtredezeit von 130 Minuten erhielten die beiden größten Fraktionen, CDU/CSU und SPD, je 30, die FDP 15, DP, BP, WAV, KPD, Z je 10 und die nationale Rechte (DRP/SRP) 5 Minuten zugewiesen[107]. Bemerkenswerterweise richtete sich zugleich auch die Reihenfolge der Redner nach der Fraktionsstärke[108]. Von da an wurde die Beschränkung der Gesamtredezeit und ihre proportionale Abstufung

---

[101] RT-Verh., Bd. 423, S. 50.

[102] Dazu RT-Verh., Bd. 423, S. 633 ff.

[103] RT-Verh., Bd. 423, S. 274.

[104] Ebd. S. 274. Zur zweistufigen Praxis der kontingentierten Debatte im Reichstag vgl. auch die Angaben bei *Thamm*, S. 104 f.

[105] BT-StB I/48, S. 1644.

[106] Vgl. *Ritzel/Koch*, Erl. 2 zu § 39 (S. 70); *Lechner/Hülshoff*, Erl. zu § 39 GOBT: 1. Aufl. (1953), S. 109; 2. Aufl. (1958), S. 178; *Lohmann*, S. 61.

[107] BT-StB I/26, S. 788 D.

[108] Ebd. S. 795 C.

häufiger beschlossen[109]. Von 1953 an kam man indes von der — durch Mehrheitsbeschluß erzwungenen — kontingentierten Debatte wieder ab. Lediglich in dem vom BVerfG entschiedenen Streitfall griff man noch einmal auf sie zurück und teilte den durch Mehrheitsbeschluß auf 8 Stunden begrenzten Rest der Debatte in reine Proporzquoten auf: CDU/CSU 257, SPD 167, FDP 40, DP 16 Minuten[110]. Infolge der unbegrenzten Teilbarkeit der Gesamtredezeit läßt sich der Proporzmaßstab selbst auf einzelne Abgeordnete anwenden, so daß es für diese oder für Gruppen ohne Fraktionsstatus keiner Sonderregelung bedarf.

Darüber, daß und warum der Weimarer Reichstag auf Grund derselben Bestimmung bis zu seinem Ende an der Parität der Fraktionsredezeiten festgehalten hatte, verlor man kein Wort. Kritik wurde weniger wegen des proportionalen Verteilungsschlüssels laut als vielmehr wegen der Kürze der festgesetzten Gesamtredezeit im Einzelfall[111]. Die gestaffelten Zeitquoten wurden zudem gelegentlich auf- und abgerundet, so daß an die Stelle des Proporzes eine dem Staatskirchenrecht vergleichbare Zwei- oder Dreistufigkeit trat[112]. Bei knapp bemessener Gesamtredezeit teilte der Präsident den „kleinen Fraktionen ... mehr als ihren quotalen Anteil an dieser Frist“ zu, da sie sonst praktisch nicht zu Wort gekommen wären[113].

§ 39 I 1 und 2 GOBT 1951/70 schreibt die proportionale Aufteilung der festgesetzten Redezeit nach der Stärke der Fraktionen *nicht* vor, wie *Loewenberg* annimmt[114], sondern läßt sie allenfalls zu. Die Praxis der fünfziger Jahre war so selbstverständlich geworden, daß im Redezeitfall von 1958 nur die Festsetzung einer Gesamtredezeit beantragt und beschlossen wurde, während sich ihre proportionale Aufschlüsselung daraus „nach der Praxis des Hauses“ von selbst ergab. Der Präsident brauchte sie lediglich noch festzustellen[115]. Bei dieser Praxis handelt es sich mithin nicht mehr um einen unverbindlichen „Parlamentsbrauch“. Vielmehr wird man sie als verbindliches „parlamentarisches Gewohnheits-

---

[109] Vgl. etwa BT-StB I/27, S. 830 D; I/28, S. 860 B; I/29, S. 900 B; aus späterer Zeit vgl. den Fall eines vereinbarten Redezeitproporzes in BT-StB V/87, S. 4034 D (CDU/CSU 100, SPD 90, FDP 60 Minuten).

[110] BT-StB III/21, S. 1057 ff., 1115 ff.; vgl. BVerfGE 10, 4 (6 f.).

[111] Vgl. BT-StB I/26, S. 785 f.; I/65, S. 2377 D; I/83, S. 3110 C; I/159, S. 6359; I/167, S. 6838.

[112] Vgl. — außer dem oben (zu Anm. 107) genannten Beispiel — BT-StB I/27, S. 830 D: CDU/CSU und SPD je 15, alle übrigen Fraktionen je 10 Minuten; I/28, S. 860 B: SPD (Antragsteller), CDU/CSU und FDP je 30 Minuten, die übrigen Fraktionen je 15 Minuten.

[113] BT-StB I/145, S. 5752 B.

[114] *Loewenberg*, S. 367, 467, 468.

[115] Vgl. die Darstellung in BVerfGE 10, 4 (6) und die dort wiedergegebene Feststellung des Präsidenten: „Damit stehen den Fraktionen folgende Zeiten zur Verfügung ...“

recht", als „Observanz" zu qualifizieren haben[116]. Als solche hat sie, wie *Bücker* annimmt, auch noch für die Gegenwart Geltung[117]. Nach *Szmula* soll freilich seit dem 2. Bundestag „in zunehmendem Maße das stillschweigende Übereinkommen, allen Fraktionen gleiche Redezeiten zuzubilligen", die Proportionalisierung abgelöst haben[118]. *Loewenberg* zufolge ist es, mit der noch zu erörternden Ausnahme von 1958, seit 1953 nicht mehr nötig gewesen, eine proportionale Redezeit der Fraktionen förmlich zu beschließen, „da die Fraktionen sich untereinander einigen und sich gegenseitig gleiche Anteile zubilligen"[119]. Nach *Schneider* hat sich das am Grundsatz der „Fraktionsparität" ausgerichtete Verfahren „seit Beginn der sechziger Jahre" eingebürgert[120]. Verläßt man sich auf das gewichtige Zeugnis des damaligen Direktors beim Deutschen Bundestag, *Trossmann*, der 1967 die Proporzpraxis nicht einmal mehr erwähnt[121], hat es bis auf den umstrittenen Fall von 1958 seit 1953 überhaupt keine Begrenzung der Gesamtredezeit nach § 39 I 1 GOBT 1951 mehr gegeben[122], während *Wollmann* noch für den 5. Bundestag von häufigen Debattenbeschränkungen auf Grund interfraktioneller Vereinbarung ausgeht, wobei die festgelegte Gesamtredezeit nach dem „Fraktionenproporz" aufgeteilt worden sei[123].

Da interfraktionell bzw. im Ältestenrat vereinbarte Redezeitbeschränkungen in den stenographischen Berichten der Plenardebatten nicht mitgeteilt zu werden pflegen[124], können diese Angaben nicht nachgeprüft werden.

4. Gleichheit von Rede und Gegenrede

Der Proporzgedanke spielt in der Redeordnung des Parlaments nicht nur bei der Bemessung der Fraktionsredezeiten eine Rolle. Da nach der Geschäftsordnung die „Stärke der Fraktionen" ganz allgemein deren „Reihenfolge" bestimmt (§ 11 S. 1 GOBT 1951/70 = § 8 S. 1 GORT 1922), lag es nahe, dieses Prinzip auch auf die Bestimmung der Rednerfolge

---

[116] Dazu *H.-P. Schneider*, S. 244 f., 246.

[117] *Bücker*, Erl. I 1 b zu § 39 GOBT (S. 374), auf § 12 GOBT (!) verweisend.

[118] *Szmula* II, S. 421.

[119] *Loewenberg*, S. 468, 255.

[120] *H.-P. Schneider*, S. 246.

[121] *Trossmann* II, S. 214; Gleiches gilt für *Lechner/Hülshoff*, 3. Aufl. (1971), S. 203 und *Achterberg* II, S. 74 f.

[122] *Trossmann* II, S. 214; vgl. auch *Blischke*, S. 66.

[123] *Wollmann*, S. 177. Nach *Kißler*, S. 342 ist die Redezeit bis zur 6. Wahlperiode gleichmäßig zwischen Regierung, Koalition und Opposition im Verhältnis 1 : 1 : 1 aufgeteilt worden.

[124] Zu den Gründen s. *Wollmann*, S. 88, 177; *Loewenberg*, S. 254; zur Notwendigkeit der Bekanntgabe der Vereinbarung durch den BT-Präsidenten s. *Bücker*, Erl. I 1 a zu § 39 GOBT.

durch den Präsidenten zu erstrecken[125], dessen (Ermessens-)Entscheidung sich nach besonderer Vorschrift der Geschäftsordnung auch heute noch u. a. von der „Rücksicht ... auf die Stärke der Fraktionen" leiten lassen soll (§ 33 I 2 GOBT 1970, § 82 I 2 GORT 1922). Diese Rednerfolge nach dem Fraktionenproporz beherrschte die Debatten im Reichstag, und zwar nicht erst seit Weimar. Die Problematik dieser Rednerfolge entspricht derjenigen abgestufter Fraktionsredezeiten. Die Fragen der Rednerfolge und der Redezeitbemessung gehören eng zusammen[126]. Wie die an Rede und Gegenrede orientierte Rednerfolge im Grunde die Gleichheit festgesetzter Zeitquoten verlangt, so ist die Abstufung der Redezeit nach der Stärke der Fraktionen in Wahrheit schon in der am Fraktionenproporz ausgerichteten Rednerfolge angelegt und umgekehrt. Die Diskussion um die richtige Reihenfolge der Redner mündete wie der Streit um die Redezeitbemessung in die Forderung nach Gleichheit von Rede und Gegenrede.

a) Rednerfolge

In einer der letzten Sitzungen des kaiserlichen Reichstags bemerkte der USPD-Abgeordnete *Ledebour:* „In einer wirklich parlamentarischen Regierung findet ein beständiger Kampf in Rede und Gegenrede zwischen den Regierenden und Nichtregierenden statt. Bei uns geht alles nach dem alten Schema. Da werden die Redner der Reihenfolge der Fraktionen nach aufgerufen. Unter den gegenwärtigen Umständen führt das dann dazu, daß hintereinander die Vertreter der Mittelparteien Monologe halten, dann kommen wieder hintereinander die verschiedenen Oppositionsparteien. Das ist keine richtige Debatte, denn das parlamentarische Leben, der parlamentarische Kampf bedingt Rede und Gegenrede. Die läßt sich nach diesem Schema nicht führen, besonders nicht von Leuten, die nur das Ablesen gewohnt sind[127]."

Die Frage der richtigen Rednerfolge war in Deutschland von jeher ein wunder Punkt des Parlamentsrechts. Sie führte nicht nur zu häufigen GO-Debatten, sondern fehlte auch in keiner Abhandlung über den parlamentarischen Geschäftsgang[128]. Im Reichstag der Weimarer Zeit trat

[125] In diesem Sinne namentlich *Trossmann* II, S. 118, 301; *Bücker*, S. 283, 355 (Erl. 1 zu § 11, 2 b zu § 33 GOBT); s. auch oben Anm. 117.

[126] Das kommt jetzt auch in § 39 II 5 GOBT 1970 zum Ausdruck, jedenfalls insofern, als dort für die Verlängerung der Redezeit auf die „Grundsätze des § 33 Abs. 1 Satz 2", d. h. auf „Rede und Gegenrede" und die „abweichende Meinung" als Gegenstück zur Regierungsrede verwiesen wird. Der Zusammenhang wurde in der Debatte um die kleine Parlamentsreform vom Abg. *Mommer* betont: BT-StB V/240, S. 13300, 13303; ähnlich schon der GO-Ausschußbericht BT-Drs. V/4373, S. 5, 6 f.; noch deutlicher jetzt: Empfehlungen II, S. 9 (§ 37 IV GOBT-Entwurf 1976 [s. o. Anm. 29]), III, S. 10.

[127] RT-Verh., Bd. 314, S. 6228 D.

[128] Zur Praxis des Reichstages und des Preußischen Abgeordnetenhauses vor 1918, insbesondere zu dem heißen Eisen der „geheimen Rednerliste" im Reichs-

die Frage der Rednerfolge hinter die Diskussion um die kontingentierte Debatte zurück, obgleich auch hier die Übung, die Reihenfolge der Redner nach der Fraktionsstärke zu bestimmen, selten eine lebendige Debatte aufkommen ließ. Als typisches Beispiel sei die Haushaltsdebatte von 1927 angeführt[129, 130].

Nach § 47 GOPrAbgH 1849/62 richtete sich die Reihenfolge der Redner nicht — wie im Reichstag — nach dem Ermessen des Präsidenten, sondern nach der Reihenfolge der (schriftlichen) Anmeldung, wobei in der vom Schriftführer geführten offiziellen Rednerliste vermerkt wurde, „ob für oder gegen den Antrag gesprochen werden soll" (Abs. 1). Nur so war es nämlich möglich, das in Abs. 2 vorgeschriebene Verfahren einzuhalten: „Solange es möglich ist, wird mit den Rednern, welche für und wider sprechen wollen, gewechselt" — eine Bestimmung, die fast wörtlich dem französisch-belgischen Vorbild entstammte, das die Geschäftsordnungen deutscher Parlamente bis auf den heutigen Tag nachhaltig beeinflußt hat[131].

Die Frage der richtigen Reihenfolge führte schon in den beiden Frankfurter Versammlungen von 1848 wiederholt zu GO-Debatten[132]. Der *Mohl*sche GO-Entwurf für die Paulskirche behandelte diese Frage besonders eingehend. In Abschnitt V („Die Verhandlung"), Teil B („Redeordnung") enthielt er folgende Regelung:

---

tag, die — im Seniorenkonvent verabredet — offiziell zwar geleugnet, in aller Regel aber schon damals befolgt wurde, vgl. die Nachweise bei *Jungheim,* S. 160 f.; *Spengler,* S. 28; *Engels,* S. 26 f.; *Seligmann,* S. 36, 38; *Hatschek,* S. 66, 190; *v. Mohl* II, S. 69 ff.; *Perels* I, S. 93; *Trossmann* I, S. 130; *Plate,* S. 148 f., 150 (Erl. 6, 13 bis 15 zu § 47 GO); ferner RT-Verh., Bd. 285, S. 1718 f., 1722 ff.; Bd. 287, S. 3549 B; Bd. 308, S. 1743 D. Aus der Weimarer Nationalversammlung RT-Verh., Bd. 326, S. 231, 242, 276 f., 371; Bd. 331, S. 4206 f. Kritisch zur Beschränkung der Debatte auf die Fraktionsredner und die Festlegung ihrer Reihenfolge nach der Fraktionsstärke durch den Ältestenausschuß: *Smend,* S. 62 f.

129 RT-Verh., Bd. 393, S. 10024 ff., 10070 ff., 10200 ff., 11248 ff.; vgl. auch oben Abschnitt I 2. Kritisch zur vereinbarten Rednerfolge nach der Fraktionsstärke: *v. Brentano,* S. 37. Zur Bindung des RT-Präsidenten an die Vereinbarungen des Ältestenrates über Rednerzahl und -folge: *Roßmann,* S. 28 f., 38.

130 Zur Entstehungsgeschichte der einschlägigen Bestimmungen — §§ 47 GOPrAbgH 1849/62, 47 GORT 1868, 82 GORT 1922 — vgl. *Jungheim,* S. 159; *Plate,* S. 146 ff.; RT-Drs. I/4411, RT-Verh., Bd. 374 (1922), S. 4868 (Ausschußbericht zum GO-Entwurf).

131 Vgl. *Zschucke,* S. 10; *Hatschek,* S. 64 ff.; die einschlägigen Vorschriften — Art. 102, 103 GO der franz. Deputiertenkammer von 1876 und Art. 18 GO der belg. Repräsentantenkammer von 1831 — sind abgedruckt bei *Neisser,* Bd. 1, S. 347, 391 f. Das Wechselredeprinzip findet sich expressis verbis u. a. in: § 52 II 3 GOSächsLT 1921, § 61 I 2 GOBadLT 1919, § 38 III GOOldLT 1920, vor allem in §§ 21 II/50 Abs. B BG/GONR 1920 (*Zschucke,* S. 162, 228, 359, 613, 635); heute etwa in § 56 II GONR 1961 (BGBlÖ Nr. 178), § 33 I 2 GOBT 1970 und § 59 I 2 NW-GO 1974; wenigstens für den Fall einer Minister(präsidenten)-rede in § 82 IV 1 BW-GO 1972 und § 128 II 2 BayGO 1974.

132 Vgl. Offizieller Bericht, S. 56; *Wigard,* Bd. 2, S. 1467 f.; Bd. 3, S. 2164, 2165 f., 2288.

„1. Diejenigen Mitglieder, welche über einen auf der Tagesordnung stehenden Antrag sprechen wollen, können sich bei dem Sekretariate am Tage der bevorstehenden Verhandlung einschreiben lassen und erhalten dadurch das Recht, vor anderen gehört zu werden.

2. Dabei wird übrigens, solange dies möglich ist, zwischen solchen Rednern abgewechselt, welche für, welche gegen und welche über den Antrag zu sprechen erklärt haben.

3. Ein eingeschriebener Redner darf ohne ausdrückliche Erlaubnis der Versammlung nicht über eine halbe Stunde sprechen.

4. Wenn die sämtlichen eingeschriebenen Redner gehört sind, so wird die freie Verhandlung vom Vorsitzenden eröffnet, in welcher die nicht eingeschriebenen Mitglieder in der Reihenfolge, wie sie durch Aufstehen sich melden, gehört werden. Für solche Sprecher findet eine Zeitbeschränkung nicht statt.

5. Die Verhandlung kann zu jeder Zeit von der Versammlung für geschlossen erklärt werden ...

6. Es darf kein Vortrag abgelesen werden ..."

In den Motiven hieß es dazu: „Unzweifelhaft hat die Einrichtung, nach welcher sich die Redner einschreiben lassen können, entschiedene Nachteile. Die Versammlung kann leicht mit vorbereiteten Reden, welche nur wenige oder geringe Rücksicht auf die Ansichten der Gegner nehmen und immer dasselbe in langweiliger Folge wiederholen, ermüdet und um ihre Zeit gebracht werden. Wer nicht flink und zudringlich sich meldet, kommt vielleicht gar nicht oder zu spät zum Worte. Der am Ende von der überdrüssigen Mehrzahl verlangte Schluß der Debatte gibt zu Beschwerden und widrigen Verwahrungen Anlaß. Dennoch ist für eine so zahlreiche Versammlung, wie der verfassungsgebende Reichstag sein wird, kaum ein anderes Mittel aufzufinden, um irgendeine Ordnung unter den zahlreich sich zum Sprechen Meldenden zu halten und noch weit lauteren Klagen über Parteilichkeit des Vorsitzenden usw. zu begegnen. Durch die in Vorschlag gebrachte Vorschrift, die eingeschriebenen Redner der Zeit nach zu beschränken, den in der freien Verhandlung Redenden aber das Wort unbeschränkt zu lassen, wird beabsichtigt, teils überhaupt den Zudrang zum Einschreiben zu mindern, teils wenigstens der Versammlung endlose, zum voraus bereitete Reden zu ersparen. Die eingeräumte Zeit aber ist sicherlich in den meisten Fällen mehr als hinreichend, um das, was eigentlich zur Sache gehört, zu sagen. In den Ausnahmefällen mag die Versammlung die Grenzen erweitern[133]."

Die Frankfurter Nationalversammlung, die den Mohlschen Entwurf zunächst en bloc als vorläufige Geschäftsordnung annahm, vereinfachte die Redeordnung bei der Verabschiedung der endgültigen Fassung, indem sie die Unterscheidung von eingeschriebenen und nicht eingeschriebenen Rednern sowie die damit zusammenhängende 30-Minuten-Regel fallenließ. Übrig blieb das französisch-belgische Muster: § 36 S. 1: „Die

[133] *Schwarzenberg/Mohl/Murschel*, S. 8 f., 29; *v. Mohl* I, S. 42, 45 f.

Redner sprechen nach der Reihenfolge der Anmeldung"; § 37: „Es wird, solange dies möglich ist, zwischen solchen Rednern abgewechselt, welche für und welche gegen den Antrag zu sprechen erklärt haben"; § 38 S. 1: „Die Verhandlung kann zu jeder Zeit von der Versammlung für geschlossen erklärt werden"; § 39: „Es darf kein Vortrag abgelesen werden ..."[134].

Selbst die verschwommene Regel des § 82 GORT 1922, auf den der präsidialem Ermessen weiten Spielraum lassende § 33 GOBT 1951/70 zurückgeht, sollte nach dem Ausschußbericht von 1922 dem Präsidenten „auch die Möglichkeit (geben), in der Reihenfolge der Redner das Für und Wider zu berücksichtigen"[135, 136].

Unter der GOBT 1951 spitzte sich die Diskussion um die richtige Rednerfolge auf die Frage zu, ob nach einer Regierungserklärung zuerst ein Vertreter der Opposition oder ein Vertreter der Regierungsparteien die Debatte eröffnen solle. Die Antwort sollte davon abhängen, „ob der Bundestag als solcher oder nur die Opposition als das eigentliche Gegenüber der Bundesregierung gilt"[137]. Die Praxis des Bundestages unter der GOBT 1951 war uneinheitlich[138]. Entsprechend widersprüchlich war ihre Deutung. Nach der einen war es „üblich" (= „überwiegende Praxis des Bundestages"), „daß zumeist der Sprecher der größten Fraktion die Aussprache über eine Regierungserklärung eröffnet"[139], nach der anderen wurde „bei der Beratung von Regierungserklärungen ... der erste Redner von der Opposition gestellt"[140]. Wenngleich sich diese Frage ohne weiteres anhand der Protokolle der Plenardebatten klären ließe, würde hier die dazu notwendige systematische Durchsicht der Sitzungsberichte zu weit führen. Es mag daher genügen, daß in der Literatur überwiegend festgestellt wird, unter der GOBT 1951 sei — jedenfalls bis zur Bildung der Großen Koalition 1966 — die Aussprache regelmäßig durch einen Redner der stärksten Fraktion eröffnet worden[141]. Da diese im 6. Bundes-

---

[134] *Wigard*, Bd. 1, S. 9, 165, 173.

[135] RT-Verh., Bd. 374, S. 4868.

[136] Aus der Literatur vgl. namentlich *Perels* I, S. 93; *v. Mohl* II, S. 69 ff., 79; *Cohen* II, S. 159 f., 163; *v. Seydel*, S. 420; *Hatschek*, S. 66, 189 f.; *Thamm*, S. 105 f.; *Seligmann*, S. 36 f.; *v. Brentano*, S. 35 f.; s. auch unten Anm. II/31.

[137] *Lohmann*, S. 60; ähnlich *Rausch/Oberreuter*, S. 60 f.

[138] Vgl. die bei *Jülich*, S. 85 Anm. 44, *Sternberger* I, S. 140, *Lohmann*, S. 60 und *Hereth* I, S. 48 f. gemachten Angaben.

[139] So *Jülich*, S. 85.

[140] So *Lechner/Hülshoff*, 2. Aufl., S. 176 (Erl. 2 zu § 33 GOBT); ähnlich *Ritzel/Koch* (Erl. 1 zu § 33 GOBT), für die sich schon im 1. Bundestag „ein gewisser Brauch dahingehend durchgesetzt (hat), daß zwischen Rednern für und wider gewechselt wird".

[141] *Hereth* I, S. 46 ff., II, S. 31 f.; *Schäfer*, S. 62, 214; *Loewenberg*, S. 366 f., 467 f.; *H.-P. Schneider*, S. 7 f., 245 f., 253 f.; *Wollmann*, S. 152, 169; *Gehrig* I, S. 256; *Mielke*, S. 543; *Grube*, S. 52; *Szmula* I, S. 140 f.; *Kißler*, S. 340.

tag (1969/72) die Opposition bildete, hätte sich der Beginn der Aussprache für die Dauer der Legislaturperiode auch ohne Änderung des § 33 GOBT und bei Fortsetzung der alten Praxis nach dem Prinzip der Wechselrede gerichtet.

Dem Wechselredeprinzip der GOPrAbgH 1849/62 entsprach der „Brauch, daß ein Redner ‚gegen‘ die Beratung eröffnet“[142]. Freilich wurde bei der Revision der Geschäftsordnung in der Session 1861/62 der Antrag, „die durch die Praxis gebildete Regel, daß mit einem Redner ‚gegen‘ begonnen werde, in die Geschäftsordnung aufzunehmen“, abgelehnt[143]. In verkümmerter Form hatte sich dieser Brauch in § 33 II 1 GOBT 1951 und dem ihm entsprechenden § 82 II 1 GORT 1922 erhalten, wonach „der erste Redner in der Beratung von Anträgen ... nicht der Fraktion des Antragstellers entnommen werden (soll)“. Im Weimarer Reichstag wurde diese Vorschrift analog auf Interpellationen angewandt[144]. Auf „Regierungsvorlagen“ (§§ 75 I, 76 GOBT) fand sie hingegen keine Anwendung. Ihre vom Abgeordneten *Ritzel* (SPD) im GO-Ausschuß 1957 vorgeschlagene Erstreckung auf „Regierungserklärungen“ scheiterte am Widerstand der Ausschußmehrheit[145].

Im 5. Bundestag — 8 Monate vor Bildung der Großen Koalition — beantragte die (damals oppositionelle) SPD-Fraktion die Verankerung des Wechselredeprinzips in § 33 I GOBT[146]: Der Präsident sollte künftig bei der Bestimmung der Rednerfolge (auch) auf die „Auseinandersetzung zwischen Regierung und Opposition“ Rücksicht nehmen. Insbesondere sollte „nach der Rede eines Mitgliedes der Bundesregierung ... die oppositionelle oder abweichende Meinung zu Wort kommen“. Der Antrag wurde am 16. 6. 1966 im Plenum von den SPD-Abgeordneten *Schäfer* und *Mommer* unter Berufung auf die „Chancengleichheit“ zwischen Regierung und Opposition bzw. die Gleichheit von „Rede und Gegenrede“ verteidigt[147], von den Sprechern der (damaligen) Regierungsfraktionen

---

[142] *Plate*, S. 150 (Erl. 13 zu § 47 GOPrAbgH).

[143] *Plate*, S. 146.

[144] Vgl. *Thamm*, S. 106 f.

[145] Vgl. *Lechner/Hülshoff*, 2. Aufl., S. 176; *Szmula* I, S. 141, III, S. 21 f. Der Vorschlag *Ritzels* ging, wie *Szmula* berichtet, dahin, nach § 33 II 1 GOBT 1951 folgenden Satz einzufügen: „Bei der Beratung von Regierungserklärungen soll in der Regel der erste Redner von der Opposition gestellt werden.“ Schon 1952 sah *Ritzel* in § 33 II 1 GOBT das Muster für die Ausrichtung der Rednerfolge am Prinzip der Wechselrede: *Ritzel/Koch*, S. 64.

[146] Vgl. BT-Drs. V/396.

[147] BT-StB V/48, S. 2320, 2321 B, 2322 D. Chancengleichheit zwischen Regierung und Opposition in der Rednerfolge hat *Schäfer* auch literarisch gefordert: vgl. *Schäfer*, S. 10, 73 f., 80 f., bes. S. 214 f., 302 f. Vgl. auch die in der 25., 30. und 41. Sitzung des 5. Bundestages vorausgegangene Kritik der Opposition am Fehlen von Rede und Gegenrede und damit am „Ungleichgewicht“ zwischen Regierung und Koalition einerseits und der Opposition andererseits: BT-StB V/25, S. 1140 B, 1169 C; V/30, S. 1326, 1328 B; V/41, S. 1835 A.

CDU/CSU und FDP hingegen mit dem Hinweis auf den Dualismus von Regierung und (Gesamt-)Parlament („Pendant“, „Gegenpol“) bekämpft[148]. Nach Überweisung des Antrags an den GO-Ausschuß, der ihn nach Bildung der Großen Koalition — anders als die von Mitgliedern der CDU/CSU-Fraktion gewünschte Verankerung der Vorrangigkeit von Kurzreden in § 33 GOBT[149] — zunächst nicht als vordringlich einstufte[150], wurde der Antrag erst im Rahmen der „kleinen Parlamentsreform“ vom Frühjahr 1969 wieder aufgegriffen. Damit „im Parlament ein lebendiger Dialog“ zustandekomme, empfahl der Ausschuß, das Prinzip der Wechselrede in § 33 I 2 GOBT durch die Einfügung der Worte „Rede und Gegenrede“ und den Zusatz zu verankern, daß insbesondere nach Regierungsreden einer „abweichende(n) Meinung“ der Vortritt gebührt[151]. Im Plenum wurde der Antrag, über dessen inhaltsgleichen[152] Vorläufer noch 3 Jahre zuvor heftig gestritten worden war, am 18. 6. 1969 ohne Aussprache einstimmig angenommen[153].

Die ausdrückliche Verankerung des Wechselredeprinzips in der Geschäftsordnung ist ohne Frage ein Gewinn und hält dem „lebendigen Dialog“ zwischen Rede und Gegenrede, Mehrheit und Minderheit, Regierung und Opposition eine von der Geschäftsordnung jetzt ausdrücklich gewährleistete Chance offen[154]. Sowenig indes die alte Rednerfolge-Bestimmung diesen Dialog verhindert hat, sowenig hat er sich unter der neuen wirklich durchzusetzen vermocht. Das liegt einmal an der 15/45-Minuten-Regel des § 39 II GOBT 1970, die, wie sich gezeigt hat, den „Dialog“ eher erschwert als erleichtert, namentlich wenn es um den Ausgleich von Regierungsreden geht[155]. Zum andern liegt es daran, daß das in § 33 I 2 GOBT bisher schon enthaltene und durch § 11 Satz 1 GOBT zusätzlich abgesicherte Prinzip des Fraktionenproporzes neben dem neu eingefügten Prinzip der Wechselrede beibehalten wurde, obwohl beides

---

[148] BT-StB V/48, S. 2321; dazu *H.-P. Schneider*, S. 7 f., 252 f.; *Oberreuter*, S. 281 u. unten zu Anm. II/64 ff. Vgl. auch die Zurückweisung der in der 25. BT-Sitzung vorausgegangenen oppositionellen Kritik durch den CSU-Abgeordneten *Althammer:* BT-StB V/25, S. 1157 C.

[149] Dazu oben nach Anm. 7.

[150] Vgl. BT-Drs. V/2479, S. 1, 2, 3, 5; BT-Drs. V/2479 (neu), S. 1 f., 3, 4.

[151] BT-Drs. V/4373, S. 7, 17.

[152] In diesem Sinne namentlich *Oberreuter*, S. 281; w. Nachw. unten Anm. II/69.

[153] BT-StB V/240, S. 13298 A.

[154] Vgl. etwa die Abweichung von der (vereinbarten?) Rednerliste durch den Präsidenten in der 72. und 135. Sitzung des 6. Bundestages: BT-StB VI/72, S. 3989 D; VI/135, S. 7889 D.

[155] Vgl. die fortdauernden Klagen über die Beschränkungen der Gegenrede, z. B. BT-StB VI/23, S. 874 D, 877 f. Die vom GO-Ausschuß empfohlene Abhilfe — § 37 IV 2 GOBT-Entwurf 1976 (s. o. Anm. 29) — verdeutlicht nur, was schon bisher galt; vgl. Empfehlungen II, S. 9, III, S. 10 und unten Anm. 172, nach Anm. 189 sowie (zu) Anm. II/66.

schwerlich auf einen Nenner zu bringen ist. Hinzu kommt die traditionelle Bindung des Präsidenten an Rednerfolge-Vereinbarungen im Ältestenrat, die — schon weil sie die Rednerfolge im voraus festgelegen — keinen „lebendigen Dialog" bewirken können. Hinzu kommt schließlich, daß die GOBT mit der vorgeschriebenen Rednerliste (§ 32 I 3 GOBT) auch die Rednerfolge nach der Wortmeldung kennt — für Ausschußsitzungen ist diese Reihenfolge zwingend vorgeschrieben (§ 33 IV GOBT 1970) —, was den Dialog im Plenum kaum weniger in Frage stellt als der Fraktionenproporz[156].

b) Redezeit

Früher als bei der Rednerfolge wurde von der Opposition bei der Redezeitbemessung in kontingentierter Debatte Chancengleichheit zwischen Regierung und Opposition bzw. Zeitgleichheit von Rede und Gegenrede gefordert. Dieser Grundsatz wurde erstmals von den Antragstellern im Redezeit-Streit vor dem BVerfG formuliert[157], der Sache nach lag er aber schon dem Antrag auf Aufhebung der Redezeitbeschränkung zugrunde, den die SPD-Fraktion in der 21. Sitzung des 3. Bundestages als Reaktion auf drei (nicht kontingentierte) Ministerreden einbrachte. Der Antrag wurde vom SPD-Abgeordneten *Arndt* damit begründet, daß das Gebot der „freien Rede" und der „Fairneß" nach den Ministerreden dazu zwinge, die beschlossene Kontingentierung der Redezeit wieder aufzuheben[158]. Dem hielt der CDU-Abgeordnete *Rasner* entgegen, dem

---

[156] Zur nach wie vor uneinheitlichen Praxis und ihrer bloß partiellen Hinwendung zur kontradiktorischen Rednerfolge seit Bildung der Großen Koalition (1966) s. *Hereth* II, S. 31 f.; *Wollmann*, S. 13, 152, 168, 169; *Loewenberg*, S. 366 f., 467 f.; *H.-P. Schneider*, S. 245 f., 253 f.; *Szmula* I, S. 141 f., III, S. 22; *Gehrig* I, S. 256. Nach den Reformvorschlägen des GO-Ausschusses soll künftig die Rednerfolge in Ausschußsitzungen der für Plenardebatten geltenden Regel unterstellt werden: „Der Vorsitzende erteilt das Wort in der Reihenfolge der Wortmeldungen unter Berücksichtigung des Grundsatzes des § 30 Abs. 1 Satz 2", d. h. des § 33 I 2 GOBT 1970 (§ 76 II GOBT-Entwurf 1976); dazu: Empfehlungen II, S. 8, 20, III, S. 5, 22. — Den in sich widersprüchlichen Rednerfolge-Regeln des Bundestags ähnelt in der Schweiz die 1974 vom Nationalrat beschlossene Regel des Art. 59 I GRNR 1974 (AS S. 1645): „Der Präsident erteilt das Wort grundsätzlich in der Reihenfolge der Anmeldungen, kann jedoch die Redner thematisch gruppieren und für angemessenen Wechsel der Sprachen und der Standpunkte sorgen. Fraktionsvertreter und Antragsteller sprechen vor den übrigen Mitgliedern." Bis 1974 durfte im Nationalrat das Wort ausschließlich „in der Reihenfolge der Anmeldungen" erteilt werden; vgl. Art. 60 I GRNR 1920 (AS 37, S. 3), Art. 61 I 1 GRNR 1946 (AS 62, S. 443), Art. 58 I 1 GRNR 1962 (AS S. 1321). In Österreich wurde 1961 für den Regelfall einer Mehrzahl von „Für"- und „Gegen"-Rednern das uneingeschränkte Wechselredeprinzip von 1920 durch die Vorschrift ergänzt, modifiziert, ja verwässert, der Präsident habe die Rednerfolge in der Weise zu bestimmen, „daß die verschiedenen Standpunkte zu einem Verhandlungsgegenstand gebührend zur Geltung kommen sowie auf Klubstärke und Abwechslung zwischen den Rednern verschiedener Klubs Bedacht genommen wird" (§ 56 III GONR 1961 [BGBlÖ Nr. 178]).

[157] BVerfGE 10, 4 (8)

Begehren der Opposition liege der „fundamentale Irrtum" zugrunde, „das Pendant der Bundesregierung sei die Opposition. Das Pendant zum Verfassungsorgan Bundesregierung ist der Bundestag"[159].

Die Bestätigung dieser Mehrheitsauffassung durch die Redezeit-Entscheidung des BVerfG hat die einmal erhobene Forderung nach Chancengleichheit der Opposition mit der Regierung vorübergehend zwar zurückdrängen, letztlich aber nicht entkräften können. Noch während der 3. Wahlperiode wurde sie bei der Beratung des Entwurfs eines Bundesrundfunkgesetzes im Zusammenhang mit dem geplanten (einseitigen) Verlautbarungsrecht der Regierung erneut erhoben und im 4. Bundestag aus Anlaß der um eine Fernsehsendung des Bundeskanzlers entstandenen Kontroverse wiederholt, freilich in beiden Fällen von Regierung und Parlamentsmehrheit unter Berufung auf die Redezeit-Entscheidung des BVerfG abgelehnt[160]. Als schließlich der SPD-Abgeordnete *Schäfer* zu Beginn des 5. Bundestages das von der Opposition beanspruchte „Kontradiktionsrecht" in der Debatte ebenfalls mit dem Grundsatz der Chancengleichheit von Regierung und Opposition begründete, entgegnete der CDU-Abgeordnete *Rasner,* diese Überlegungen seien „staatsrechtlich ganz unhaltbar", da nach der gewollten Verfassungsordnung „das Pendant zur Regierung das ganze Haus ist"[161].

Nach Bildung der Großen Koalition vollzog sich jedoch innerhalb der Fraktion der CDU/CSU ein bemerkenswerter Verständniswandel. Hatte man noch 1960 bei der Beratung des Bundesrundfunkgesetzes das Verhältnis von Parlament zu Regierung in England und der Bundesrepublik als grundverschieden angesehen[162], so wurden im Zuge der Diskussion um die Einführung des englischen Mehrheitswahlrechts die englischen „Verhältnisse" auch für die regierende CDU/CSU mit den deutschen vergleichbar, während die FDP-Opposition sich — unter Verkennung ihrer Rechts- und Interessenlage[163] — für die Beibehaltung der traditionellen Vorstellung von der Eigenständigkeit und dem Dualismus von Regierung und Parlament einsetzte. Der Wandel in der Auffassung zeigte sich erstmals in der Debatte über die im Frühjahr 1968 vom GO-Ausschuß vorgeschlagene Beschränkung der Normalredezeit auf 15 Minuten. Den im Dezember 1967 von der CDU/CSU-Fraktion gestellten Antrag, Kurzreden bei der Rednerfolge zu bevorzugen, nachdem von

---

158 BT-StB III/21, S. 1116.

159 Ebd. S. 1116 D.

160 Dazu unten Abschnitt V.

161 BT-StB V/48, S. 2320 f.

162 Dazu unten nach Anm. V/32.

163 Nach *H.-P. Schneider,* S. 8 war „die FDP aufgrund ihres liberalen, am Gewaltenteilungsschema des Konstitutionalismus orientierten Parlamentsverständnisses nicht in der Lage . . ., ein spezifisches Oppositionsbewußtsein auszubilden".

jeder Fraktion ein Redner gesprochen hat[164], nahm der Ausschuß zum Anlaß, eine drastische Kürzung der einstündigen Regelzeit vorzuschlagen[165]. Nach der 1. Fassung dieses Vorschlags vom Januar 1968 sollte der Präsident die verkürzte Redezeit verlängern, „wenn das auf Grund längerer Ausführungen der Mitglieder des Bundesrates oder der Bundesregierung bzw. ihrer Beauftragten beantragt wird“. Nach der 2. Fassung vom März 1968 sollte die Verlängerung allgemein dann gewährt werden, „wenn Gegenstand oder Verlauf der Aussprache dies nahelegt“, wobei unter „Verlauf der Aussprache“ nach der mitgegebenen Begründung namentlich die Inanspruchnahme der jederzeitigen Redebefugnis von Bundesregierung und Bundesrat nach Art. 43 II 2 GG zu verstehen war. Die Verlängerung sei erforderlich, wenn Bundesregierung oder Bundesrat das Wort zu längeren Ausführungen nähmen, da sie durch die Redezeitbegrenzung der GOBT nicht verpflichtet werden könnten, wenngleich die Einhaltung der Regelzeit auch von ihnen erwartet werden dürfe[166].

In diesen Vorschlägen, die im Ausschuß von allen Abgeordneten der Regierungsfraktionen (CDU/CSU, SPD) gebilligt wurden, kam bereits deutlich zum Ausdruck, daß an der früheren Mehrheitsauffassung, die auch der Redezeit-Entscheidung des BVerfG zugrunde lag, künftig nicht mehr festgehalten werden sollte. Für die Fraktion der CDU/CSU ergriff denn auch bei der Plenarberatung am 27. 3. 1968 nicht der Abgeordnete *Rasner* das Wort — er schwieg fortan in der Debatte zum Thema Gewaltenteilung und Opposition[167] —, sondern der Abgeordnete *Häfele*. Dieser erklärte, die vorgeschlagene Redezeitbegrenzung sei ein erster Schritt zur Verwirklichung der großen Parlamentsreform, die notwendig geworden sei, weil „die Gewaltenteilung hie Regierung — hie Parlament“ im Plenarsaal nicht länger aufrechterhalten werden könne. Denn: „Die tatsächliche Gewaltenteilung vollzieht sich vielmehr zwischen Regierung plus Regierungspartei hier und Opposition dort. Das ist die eigentliche Gewaltenteilung, also das englische System.“ Deshalb sei die Einführung des Mehrheitswahlrechts erforderlich, nur auf dieser Grundlage könne es eine „echte Dialog-Debatte“ geben[168]. Damit hatte auch die Fraktion der CDU/CSU die Frage der Ausgleichspflichtigkeit von Ministerreden bejaht, mithin den Grundsatz der Chancengleichheit von Regierung und Opposition in der parlametarischen Redeordnung anerkannt. Weshalb freilich gerade die vorgeschlagene Verkürzung der Abgeordneten-Redezeit, die den Dialog zwischen Regierung und Oppo-

---

[164] BT-Drs. V/2343.

[165] Dazu oben nach Anm. 9.

[166] BT-Drs. V/2479, S. 3, 5; V/2479 (neu), S. 3, 4.

[167] In literarischen Äußerungen beharrte er auf seinem Standpunkt; vgl. *Rasner*, S. 103 f.

[168] BT-StB V/161, S. 8438 C, 8439 A; vgl. auch S. 8445 A.

sition alles andere als fördert, ein „Fortschritt" gegenüber dem bisherigen Zustand sein sollte, auf diese Frage blieb *Häfele* eine befriedigende Antwort schuldig[169].

Für die FDP, die die Verkürzung der Regelzeit um der Freiheit der Rede willen überhaupt bekämpfte, erwiderte hingegen der Abgeordnete *Dorn*, „dieses Gegenüber zwischen Regierung und Regierungsfraktionen auf der einen Seite und Opposition auf der anderen Seite im Parlament" habe „zumindest mit unserer Vorstellung von parlamentarischer Kontrolle der Regierung, von Parlamentarismus in einer Demokratie absolut nichts zu tun". „Wir brauchen hier keine Akklamation für die Regierung, sondern dieses Parlament muß zu allen Zeiten die parlamentarische Kontrollfunktion insgesamt — ob Koalition oder Opposition — gegenüber der Regierung wahrnehmen." Wo sich die Koalitionsfraktionen zur „Schutztruppe der Regierung im Parlament degradieren" und als „Abstimmungsmaschine für die Regierung" mißbrauchen ließen, werde in Wahrheit das „System der parlamentarischen Kontrolle völlig auf den Kopf (ge)stellt" und die Praxis der Diktaturen in Ost und West kopiert[170]. — Die Gelegenheit, die Regierungsparteien beim Wort zu nehmen und auf die Parität von Rede und Gegenrede, von Regierung und Opposition zu dringen, war vertan. Der Entwurf wurde freilich nicht verabschiedet, sondern an den GO-Ausschuß zurückverwiesen.

Im Februar 1969 griff die Fraktion der CDU/CSU den Ausschußvorschlag vom Januar 1968 wieder auf und brachte ihn nahezu unverändert als Antrag der Fraktion im Bundestag ein[171]. Im Zuge der kleinen Parlamentsreform schlug daraufhin der GO-Ausschuß eine 15/45-Minuten-Regel vor und übernahm im übrigen aus seinem Entwurf vom März 1968 die Regelung der Verlängerungsfrage, wobei jetzt den von den Fraktionen gestellten Verlängerungsanträgen stets stattgegeben werden sollte. Hinzugefügt wurde die Empfehlung an den Präsidenten, er solle bei Redezeitverlängerungen „die Grundsätze des § 33 Abs. 1 Satz 2 beachten", was nichts anderes als eine affirmative Bestätigung des zuvor schon anerkannten Grundsatzes der Gleichheit von Rede und Gegenrede bzw. von Regierung und Opposition darstellte[172]. In dieser Fassung wurde der spätere § 39 II GOBT 1970 verabschiedet[173].

---

[169] Ebd. S. 8439; vgl. auch die Debatte, die nach Jahresfrist zum Entwurf des späteren § 39 II GOBT 1970 geführt wurde: BT-StB V/240, S. 13298 ff.

[170] BT-StB V/240, S. 8444 f.; vgl. auch *Moersch*, ebd. S. 8441 C; *Friderichs*, ebd. S. 8447: Die Einheit von Regierung und Koalitionsfraktionen sei ein „im Sinne des Parlamentarismus unbefriedigender Zustand", den man nicht „im Wege der Anpassungstheorie auch noch in die Geschäftsordnung hineinschreiben sollte". Im Gegenteil müsse man „diese sich entwickelnde Unart" durch die Geschäftsordnung „bewußt zu verhindern" trachten.

[171] BT-Drs. V/3895.

[172] BT-Drs. V/4373, S. 7, 17 f.; dazu die Plenardebatte BT-StB V/240, S. 13298 - 13305, namentlich die Ausführungen des Abgeordneten *Mommer* (ebd.

Hatte sich bei der Reform der Redeordnung der GOBT die Auffassung durchgesetzt, daß sich Regierung und Koalition auf der einen, die Opposition auf der anderen Seite gleichberechtigt gegenüberstehen[174], so blieb die Reform der „aktuellen Stunde" mehr dem traditionellen Gewaltenteilungsschema verhaftet. Die am 27. 1. 1965 vom Bundestag beschlossenen „Vorläufige(n) Bestimmungen über Aussprachen zu Fragen von allgemeinem aktuellen Interesse"[175] enthalten unter Ziffer 3 Regelungen über „Dauer und Redeordnung der Aussprache". Danach ist die Aussprache, in der der einzelne Redner nicht länger als 5 Minuten sprechen darf, auf eine Stunde beschränkt (Abs. 1 Satz 1, Abs. 2). Mit Rücksicht auf Art. 43 II 2 GG bleibt jedoch die von Bundesregierung und Bundesrat in Anspruch genommene Redezeit unberücksichtigt (Abs. 1 Satz 2)[176]. Für die Rednerfolge gilt § 33 I GOBT mit der Maßgabe, daß als erster Redner einer der Abgeordneten das Wort erhält, die die Aussprache initiiert haben (Abs. 3). Obwohl der Bundeskanzler dem BT-Präsidenten zugesagt hatte, daß sich auch die Redner der Bundesregierung an die 5-Minuten-Regel halten würden, zeigte sich, daß durch die Inanspruchnahme des jederzeitigen Rederechts der Regierung „ein Mißverhältnis zwischen der Redezeit von Mitgliedern der Bundesregierung und der Abgeordneten eintreten kann, insbesondere dadurch, daß die aktuelle Stunde zeitlich begrenzt ist"[177].

S. 13300, 13303). Auch der von *Gehrig* II, S. 637 geforderten ausdrücklichen Ergänzung, „daß die Oppositionsredezeit immer um soviel zu verlängern ist, als die Ministerreden gedauert haben", käme bei richtigem Verständnis der Verlängerungsregel des § 39 II GOBT 1970 lediglich deklaratorische Bedeutung zu. Die zwischenzeitlich mit dieser Vorschrift gemachten Erfahrungen scheinen indes für die Ergänzung zu sprechen (dazu oben Anm. 155, unten nach Anm. 189).

[173] BGBl. I 1969, S. 776 (777); 1970, S. 628 (633). Zur Genesis dieser Vorschrift vgl. *Szmula* I, S. 144 ff.

[174] An ihr wurde prinzipiell auch im 6. Bundestag, in dem die CDU/CSU-Fraktion erstmals die Opposition bildete, festgehalten; vgl. Materialien, S. 13 (Rdn. 26); Enquete-Kommission, S. 48: „In der heutigen parlamentarischen Demokratie stehen sich in der Regel nicht mehr Parlament und Regierung als solche gegenüber, sondern Regierung und Parlamentsmehrheit auf der einen Seite, die parlamentarische Opposition auf der anderen Seite".

[175] Anlage 6 der GOBT 1951, abgedruckt bei *Trossmann* II, S. 369 und *Schäfer*, S. 349 f. — Die Bestimmungen wurden amtlich nicht publiziert. Der interfraktionelle Entwurf (BT-Drs. IV/2958) sah eine Änderung der GOBT vor. Die am 27. 1. 1965 verabschiedete Fassung beruht auf einem nicht publizierten „Umdruck" (BT-StB IV/159, S. 7821).

[176] Die Deutung *Bleeks*, mit der Nichtanrechnung der von der Bundesregierung in Anspruch genommenen Redezeit solle eine Majorisierung der Debatte durch die Regierung verhindert werden (*Bleek* I S. 25), ist verfehlt. Dem jederzeitigen Rederecht der Regierung wurde nicht schon durch diese Regelung, die es anerkennt, entgegengewirkt, sondern allenfalls durch die in die Bestimmungen nicht aufgenommene Zusage der Regierung, daß auch ihre Redner nicht länger als 5 Minuten sprechen würden. Vgl. Anm. 177.

[177] So der Bericht des GO-Ausschusses zur kleinen Parlamentsreform: BT-Drs. V/4373, S. 14; dazu *Schönfeld*, S. 172 f. Vgl. auch die Parallelproblematik

Um solche „Mißverhältnisse“ zu beseitigen, schlug der GO-Ausschuß auf Anregung der FDP vor, in Ziffer 3 Abs. 1 der „Vorläufigen Bestimmungen“ die Verlängerung der Debatte um 30 Minuten für den Fall festzulegen, daß die von Vertretern der Bundesregierung und des Bundesrates in Anspruch genommene Redezeit 30 Minuten überschreitet. Damit sollte eine „Ausgleichsmöglichkeit“ geschaffen werden, mit der Folge, daß „aktuelle Stunden“ — gemessen an der Gesamtredezeit der Abgeordneten — gegebenenfalls auch eineinhalb Stunden dauern könnten[178]. Die vorgeschlagene Ergänzung wurde vom Bundestag am 18. 6. 1969 einstimmig und ohne Debatte beschlossen[179].

Diese Regelung versucht offensichtlich sowohl dem (von der FDP befürworteten) Gegenüber von Regierung und Parlament als auch dem (von SPD und CDU/CSU angestrebten) Gegenüber von Regierung(smehrheit) und Opposition Rechnung zu tragen. Nur so ist es zu verstehen, daß mit der einstündigen Aussprache, bei der Reden von Bundesregierung und Bundesrat unberücksichtigt bleiben, lediglich 30 Minuten der von beiden in Anspruch genommenen Redezeit „ausgeglichen“ werden sollen. Läßt man den Bundesrat einmal außer Betracht — er macht von seinem Rederecht in der Regel keinen nennenswerten Gebrauch[180] —, so hätte eine Regelung, die sich am Gegenüber von Regierung und Parlament orientiert, für beide gleiche Gesamtredezeiten vorsehen müssen, während die rechtliche Anerkennung des Gegensatzes von Regierung und Opposition zu gleichen Redezeiten für Opposition und Koalition (einschließlich Regierung) hätte führen müssen. Die beschlossene Rege-

---

bei der Fragestunde: *Schindler* I, S. 419, 433; *Witte-Wegmann*, S. 63, 77 f.; *Kißler*, S. 184 f., 193 f., 195 ; *Bleek* II, S. 137. Hierher gehört auch das Problem der Ministerrede trotz geschäftsordnungsmäßig ausgeschlossener Aussprache; dazu *Schönfeld*, S. 173 f., 196 ff. Daß auch die Reform der „aktuellen Stunde“ von 1969 das „Mißverhältnis“ zwischen der Redezeit von Ministern und Abgeordneten nicht zu beseitigen vermochte, zeigt im übrigen der Novellierungsvorschlag des GO-Ausschusses von 1976 (s. u. Anm. 182).

[178] BT-Drs. V/4373, S. 14, 22.

[179] BT-StB V/240, S. 13323 D; Ziff. 3 Abs. 1 Satz 3 der Anlage 4 zur GOBT 1970, abgedruckt in: *Lechner/Hülshoff*, 3. Aufl. (1971), S. 251 f.

[180] Dazu *Schönfeld*, S. 203 ff. Die durch die parteipolitisch konträren Mehrheiten im gegenwärtigen Bundestag und Bundesrat bedingte Zunahme von Bundesratsreden im Parlament hat bezeichnenderweise die Fragwürdigkeit auch dieses Redeprivilegs deutlich werden lassen und zur Forderung seiner Revision im Wege der Verfassungsänderung geführt; so die zu Protokoll gegebene schriftliche Erklärung des SPD-Abgeordneten *Schweitzer*, BT-StB VII/158, S. 11087 C (Anlage 3 Nr. 1). Vom Rederecht des Bundesrates wurde namentlich gegen Ende der 7. Wahlperiode ausgiebiger als sonst Gebrauch gemacht; vgl. etwa die Stenographischen Berichte über die 155., 181., 184., 197., 202., 224. und 255. Sitzung des 7. Bundestags; aufschlußreich auch die in der BT-Sitzung vom 26. 11. 1975 um die Grenzen der Redebefugnis eines Bundesratsmitgliedes ausgetragene Kontroverse zwischen Bundeskanzler *Schmidt* und Ministerpräsident *Kohl*, BT-StB VII/202, S. 13945 B, 13970 f., 13976 f. Zu Vorgang und Problem s. *Vonderbeck*, S. 555, 556 f.; ferner unten Anm. IV/15.

lung geht jedoch für den Normalfall einer eineinhalbstündigen Debatte offenkundig von einer Aufteilung der Gesamtredezeit zwischen Regierung, Koalition und Opposition im Verhältnis von 1 : 1 : 1 aus. Denn nach Ziffer 3 Abs. 3 der „Vorläufigen Bestimmungen" sollen Rede und Gegenrede, die der 5-Minuten-Regel unterliegen, also von Rechts wegen zeitgleich sind, abwechseln, wobei die Regierung gemäß Art. 43 II 2 GG nicht an die alternierende Reihenfolge gebunden ist. Dieser „Kompromiß" zwischen den zuerst genannten Redezeitmodellen — nach *Schindler* soll sich die SPD im 6. Bundestag allgemein für ihn ausgesprochen haben[181] — führt vom Standpunkt der Opposition aus in Wahrheit regelmäßig zu einer Verdoppelung von Redezeit und Rednerzahl des Regierungslagers, bildet mithin nichts anderes als ein Surrogat des am Dualismus von Regierung und Parlament ausgerichteten Redezeitmodells der fünfziger Jahre[182]. Das gilt auch für den Vorschlag des GO-Ausschusses vom Februar 1976, wonach sich der Ältestenrat künftig nicht nur über die Debattenlänge, sondern auch über die Aufteilung der Redezeit zwischen Regierung und Koalition einerseits und Opposition andererseits im Verhältnis von 3 : 2 im voraus einigen soll[183].

---

[181] *Schindler* II, S. 254; ebenso *Kißler*, S. 342; dazu *Schönfeld*, 178, 179 u. unten (zu) Anm. II/55.

[182] s. auch unten Abschnitt V (bes. nach Anm. V/20, 48, 61). — Entsprechend hat der Vorsitzende des GO-Ausschusses, der SPD-Abgeordnete *Bauer*, nach dessen Zeugnis im Verlaufe der Ausschußberatungen der GO-Reform „die Opposition als solche ... im Ausschuß zu keiner Stunde etwa in einer Sonderstellung gesehen worden" ist (BT-StB V/240, S. 13295), in der neuen „Ausgleichs"-Regel der „Vorläufigen Bestimmungen" „einen wesentlichen Schritt zur Erzielung des Gleichgewichts zwischen Parlament und Regierung" gesehen (ebd. S. 13303). Anders *Szmula*, für den die Neuregelung zu einem Abbau aus konstitutionellem Denken herrührender Privilegien der Exekutive und zu einer deutlichen Polarisierung von Regierungs- und Oppositionsmeinung geführt hat: *Szmula* I, S. 181 f., III, S. 32 f.; ähnlich *Kißler*, S. 343; wie hier hingegen *Schönfeld*, S. 175, 178 f.

Nur eine Variante des drittelparitätischen Redezeitmodells der „aktuellen Stunde" stellt der Vorschlag des GO-Ausschusses vom Februar 1976 dar, Ziffer 3 I der „Vorläufigen Bestimmungen" um folgende Sätze zu ergänzen: „Ergreift ein Mitglied der Bundesregierung, des Bundesrates oder einer ihrer Beauftragten nach Ablauf der vorgeschriebenen Dauer der Aussprache oder in der Aussprache so spät das Wort, daß eine Erwiderung von fünf Minuten nicht mehr möglich ist, so erhält auf Verlangen von soviel Mitgliedern des Bundestages, wie einer Fraktionsstärke entspricht, erneut je ein Sprecher der Fraktionen das Wort. Als erster Redner erhält einer der Antragsteller das Wort." (Empfehlungen II, S. 47, III, S. 35 f.). Die Verwandtschaft dieser Regelung mit den Vereinbarungen zwischen Rundfunk und Fraktionen über das Verhältnis von Regierungs- und Fraktionssendungen (s. u. zu Anm. V/48, 61) liegt auf der Hand. Vorbild war vermutlich § 82 IV BW-GO 1972 (s. u. Anm. V/49). Die geplante Ergänzung der „Vorläufigen Bestimmungen" wie der Vorschlag zur Verlängerung der Redezeit in § 37 IV 2 des GO-Entwurfs 1976 (s. o. Anm. 29) belegen überdies die Notwendigkeit einer Novellierung des § 48 GOBT 1951/70; dazu unten Abschnitt II 4 b; ferner Anm. II/127.

[183] Vgl. FAZ Nr. 43 v. 20. 2. 1976, S. 2. In den Empfehlungen des GO-Ausschusses vom Februar 1976 hat dieser Vorschlag freilich keinen Niederschlag gefunden.

In der Folgezeit haben dessenungeachtet weitere Vorgänge die Hinwendung zur Gleichheit von Rede und Gegenrede, Regierung und Opposition in der Redezeitfrage verstärkt. Auf die von dem CDU-Abgeordneten *Häfele* als Verletzung der „Waffengleichheit" zwischen Regierung und Opposition gerügte Anzeigenkampagne der SPD/FDP-Regierung vom Februar 1970, die durch staatlich finanzierte „Gegendarstellungen" der Opposition ausgeglichen werden müßten[184], sei in diesem Zusammenhang lediglich hingewiesen. Vor allem ist hier die für die 1. Beratung der Ostverträge in der 171. bis 173. Sitzung des 6. Bundestages (23./25. 2. 1972) interfraktionell vereinbarte Begrenzung und Aufteilung der Gesamtredezeit zu nennen. In den Stenographischen Berichten dieser Sitzungen sucht man vergebens nach einer auf die Kontingentierung hinweisenden Bemerkung des Präsidenten oder eines Redners. Lediglich im Sachregister der 6. Wahlperiode wird darauf aufmerksam gemacht, daß in den fraglichen Sitzungen „an Stelle der Beantragung von Redezeiten für den einzelnen Redner (eine) Aufteilung der für eine Debatte vorgesehenen Gesamtredezeit zwischen den Rednern der Koalition einerseits und der Opposition andererseits unter jeweiliger Einbeziehung von Bundesratsvertretern je nach Parteizugehörigkeit" stattgefunden habe[185].

Im Vergleich mit der im Bundestag bis 1966 herrschenden, vom BVerfG bestätigten Auffassung, derzufolge das Pendant zur Regierung das Gesamtparlament ist, wird man die geschäftsordnungsmäßige Bedeutung dieses bemerkenswerten Vorgangs gar nicht hoch genug einschätzen können. Um so mehr ist es zu bedauern, daß das Parlament nicht, wie in § 39 I GOBT 1970 vorgesehen, die Redezeitbegrenzung erkennbar beschlossen hat oder doch wenigstens von der interfraktionellen Vereinbarung im Ältestenrat offiziell in Kenntnis gesetzt worden ist[186]. Hätte nicht

---

[184] Dazu *H.-P. Schneider*, S. 254 f. Ein ähnlicher Fall ereignete sich in Nordrhein-Westfalen; dazu unten Anm. V/5.

[185] Register zu den Verhandlungen der Deutschen Bundestages und zu den Anlagen, 6. Wahlperiode 1969, Erster Teil: Sachregister (1972), S. 638.

[186] Dies fordert, gestützt auf Art. 42 I 1 GG, *Bücker*, S. 373 f. (Erl. I 1 a zu § 39 GOBT). *Steiger* hält die Redezeitvereinbarung des Ältestenrates gar für unverbindlich, so daß der Präsident im Konfliktsfall das Wort trotz abgelaufener Fraktions- oder Gesamtredezeit erteilen müsse, es sei denn, der Bundestag beschließe Vertagung oder Schluß der Debatte. Der nicht beanstandete Eintritt des Hauses in die Tagesordnung bzw. in die vereinbarte kontingentierte Debatte könne noch nicht als (bindender) stillschweigender Redezeitbeschluß nach § 39 I GOBT gedeutet werden. Ein solcher setze (wenigstens) voraus, daß die Absprache dem Plenum vorher bekanntgegeben werde (*Steiger*, S. 100 f.). Daß der gegenteilige „Brauch" bedenklich ist, hindert indes nicht, notwendige Plenarbeschlüsse bei widerspruchsloser Abwicklung vereinbarter Verfahrensweisen, wie auch sonst bei Abweichungen von der GOBT, als stillschweigend gefaßt anzusehen. Dessenungeachtet wird man die Bekanntgabe interfraktioneller Abreden verlangen müssen, da anders für die „Öffentlichkeit" entsprechende stillschweigende Plenarbeschlüsse nicht erkennbar sind (Art. 42 I 1 GG).

ein leitender Beamter der Bundestagsverwaltung 1973 literarisch darüber berichtet[187], wäre der Fall kaum publik geworden. Dem Bericht *Blischkes* zufolge wurde im Ältestenrat interfraktionell vereinbart, von den für die Aussprache vorgesehenen 22 Stunden 11 1/2 Stunden den Koalitionsfraktionen einschließlich der das Wort nehmenden Mitglieder der Bundesregierung und des Bundesrates, soweit sie der SPD und FDP angehörten, zuzuteilen, während die Opposition einschließlich der in die Debatte eingreifenden Mitglieder des Bundesrates, soweit sie der CDU/CSU angehörten, 10 1/2 Stunden erhalten sollte. Tatsächlich hätten Redner der Koalition einschließlich der Regierung 13 Stunden 29 Minuten, Redner der Opposition 12 Stunden 25 Minuten gesprochen. Das jederzeitige Rederecht von Regierung und Bundesrat sei dabei nicht angetastet worden. Jedoch hätten sich die Koalitionsfraktionen die Ministerreden auf ihre Gesamtredezeit anrechnen lassen müssen[187]. Mit der beinahe zeitgleichen Aufteilung der Redezeit zwischen Koalition und Opposition war, wie *Blischke* feststellt, in einer interfraktionellen Vereinbarung „das von vielen als entscheidend angesehene Gegenüber von Regierung und Regierungsfraktionen auf der einen und Opposition auf der anderen Seite zum ersten Male ... anerkannt worden[188], ohne daß diesem Vorgang freilich für die Bildung parlamentarischen Gewohnheitsrechts präjudizielle Bedeutung zukäme[189].

Abschließend ist noch auf den von 42 CDU/CSU-Abgeordneten am 27. 5. 1975 im Bundestag eingebrachten GO-Änderungsantrag hinzuweisen, demzufolge die 15/45-Minuten-Regel durch eine 10/20-Minuten-Regel ersetzt werden soll. Der Ermessensspielraum des Präsidenten bei Redezeitverlängerungen soll beseitigt werden, „weil er zur Nichteinhaltung der Redezeit geführt hat“, wie es in der Begründung heißt. An seine Stelle (§ 39 II 3 bis 5 GOBT 1970) soll folgende Vorschrift treten:

---

[187] *Blischke*, S. 66 f. — Unter Berufung auf Blischke erwähnen die Redezeitvereinbarung vom Februar 1972 *Bücker*, S. 375 f. (Erl. I 1 e zu § 39 GOBT); *H.-P. Schneider*, S. 246; *Oberreuter*, S. 282; ohne Nachweis auch *Steiger*, S. 96 und *Kißler*, S. 343. *Szmula* hat den Vorgang offenbar übersehen: vgl. *Szmula* III, S. 22 ff., 26. *Schönfeld*, S. 180, 195 stützt sich auf einen Bericht von „g-n.“ (Gillessen) in der FAZ Nr. 47 v. 25. 2. 1972, S. 2, wo die Redezeitvereinbarung als eine dem parlamentarischen Regierungssystem entsprechende „faire Regel“ gewürdigt wird; denn: „Regierungspartei und Regierung sind ein und dasselbe“. Zu den Gründen der Debattenverlängerung über die vereinbarten 22 Stunden hinaus s. den Bericht von *Fromme*, FAZ Nr. 48 v. 26. 2. 1972, S. 3.

[188] *Blischke*, S. 67; ähnlich *Schönfeld*, S. 180. Näher liegt freilich die Deutung, daß sich die Aufteilung mehr am tatsächlichen Stärkeverhältnis von Mehrheit und Minderheit im Februar 1972 (264 : 254) orientiert hat als am Prinzip der Parität von Rede und Gegenrede. Die Bedeutung des Vorgangs liegt weniger in dem gewählten Verteilungsschlüssel als in der vereinbarten Anrechnung der Ministerreden; so auch *Schönfeld*, S. 180, der der Redezeitvereinbarung freilich darüber hinaus noch die Bestätigung des von ihm als geboten erachteten 5%igen „Regierungsbonus“ entnimmt (ebd. S. 192 f., 195 f., 203).

[189] So *Bücker*, S. 376 (Erl. I 1 f zu § 39 GOBT).

„Spricht ein Mitglied der Bundesregierung länger als zwanzig Minuten, so kann ein Mitglied des Bundestages, das einer anderen als den in der Regierung vertretenen Fraktionen angehört, zusätzlich zu seiner eigenen Redezeit so viel zusätzliche Redezeit beanspruchen, wie das Mitglied der Bundesregierung länger als zwanzig Minuten gesprochen hat". Dazu sagt die Begründung: Bei längerer Redezeit der Regierung, die durch Parlamentsbeschluß nicht begrenzt werden könne, verlängere sich die Redezeit eines Oppositionsredners „zum Ausgleich"[190].

Der Antrag, der gemäß interfraktioneller Vereinbarung in der 180. BT-Sitzung zunächst einmal von der Tagesordnung abgesetzt wurde[191], bringt mit der strengen Ausgleichspflichtigkeit von Ministerreden noch deutlicher als bisher die Gleichheit von Rede und Gegenrede, von Regierung und Opposition zum Ausdruck. Zugleich belegt er aber auch die Schwierigkeit einer sinnvollen Redezeitbemessung nach diesem Maßstab. Jedes Mitglied der Regierung erhält nach der vorgeschlagenen Regelung die privilegierte Redezeit, die die Fraktionen für einen ihrer Redner beanspruchen können, ohne die Redezeit der Fraktionssprecher der Koalition zu verbrauchen. Die Überschreitung der Ministerredezeit wirft darüber hinaus die Frage auf, welcher Oppositionsabgeordnete Anspruch auf entsprechende Verlängerung seiner Redezeit erheben kann, ob dieses Recht nicht auf die privilegierten Fraktionssprecher der Opposition beschränkt werden müßte oder ob die Regelung aus Paritätsgründen dazu zwingt, jedem Oppositionsabgeordneten einen Verlängerungsanspruch zuzubilligen. Das wiederum hätte nach dem Gesetz von Rede und Gegenrede unweigerlich entsprechende Verlängerungsforderungen von Koalitionsabgeordneten zur Folge.

---

[190] BT-Drs. 7/3692.

[191] BT-StB VII/180, S. 12565. Mit dem an der jetzigen Regelung grundsätzlich festhaltenden Beschluß des GO-Ausschusses vom Februar 1976 (Anm. 29, 155) dürfte er sich erledigt haben.

II. Das Redezeit-Urteil — BVerfGE 10, 4

Die Verfassungsmäßigkeit der am Proporzgedanken orientierten (früheren) Redezeitpraxis des Bundestages wurde erst in Zweifel gezogen, als im Frühjahr 1958 auf Antrag der CDU/CSU-Fraktion, die damals im Bundestag über die absolute Mehrheit verfügte, die Redezeit im Verlauf einer mehrtätigen, vom Rundfunk übertragenen Debatte zum kontroversen Thema der Atombewaffnung durch Mehrheitsbeschluß auf (weitere) acht Stunden begrenzt wurde[1]. Der wegen dieser Geschäftsordnungsfrage vor dem BVerfG angestrengte Organstreit wurde bemerkenswerterweise nicht durch Organklagen der betroffenen Oppositions-Fraktionen (SPD, FDP) selbst, sondern einzelner ihrer Abgeordneten ausgelöst, die lediglich „hilfsweise" ein kollektives Antragsrecht als „Minderheit von 30 Abgeordneten im Sinne des § 106 GOBT" (a. F.) geltend machten, dessen Verletzung freilich zweifelhaft war und vom BVerfG auch nicht weiter geprüft wurde[2].

Damit war der Weg für eine fraktionsbezogene, spezifisch gruppenrechtliche Argumentation von vornherein, wenn nicht versperrt, so doch jedenfalls erschwert. Die Antragsteller rügten, die Verteilung der festgesetzten achtstündigen Gesamtredezeit auf die Fraktionen nach der Fraktionsstärke verletze die Rechtsstellung des einzelnen Abgeordneten (Art. 38 GG), nämlich seinen „Anspruch auf Gleichbehandlung im Parlament". Sie mache ihn zum „bloßen Werkzeug seiner Fraktion", d. h. er werde „mediatisiert"[3]. Außerdem rügten sie die Verletzung „des Rechts der Opposition auf Chancengleichheit mit der Regierung", weil die (insgesamt 108 Minuten dauernden) Reden der Regierungsmitglieder während der kontingentierten Debatte nicht auf den „Redezeitanteil der Parlamentsmehrheit" angerechnet worden seien. Auch dadurch sei ihr Status als Abgeordnete verletzt worden[4]. Freilich wurde dabei nicht ganz deutlich, ob es sich bei diesem „Recht der Opposition auf Chancengleichheit" um ein im Organstreit verfolgbares subjektives Recht der „Opposition" als solcher handelte, ob es demgemäß nur von allen Oppositionsfraktionen zur gesamten Hand geltend gemacht werden, ob es dabei eine Prozeßstandschaft durch eine(n) oder mehrere Abgeordnete bzw. Fraktionen der Minderheit geben konnte oder ob

[1] BT-StB III/21, S. 1057, 1116 f.; vgl. auch BVerfGE 10, 4 (6 f.).

[2] BVerfGE 10, 4 (11, 16 f.).

[3] Ebd. S. 8, 14, 15.

[4] Ebd. S. 8 f.

man nur die Verletzung objektiven Rechts rügen wollte, die zu prüfen sich das BVerfG aus Anlaß einer im übrigen zulässigen Verfassungsklage oder -beschwerde in ständiger Rechtsprechung für befugt, wenn auch nicht für verpflichtet hält[5].

Wie dem auch sei, aus dem (behaupteten) Verfassungsprinzip der Chancengleichheit von Mehrheit und Minderheit leiteten die Antragsteller jedenfalls eine restriktive Interpretation des Art. 43 II 2 GG ab, derzufolge den Regierungsmitgliedern und -vertretern lediglich das Recht zustehen soll, den Zeitpunkt ihrer Rede frei zu bestimmen, nicht aber deren zeitlichen Umfang, da das GG sie nicht von den im Parlament beschlossenen Redezeitbeschränkungen befreie[6]. Doch selbst wenn man diese Auslegung des Art. 43 II 2 GG mit dem BVerfG schon seines Wortlauts und herkömmlichen Sinns wegen ablehnt und ihm in funktionsrechtlicher Sicht ein „zeitlich unbeschränktes und grundsätzlich unbeschränkbares Recht der Regierung, ihren Standpunkt im Parlament darzulegen und zu verteidigen", entnimmt[7], ist die Frage, ob Ministerreden um des Prinzips der gleichen Chance willen als Reden der Mehrheitsparteien betrachtet werden müssen, noch nicht abschließend beantwortet. Das BVerfG hat aus dieser — im Ergebnis freilich abgelehnten — These der Antragsteller mit Recht die „Folgerung" abgeleitet, „daß bei Aufteilung der Redezeit nach der Fraktionsstärke alle Ministerreden, wenn sie nicht schon auf die Redezeit der Mehrheitsparteien angerechnet werden, wenigstens zu einer entsprechenden Verlängerung der Redezeiten oppositioneller Fraktionen führen müssen"[8].

Der beklagte Bundestag — d. h. die hinter dem umstrittenen Redezeitbeschluß stehende Regierungsmehrheit — trat dieser Auffassung entgegen. Sowohl die quotale Redezeitbegrenzung als auch die Nichtanrechnung der Ministerreden seien verfassungsmäßig und benachteiligten die Opposition gegenüber Regierung und Mehrheitsparteien nicht, da jeder Fraktion bei kontingentierter Debatte nur eine ihrer Stärke entsprechende Zeitquote zustehe und die Reden von Ministern und Mitgliedern der Mehrheitsfraktionen nicht vermengt werden dürften. Davon abgesehen ergebe ein „Vergleich der effektiven Redezeiten", daß die Opposition „nicht unverhältnismäßig kürzer" zu Wort gekommen sei als Regierung und Regierungsmehrheit zusammen, und zwar sowohl wenn man die viertägige Debatte mit einer Gesamtredezeit von 30 Stunden 57 Minuten ins Auge fasse als auch wenn man lediglich die kontingentierte Debatte mit einer Gesamtdauer von 9 Stunden 44 Minuten in Betracht

---

[5] Zur Verfassungsbeschwerde vgl. die Nachweise bei *Lechner*, Erl. 3 zu § 90 BVerfGG; im übrigen s. *Lipphardt*, S. 174, 484 ff., 504, 632.

[6] BVerfGE 10, 9.

[7] Ebd. S. 17 f.

[8] Ebd. S. 18 f.

ziehe. In jedem Falle hätten die Sprecher der Regierung und der Regierungsparteien zusammen weniger Redezeit verbraucht, als ihnen schon auf Grund der Mitgliederzahl der Mehrheitsfraktionen (CDU/CSU, DP) zugestanden habe, während die Redner der Opposition (SPD, FDP) im ersten Falle effektiv länger gesprochen hätten, als sie im Verhältnis zur Stärke der Minderheitsfraktionen hätten beanspruchen können, und im zweiten Falle die ihnen zustehenden Zeitquoten — anders als die Regierungsparteien — immerhin bis auf eine Minute voll ausgenutzt hätten[9]. — Dazu ist freilich anzumerken, daß dieser zufällige de-facto-Proporz nur deshalb zustande kam, weil die CDU/CSU zugunsten der Opposition freiwillig auf eine Redezeit von 48 Minuten verzichtete, von denen 4 Minuten ungenutzt blieben. Die Oppositionsparteien, namentlich die FDP, machten von diesem Angebot wider Willen Gebrauch[10]. Schon vorher konnte der Sprecher der DP die seiner Fraktion zustehende Redezeit von 16 Minuten erheblich überschreiten, „weil ihm die Zeit von der CDU/CSU-Fraktion zur Verfügung gestellt wurde"[11].

Das BVerfG hat dem Bundestag und damit den Regierungsparteien recht gegeben. Die Begründung wird mit der Feststellung eröffnet[12], der fragliche Redezeitbeschluß habe eine dreifache Bedeutung: er begrenze (1) die weitere Debatte auf 8 Stunden, verteile (2) diese Zeitspanne auf die vier BT-Fraktionen nach der Fraktionsstärke und setze schließlich (3) unausgesprochen voraus, daß Ministerreden nicht auf die achtstündige Gesamtredezeit anzurechnen seien und eine darüber hinausgehende Verlängerung der Debatte nur im Falle vorzeitiger Erschöpfung der Fraktionsredezeit (§ 48 II GOBT) eintreten solle. Dieser Dreiteilung entspricht der Aufbau der Entscheidungsgründe.

1. Festsetzung einer Gesamtredezeit

Das GG geht, wie das Gericht darlegt, davon aus, daß im Parlament die „Fragen der Staatsführung, insbesondere der Gesetzgebung, in Rede und Gegenrede" zu erörtern sind. Diesen Sinn habe der Ausdruck „verhandeln" in Art. 42 GG. „Forum für Rede und Gegenrede zu sein", darin bestehe das „Wesen" und die „grundsätzliche Aufgabe" des Parlaments[13]. Daraus folge, daß Art. 38 I 2 GG nicht nur die Eigenständigkeit des einzelnen Abgeordneten bei der Ausübung seines Stimmrechts

---

[9] Ebd. S. 9 f.

[10] Ebd. S. 7, 9 f., 18; BT-StB III/21, S. 1117 B/D, 1149 B.

[11] BT-StB, ebd. S. 1092 A.

[12] BVerfGE 10, 12.

[13] BVerfGE 10, S. 12, 13. In BVerfGE 2, 143 (171) hatte das Gericht neben dem Grundrecht der freien Meinungsäußerung „das freie Mandat und das Recht der Redefreiheit für die Abgeordneten" als „Angelpunkte einer demokratisch-parlamentarischen Verfassung" bezeichnet.

sichere, sondern auch seine „Befugnis zur Rede im Bundestag" und das Recht, von diesem seinem „Rederecht selbständig Gebrauch (zu) machen". Rede- und Abstimmungsrecht gehörten zum „verfassungsmäßigen Status des einzelnen Bundestagsabgeordneten"[14].

Eine zeitliche Begrenzung der Debatte mit gleichzeitiger Verteilung der Gesamtredezeit auf die Fraktionen nach dem Schlüssel ihrer unterschiedlichen Stärke verletze diese Redebefugnis des einzelnen Abgeordneten nicht; im Gegenteil, der Proporz stelle sicher, daß jeder Abgeordnete bei kontingentierter Debatte sein Rederecht unter gleichen Bedingungen ausüben könne.

Die Möglichkeit der zeitlichen Begrenzung der Debatte leitet das Gericht überraschenderweise a maiore ad minus aus dem Recht des Parlaments ab, sofort oder später den Schluß der Debatte zu beschließen (§ 30 II GOBT), obwohl sie in § 39 I GOBT ausdrücklich geregelt ist. Der den Ansatz des Gerichts stützende Art. 39 III 1 GG (i. V. m. Art. 40 I 2 GG) wird dabei nicht herangezogen. Verfassungsrechtliche Bedenken bestünden gegen die kontingentierte Debatte nicht, da kein Parlament ohne das Recht zur Begrenzung oder Beendigung der Debatte „auf die Dauer arbeitsfähig bleiben" könne, „weil es sonst der Obstruktion jeder Minderheit und selbst einzelner Abgeordneter ausgeliefert wäre"[15]. Das Gericht verkennt zwar nicht, daß diese Waffe der Parlamentsmehrheit durchaus zweischneidig ist und ebenso „mißbraucht" werden kann wie die unbeschränkte Redefreiheit durch die Opposition[16]. Doch hält es die Gefahr des Mißbrauchs durch die Mehrheit offenbar für geringer; ähnlich wie es die Gefahr des Mißbrauchs, die sich aus der zeitlich nicht beschränkbaren Redebefugnis der Regierung nach Art. 43 II 2 GG ergibt[17], für erträglicher (und unwahrscheinlicher) zu halten scheint als die Gefahr der „Obstruktion" seitens der Minderheit bei entsprechend unbeschränkbarer Redebefugnis des einzelnen Abgeordneten[18]. Diese Rechte der Regierung und der sie stützenden Mehrheit seien ein „an sich legitimes Mittel"[19], während die Arbeitsfähigkeit des Parlaments bei Gewährung voller Redefreiheit von vornherein in Frage gestellt sein soll, wobei unterstellt wird, daß die „Obstruktion" der Minderheit im Falle unbegrenzter Redezeit nicht nur die Regel bilde, sondern darüber hinaus a priori unzulässig sei.

Sieht man einmal davon ab, daß der Begriff der „Obstruktion" an sich schon ein polemischer Begriff ist, der sich einer allgemeingültigen,

---

[14] BVerfGE 10, 12.
[15] Ebd. S. 13.
[16] Ebd. S. 13 f.
[17] Ebd. S. 17 f., 20.
[18] Ebd. S. 13, 18.
[19] Ebd. S. 13, 18 f.

namentlich auch von der dissentierenden Minderheit anerkannten Definition in aller Regel entzieht, so könnte man mit gleichem Recht die Mißbrauchsargumentation des BVerfG auch umkehren und die Verfassungsmäßigkeit des zeitlich unbeschränkten Rederechts der Regierung — aus dem bloßen Wortlaut des Art. 43 II 2 GG folgt es noch nicht — wie des vorzeitigen Abbruchs oder der Kontingentierung der Debatte in Zweifel ziehen. „Obstruktion" und Grundsatzkritik sind in der freiheitlichen lichen Demokratie — anders als im Obrigkeitsstaat — rechtlich zulässige Kampfmittel der politischen Auseinandersetzung. Wird die Verfassungsmäßigkeit der Staatsführung durch die Parlamentsmehrheit und ihre Regierung „grundsätzlich", d. h. widerlegbar vermutet, so kann für Opposition und Obstruktion der Minderheit schwerlich etwas anderes gelten, solange sie sich auf den Kampf mit geistigen Waffen beschränkt, der die volle Ausnutzung verfassungs- und geschäftsordnungsmäßiger Befugnisse einschließt[20]. Daß der Bundestag von der Möglichkeit einer kontroversen Begrenzung der Redezeit seit der 2. Wahlperiode nur in dem hier in Rede stehenden Fall Gebrauch gemacht hat und die Mehrheit selbst in diesem Falle nicht den sofortigen Schluß der ihr lästigen, vom Rundfunk übertragenen Debatte beschloß, sollte zu denken geben. So selbstverständlich, wie es das BVerfG darstellt, ist die Redezeitbegrenzung jedenfalls nicht.

Daß die kontingentierte Debatte eine problematische Einrichtung ist, deren Abschaffung wiederholt gefordert wurde, kam im Bundestag immer wieder zur Sprache[21]. Eine entscheidende und erfahrungsgemäß auch ausreichende Begrenzung der Redezeit des einzelnen Abgeordneten lag früher schon in der normalen Beschränkung auf eine Stunde (§ 39 I 3 GOBT 1951). Die generelle Herabsetzung der Redezeit auf 15 Minuten, wie sie der Bundestag 1969 beschlossen hat (§ 39 II 1 GOBT 1970), mußte das Rederecht der Minderheit um der (fraglichen) Effektivität des Rederechts der den damaligen Regierungsparteien angehörenden Hinterbänkler („Neger") willen in seinem Kern treffen und hat es de iure auch getroffen[22]. Daß die Vorschrift de facto nicht eingehalten wird, ihre flexible Handhabung sogar von Anfang an in Rechnung gestellt wurde, widerlegt ihre Fragwürdigkeit nicht, sondern bestätigt sie. Un-

---

[20] Das gilt uneingeschränkt auch für Opposition und „Obstruktion" des Bundesrates gegenüber dem Bundestag. Es ist das gute Recht der BT-Opposition, über den Hebel der gegenwärtigen Stimmenmehrheit „ihrer" Landesregierungen im Bundesrat alle zustimmungsbedürftigen Gesetze zu Fall zu bringen, deren Inhalt ihr mißfällt. Zum Thema Opposition und Obstruktion vgl. etwa *Arndt* V, S. 3, 9, 10 f., 17; *Ridder* II S. 324, 331, 344 f.; *Grube*, S. 191 ff.; *Kißler*, S. 131 ff.; vor allem *H.-P. Schneider*, S. 83 ff., 106 ff., 207.

[21] Vgl. etwa BT-StB I/26, S. 785 f.; II/39, S. 1865 A; II/71, S. 3827 B; V/161, S. 8435; ferner oben Anm. I/21 u. 22.

[22] Vgl. BT-StB V/21, S. 853 f.; V/48, S. 2318 ff., 2323 ff.; V/161, S. 8434 ff.; V/225, S. 12365 ff.; V/240, S. 13298 ff.; BT-Drs. V/386, 509, 2343, 2479, 2479 (neu), 3895, 3990, 4373; VI/3051; 7/3692.

bedenklich sind lediglich ad hoc vereinbarte oder freiwillige, nicht aber durch Mehrheitsbeschluß erzwungene oder gar durch Geschäftsordnungsvorschrift zur Regel gemachte Redezeitbeschränkungen.

2. Festsetzung von Fraktionsredezeiten

Das Problem der Fraktionsredezeiten erörtert das Gericht unter einer doppelten Fragestellung: einmal von der „grundsätzlichen" Frage aus, ob gegen eine fraktionsbezogene Aufteilung der Redezeit überhaupt Bedenken bestehen (a), sodann unter der (aus deren Verneinung folgenden) „weiteren Frage" des konkreten Verteilungsschlüssels (b).

a) Grundsätzliche Zulässigkeit

Die erste Frage zielt auf den Einwand der „Mediatisierung" des einzelnen Abgeordneten durch die Fraktion. Das Gericht betont, daß Parlamentsfraktionen „notwendige Einrichtungen des Verfassungslebens" sind. Mit der Anerkennung der Parteien erkenne das GG auch sie an. Wenn auch im übrigen über ihre Stellung und Aufgabe Zweifel bestünden, so sei es doch gewiß, daß sie befugt und verpflichtet seien, den technischen Ablauf der Parlamentsarbeit zu steuern und damit zu erleichtern[23]. Die sich daraus ergebenden Bindungen und Beschränkungen der Abgeordnetenfreiheit liege im Rahmen des verfassungsrechtlich Zulässigen, vorausgesetzt, daß dabei die notwendige, durch Art. 38 GG gesicherte Entscheidungsfreiheit und Selbständigkeit des Abgeordneten nicht angetastet werde[24].

Die fraktionsbezogene Aufteilung der kontingentierten Redezeit sei „geeignet, die sachliche Arbeit des Parlaments zu fördern", da sie sicherstelle, „daß Abgeordnete aller Richtungen sprechen und daß nicht durch Zufälligkeiten des Ablaufs der Debatte die eine oder die andere Fraktion nur unverhältnismäßig kurz zu Wort kommt"[25] — unverhältnismäßig in bezug auf ihre Stärke, nicht im Sinne von imparitätisch. Die-

[23] BVerfGE 10, 14, unter Berufung auf BVerfGE 2, 143 (160, 167); bestätigt in BVerfGE 20, 56 (104 f.); 38, 258 (273 f., 277); vgl. auch BVerfGE 27, 44 (51 f.). In anderen Entscheidungen des BVerfG ist lediglich davon die Rede, daß die Fraktionen „Teile und ständige Gliederungen des Bundestags" seien, „die durch dessen Geschäftsordnung anerkannt und mit eigenen Rechten ausgestattet sind". Als solche gehörten sie — anders als die Parteien — dem „staatsorganschaftlichen Bereich" an. Als solche, „nicht weil sie ‚Teile' einer politischen Partei sind", seien sie im Organstreit gem. Art. 93 I Nr. 1 GG, §§ 13 Nr. 5, 63 BVerfGG antragsberechtigt: BVerfGE 20, 104; vgl. ferner 1, 144 (147); 1, 208 (223, 229); 1, 351 (359); 1, 372 (378); 2, 143 (160, 167); 2, 347 (365); 27, 44 (50 f.). Dazu näher unten Abschnitt IV 2.

[24] BVerfGE 10, 14; ähnlich BVerfGE 38, 258 (277).

[25] BVerfGE 10, 14; vgl. auch S. 18: Die Opposition sei nicht „unverhältnismäßig kürzer" zu Wort gekommen als Mehrheitsparteien und Regierung zusammen.

se „Fraktionsredezeiten“ hätten den „Vorteil“, daß einzelne Redner nicht durch übermäßig ausgedehnte Reden ihre politischen Gegner um das Wort bringen könnten, weil jeder Sprecher dadurch „nur seine Gesinnungsfreunde benachteiligt“. Dieses Vorteils wegen habe sich die Festsetzung von Fraktionsredezeiten in den deutschen Parlamenten „eingebürgert“. Die GOBT 1951, die diesen Brauch nicht kodifiziert habe, setze ihn in § 48 II „als selbstverständlich voraus“. Nicht der Redezeitbeschluß des Parlaments mediatisiere den einzelnen Abgeordneten, sondern allenfalls die betreffende Fraktionsführung, wenn sie unter „Mißbrauch ihrer Fraktionsmacht“ die durch eine Redezeitbeschränkung erlangte erhöhte tatsächliche Verfügungsmacht über die ihr zustehende Zeitquote ausnutze, um dissentierende Fraktionsmitglieder an der Wortmeldung zu hindern. Da die Kontingentierung der Redezeit jedoch nicht die „Rechtsfolge“ habe, daß die Fraktionsführung ein „ausschließliches Verfügungsrecht über die Redezeit“ erlange, sei jedenfalls de iure kein Abgeordneter gehindert, sich gegen den Willen seiner Fraktion zu Wort zu melden, das ihm nach Maßgabe des § 33 GOBT 1951 auch erteilt werden müsse[26].

Diese „grundsätzlichen“ Überlegungen zur Fraktionsredezeit als solcher zeigen, wie problematisch, ja unmöglich es ist, Ob und Wie zu trennen. Nicht nur läßt das Gericht schon in diesem Abschnitt durchblicken, daß es unter einer „quotalen Aufteilung der Redezeit“ auf die Fraktionen nur eine „verhältnismäßige“, nach der Fraktionsstärke gestaffelte versteht[27], sondern es geht auch von der falschen Prämisse aus, daß bei jeder anderen Aufteilung der Redezeit die Gefahr bestehe, daß einzelne Redner ihre Reden „übermäßig“ ausdehnten[28]. Diese Gefahr ist jedoch schon entscheidend dadurch gebannt, daß jeder Redner normalerweise nur eine Maximalredezeit[29] hat, daß außerdem diese Redezeit für alle Sprecher gleichmäßig herabgesetzt werden kann[30] und daß schließlich der Präsident gehalten ist, bei der Bestimmung der Rednerfolge auf „Rede und Gegenrede“ zu achten[31], so daß auch und gerade auf diese

[26] BVerfGE 10, 15 f.

[27] Ebd. S. 14, 18.

[28] Ebd. S. 15.

[29] § 39 I 3 GOBT 1951: eine Stunde; § 39 II 1 GOBT 1970: 15 Minuten.

[30] Unter der GOBT 1951 konnte die Abgeordneten-Redezeit bis auf 5 Minuten herabgesetzt werden (§ 39 I 1, 4), jetzt kann sie hingegen unbegrenzt reduziert werden: vgl. § 39 I 1 i. V. m. § 39 II GOBT 1970, der den früheren Vorbehalt nicht mehr enthält. Zu den Motiven der früheren Regelung s. *Szmula* I, S. 143.

[31] So jetzt ausdrücklich § 33 I 2 GOBT 1970; vgl. auch § 33 III 1 GOBT 1970. Für § 33 GOBT 1951 galt jedoch nichts anderes: vgl. § 33 I 2 u. II 1 GOBT 1951. Namentlich „die Rücksicht auf die verschiedenen Parteirichtungen“ hätte auch früher schon die alternierende Rednerfolge nahelegen müssen; dazu treffend der bei *v. Brentano*, S. 35 f. wörtlich zitierte Ausschußbericht zur GOHesLT

Weise — trotz eingeschränkter Redezeit — sichergestellt ist, „daß Abgeordnete aller Richtungen sprechen und daß nicht durch Zufälligkeiten des Ablaufs der Debatte die eine oder die andere Fraktion nur unverhältnismäßig kurz zu Wort kommt“[32].

Auch davon kann keine Rede sein, daß bei Festsetzung einer Gesamtredezeit ohne Verteilung auf die Fraktionen die Gefahr bestünde, daß einzelne Redner durch übermäßige Ausdehnung ihrer Reden ihre politischen Gegner ums Wort brächten, wie das BVerfG meint[33]. Bezeichnenderweise sieht das Gericht auch hier die „unangebrachte Ausdehnung seiner Rede“ durch den einzelnen Abgeorneten und damit den „Mißbrauch“ als die durch Ausnahmen bestätigte Regel an, der nur durch die Festsetzung von Fraktionsredezeiten entgegengewirkt werden könne, während es die damit erhöhte „Gefahr des Mißbrauchs der Fraktionsmacht“ als bloßes de-facto-Problem abtut, das rechtlich irrelevant sei, weil dem einzelnen Abgeordneten de iure das Recht zur Wortmeldung erhalten bleibe. Durch diese abstrakte rechtliche Möglichkeit, von der „gegen den Willen seiner Fraktionsfreunde“[34] Gebrauch zu machen sich der einzelne Abgeordnete schon deshalb hüten wird, weil er durch seine eigenmächtige Rede „nur seine Gesinnungsfreunde benachteiligt“[35] und sich ihren „Vorwürfen“[36] aussetzt, soll also die Gefahr des Mißbrauchs der Fraktionsmacht bereits hinreichend gebannt sein, während umgekehrt bei Festsetzung einer rednerbezogenen Maximalredezeit der Einfluß der Fraktionen auf ihre Mitglieder nach Meinung des BVerfG offenbar nicht ausreicht, um den einzelnen Abgeordneten von einer „unangebrachten Ausdehnung seiner Rede“[37] abzuhalten[38].

1926; ebenso *Roßmann*, S. 36. *Bücker* läßt freilich die Rednerfolge nach den „verschiedenen Parteirichtungen“ in der Rednerfolge nach der „Stärke der Fraktionen“ aufgehen: *Bücker*, Erl. I 2 b zu § 33 GOBT.

[32] BVerfGE 10, 14.

[33] Ebd. S. 15.

[34] Ebd. S. 16.

[35] Ebd. S. 15.

[36] Ebd. S. 14.

[37] Ebd. S. 15.

[38] Die in Wahrheit bestehende Abhängigkeit des einzelnen Redners von seiner Fraktion hinsichtlich Worterteilung, Zeitpunkt und Dauer der Rede — *Dichgans* hat darüber anschaulich berichtet — läßt das Rede*recht* des Abgeordneten in dem Maße dahinschwinden, als es *tatsächlich* nicht mehr durchgesetzt werden kann. Vgl. *Leibholz* I, S. 86; *Dichgans*, S. 94 ff.; *ders.*, in: BT-StB V/21, S. 853 f.; V/48, S. 2323 ff.; V/128, S. 6455 f.; V/161, S. 8482 f.; zur „fatal hohen Oligarchisierung der Redechancen“ im Bundestag und ihren Ursachen s. *Hennis* I, S. 34 f., II, S. 254 ff., III, S. 162; ferner *Mielke*, S. 543; *W. Schmidt*, S. 500; *Loewenberg*, S. 455 ff.; *Kißler*, S. 346 ff.

b) *Fraktionenproporz — Fraktionenparität*

Die Möglichkeit einer paritätischen Aufteilung der kontingentierten Gesamtredezeit auf die Fraktionen scheint das BVerfG dabei nicht einmal erwogen zu haben, obwohl gerade dieser Verteilungsschlüssel angesichts der vom Gericht prinzipiell gebilligten Fraktionsbezogenheit des angegriffenen Redezeitbeschlusses nahegelegen hätte; nicht nur weil dies der Weimarer Praxis der kontingentierten Debatte entsprochen hätte, sondern vor allem, weil allein die Weimarer Praxis — sieht man von der merkwürdigen Sonderbehandlung der Splittergruppen einmal ab — dem Verfassungsgebot der Chancengleichheit der Parteifraktionen[39] gerecht wurde. Gerade darum geht es aber bei der Festsetzung von Fraktionsredezeiten, die nur die einzelnen Fraktionen selbst, nicht (auch) ihre Mitglieder zu Anspruchsberechtigten macht.

Das BVerfG versucht, dieser entscheidenden Frage mit einem rechtlich unzulässigen Kunstgriff Herr zu werden, indem es den Gegensatz von individueller Redebefugnis und kollektiver Fraktionsredezeit durch die Konstruktion der „gleichen rechnerischen(!) Chance" logisch zu überbrücken und aufzulösen sucht. Es untersucht lediglich, ob der vom Bundestag verwandte Verteilungsschlüssel, der Proporzmaßstab, die Rechtsstellung des einzelnen Abgeordneten beeinträchtigt und damit Art. 38 I 2 GG widerspricht, nicht dagegen, ob er auch mit dem Prinzip kollektiver Chancengleichheit der Parteifraktionen in Einklang steht. Die von den Antragstellern behauptete Verletzung des Abgeordnetenstatus wird mit der überraschenden Begründung verneint, gerade der Proporzmaßstab stelle sicher, daß die Redebefugnis des einzelnen Abgeordneten nicht über die Beschränkung hinaus beeinträchtigt werde, die schon in der Festsetzung der Gesamtredezeit als solcher liege. Die „rechnerische Chance" jedes einzelnen Abgeordneten, in einer kontingentierten Debatte zu Wort zu kommen, ergebe sich aus dem Verhältnis der Gesamtzahl der Abgeordneten (519) zur festgesetzten Gesamtredezeit (8 Stunden)[40]. Diese rechnerisch gleiche Chance bleibe bei Aufteilung der Fraktionsredezeiten nach der Fraktionsstärke „unverändert", da die Redezeit jeder Fraktion hiernach im gleichen Verhältnis zur Gesamtredezeit stehe wie die Zahl der Fraktionsmitglieder zur Gesamtzahl der Abgeordneten. Es könne daher keine Rede davon sein, daß eine proportionale Staffe-

---

[39] Dazu *W. Schmidt*, S. 482, 486 ff., 493 ff. — beschränkt freilich auf Fraktionsstärke, Antragsquorum und Ausschußbesetzung, während die fraktionsbezogene Redeordnung (Redezeit und Rednerfolge), die zur Entscheidung zwischen Proporz und Parität nötigt, übergangen wird; *Tschermak*, S. 189 ff.; *H.-P. Schneider*, S. 12, 39, 113, 362, 246; *Gehrig* I, S. 275; *Dellmann*, S. 155; wohl auch *K. F. Arndt*, S. 76, 78 f.; ablehnend oder zweifelnd gegenüber einer „Übertragung" (Schmidt) des Grundsatzes der Chancengleichheit auf die Fraktionen im Parlament *Jülich*, S. 88 f.; *Henke*, S. 148; *Seifert*, S. 134; *Arndt/Schweitzer*, S. 79.

[40] BVerfGE 10, 16.

lung der Fraktionsredezeiten dem einzelnen Abgeordneten der Minderheit eine „geringere“ Redebefugnis gebe als dem einzelnen Abgeordneten der Mehrheit. Vielmehr werde bei der Festsetzung von Fraktionsredezeiten erst durch den Proporz sichergestellt, daß jeder Abgeordnete „die gleiche Redebefugnis“ erhält, d. h. „die gleiche rechnerische Chance, zu Wort zu kommen . . . , ohne Rücksicht darauf, welcher Fraktion er angehört“[40].

Die Schwäche dieser nur vom Standpunkt einer abstrakten „rechnerischen“ Logik aus bestechenden Argumentation wird sofort deutlich, wenn man die Frage unter einem spezifisch „rechtlichen“ Blickwinkel betrachtet, d. h. hier, wo es um das Problem der Aufteilung von „Fraktionsredezeiten“ geht, unter einem gruppenrechtlichen, da nur so ein sachgerechter Maßstab gefunden werden kann. Das BVerfG wehrt sich nicht ohne Grund gegen eine solche Betrachtungsweise. Im vorliegenden Falle gehe es „ausschließlich“ um „die Rechte des einzelnen Abgeordneten aus Art. 38 GG“[41]. Eine gruppenrechtliche Sicht hätte die „rechnerisch gleiche Chance“ als das bloßgestellt, was sie in Wahrheit ist: eine blutleere Konstruktion ohne rechtlichen Gehalt, eine Fiktion. Es geht der Verfassung und ihrer Rechtslogik nicht um fiktive rechnerisch gleiche Chancen, sondern um effektive „rechtlich gleiche Chancen“. Das unterscheidet sie von den Gesetzen der Mathematik.

Die Zuflucht des Gerichts zu „rechnerischen“ Paritätsüberlegungen ist um so erstaunlicher, als es sonst gegen (angeblich) sachgerechte Abstufungen partei- und wählerbezogener Chancengleichheit grundsätzlich nichts einzuwenden hat[42]. *Hermann Heller* hatte 1929 an der streng formalen frühen Wahlrechtsjudikatur des RStGH Kritik geübt, weil dort der Grundsatz der Wahlrechtsgleichheit (angeblich) im Sinne eines „absoluten“, „logisch-mathematischen“, „rein quantitativen“, „formalen“ Gleichheitsbegriffs ausgelegt worden sei, der für die Jurisprudenz „völlig unbrauchbar“ wäre. Dieser naturwissenschaftliche Gleichheitsbegriff dürfe nicht mit dem hier allein maßgebenden „Rechtsbegriff“ der Gleichheit verwechselt werden, der notwendig werten müsse und daher stets die „relative“, „verhältnismäßige“, qualitativ-wertende „materiale“ Gleichheit des allgemeinen Gleichheitssatzes meine. Zwischen diesem und dem Prinzip der Wahlrechtsgleichheit bestehe kein Unterschied[43]. Der RStGH und später das BVerfG sind Heller im wesentlichen gefolgt[44].

Der Satz von der Wesensverschiedenheit mathematischer und juristischer Gleichheit widerlegt zwar nicht die im Ergebnis richtige Wahlrechtsjudikatur des RStGH vor 1930, sondern paradoxerweise gerade

---

[41] Ebd. S. 17.

[42] Vgl. etwa BVerfGE 2, 208 (247).

[43] *Heller*, S. 12, 17, 23 f.

[44] RStGH L/S IV, S. 131 (139); BVerfGE 2, 208 (242, 247 f., 249).

die den Proporz rechtfertigende Argumentation des Redezeiturteils des BVerfG, eines Gerichts, das — unter Führung von *Gerhard Leibholz* — wie Heller zwischen formaler demokratischer Wahlgleichheit (Art. 38 I 1 GG) und differenzierender materialer Gerechtigkeitsgleichheit (Art. 3 I GG) im Prinzip keinen Unterschied macht. Die Ablehnung der „logisch-mathematischen" Deutung des demokratischen Gleichheitssatzes rechtfertigt freilich nicht, wie in der Wahlrechtsdiskussion im Anschluß an Heller und Leibholz weithin angenommen wird, „sachgerechte" Differenzierungen, wie „zwingend" die „staatspolitischen" Gründe auch immer sein oder scheinen mögen, sondern belegt lediglich die Notwendigkeit, die schiefe, weil fiktive individualrechtliche Argumentation durch eine — hier wie dort allein tragfähige und in diesem Sinne „sachgerechte" — gruppenrechtliche zu ersetzen, die den Gruppenbezug der Parteien- und Fraktionengleichheit klarstellt, die nicht aus der individuellen Wähler- und Abgeordnetengleichheit abgeleitet werden kann.

Die Parität der Fraktionen ist dabei — unterstellt man diese mit dem BVerfG dem Art. 21 GG[45] — identisch mit der durch Art. 21 GG verbürgten Parteiengleichheit, die, weil sich Art. 21 GG auch auf die Parlamentsarbeit der Parteien erstreckt, diesen Bereich schwerlich aussparen kann[46]. Entgegen der Auffassung des BVerfG ist die Parteien-

---

[45] BVerfGE 10, 14; *W. Schmidt*, S. 487, 488, 497; *H.-P. Schneider*, S. 279, 316 f., 362; *K. F. Arndt*, S. 76; ferner unten Anm. IV/50.

[46] *Hesse* I, S. 21 f., 23 ff., 37 f.; *Lipphardt*, S. 82, 88 f., 92 f., 119, 129 f., 526 ff., 693 (m. Nachw.); vgl. auch den vom RStGH entschiedenen Streit um eine Änderung der preußischen LT-Geschäftsordnung: RStGH L/S VI, S. 137 ff.; dazu *Schneider* I, S. 313 f.; *Apetz*, S. 37 ff., bes. S. 42 ff.; *Lipphardt*, S. 132 ff. und *Bernau*, S. 180 ff., 248 ff.

Anderer Meinung freilich *Henke*, S. 148, der zwischen „Parteienrecht" und „Staatsrecht als Amtsrecht", das anderen Maßstäben unterliege, strikt unterscheidet und dem einen die Parteien, dem anderen die Fraktionen ausschließlich zuordnet. Ähnlich trennt *Jülich*, S. 88 f. den „Bereich des Wettbewerbs" vom „Bereich der Repräsentation", für den nicht das „Gleichheitsrecht der Parteien", sondern der unterschiedliche „politische Besitzstand" maßgebend sei. In diesem Sinne auch *Seifert*, S. 133 f.: Bei der „inneren Ordnung und Tätigkeit der Parlamente" trete „an die Stelle des Gleichheitsgrundsatzes das fraktionelle Proportionalprinzip". Dieses gelte darüber hinaus für die Besetzung und Tätigkeit „zahlreicher außerparlamentarischer Kollegialorgane". In gleichem Sinne schon die Abg. *Schwarzhaupt* (CDU) bei der Beratung des BRfG im Rechtsausschuß des Bundestages, Ausschuß-Protokoll Nr. III/105, S. 5 f.: „Das Prinzip der Chancengleichheit gelte (sc. nur) bei der Bewerbung um die Macht, nicht jedoch für die Ausübung der Macht". Für die Zusammensetzung des Beirates der Deutschen Welle, eines „Instrument(es), das die Politik der verantwortlichen Regierung zu vertreten habe", sei allein die Regierung „maßgebend". — Zur Schwäche des Arguments vom „Besitzstandproporz", das schon bei der staatlichen Parteienfinanzierung und bei der Vergabe von Parteisendezeiten im Rundfunk eine Rolle spielte (vgl. etwa *Henke*, S. 247 f.; *Hesse* I, S. 38), vor allem *Smend*, S. 62 ff., der schon früh vor der Sinnentleerung der Parlamentsdebatte als Folge der „Proportionalisierung" des gesamten Parlamentsbetriebes gewarnt hat; ferner *Lipphardt*, S. 381, 392 f., 440 ff., 635 f. (m. w. Nachw.).

gleichheit auch im parlamentarischen Raum weder „Anwendungsfall" des allgemeinen Gleichheitssatzes (Art. 3 I GG) noch wird sie von diesem „regulativ überlagert"[47]. Vielmehr gebietet sie die schematische Gleichbehandlung der Parlamentsparteien (Fraktionen) im parlamentarischen Geschäftsgang ebenso wie die der politischen Parteien außerhalb des Parlaments. Die Grundrechtsqualität der Parteiengleichheit hindert dabei nicht, dieses Recht uneingeschränkt auch den Fraktionen zuzuspre-

[47] Zu dieser von *Leibholz* geprägten Ansicht des BVerfG — *H.-J. Rinck* (S. 685 ff.) hat sie unter dem Blickwinkel des Verhältnisses von Gleichheitssatz und Wahlrechtsgleichheit vor kurzem noch einmal dargestellt und verteidigt — kritisch *Rupp v. Brünneck*, S. 372; *Lipphardt*, passim, bes. S. 21 f., 39, 50, 84 f., 109, 114 ff., 118, 184, 249 f., 274 f., 369 ff., 382 ff., 414, 543, 617, 625, 631 f. (m. w. Nachw.). In Art. 3 I GG (in oder ohne Verbindung mit Art. 21 I und/oder 38 I 1 GG) sehen mit dem BVerfG namentlich *Jülich* (S. 75 f.) und *Henke* (S. 241 ff., bes. S. 243, 244 f., 248) die Chancengleichheit der Parteien verankert; der Sache nach auch *Hegels*, der sie zwar ausschließlich aus Art. 21 GG herleitet (*Hegels*, S. 12, 61) und den (reinen) Proporzmaßstab vor allem bei der Sendezeitvergabe verwirft (ebd. S. 127 f.), im übrigen aber gegen Differenzierungen aus „wichtigem" oder „zwingendem Grund" oder als Ergänzung zu gleichen „Sockel"-Zuteilungen nichts einzuwenden hat (S. 12, 56 ff., 71, 94, 101 ff., 127 f., 131 ff.). Auf Art. 3 I GG stützen sich ferner *Seifert*, S. 132, 137 ff., 149, 153 ff.; *Schreiber*, S. 127 f.; *Hesse* I, S. 37 f., III, S. 64, 72 f., 126, 177; *Müller* I, S. 138 f., II, S. 17 f., 19, IV, S. 29, 39; *Tschermak*, S. 135, 188 ff.; im Ergebnis auch *Häberle*, der die Parteiengleichheit zwar als „Ausprägung der Parteienfreiheit" bezeichnet, ihre differenzierende Deutung durch das BVerfG jedoch grundsätzlich billigt (*Häberle* I, S. 72 f.). Sieht man mit *Häberle* die Abgeordnetengleichheit in Art. 3 I GG verankert (*Häberle* III, S. 538 f.), so kann bei der durchgehenden „Parallelisierung von Abgeordneten- und Parteienstatus"(ebd. S. 542) für die Parteiengleichheit nichts anderes gelten. Nicht weniger bedenklich als die Verortung der Parteiengleichheit in Art. 3 I GG ist ihre namentlich von *H. Meyer* und *Frowein* vertretene Gleichsetzung mit der Wahlrechtsgleichheit (Art. 38 I 1, 28 I 2 GG), auch wenn diese von Art. 3 I GG distanziert wird. Die Erstreckung der Wahlrechtsgleichheit auf den Bereich der (umfassend verstandenen) „Wahlvorbereitung" erlaubt es dieser Sicht, die gesamte Tätigkeit der Parteien, die — so gesehen — nichts anderes als „Wahlvorbereitungsorganisationen" sind, dem Grundsatz der gleichen Wahl zu unterstellen, die Parteiengleichheit mithin restlos darin aufgehen zu lassen: in diesem Sinne *Meyer*, S. 124 ff., 129 ff., 134 ff., 140, 144 ff., 151, 261; *Frowein*, S. 81 f., 83, 98 ff.; auch *Starck* I, S. 74 ff. — Kritisch zur Gleichsetzung von Parteien- und Wahlrechtsgleichheit wie zum Begriff der „Wahlvorbereitung": *Lipphardt*, S. 95 ff., 184 ff., 244 f., 264 ff., 404 f.

In der Interpretation des BVerfG wird die Chancengleichheit der Parteien von *Tschermak* (S. 135, 188 ff.), *W. Schmidt* (S. 490, 491 ff.) und *H.-P. Schneider* (S. 12, 39, 113, 252, 360, 362) auf die Fraktionen übertragen — mit der bezeichnenden Folge einer zwischen formaler, proportionaler und „materialer" (= funktionaler) Chancengleichheit der Fraktionen schwankenden Definition und Anwendung: vgl. einerseits *H.-P. Schneider*, S. 39, 63, 114, 240, 250, 363, 368 f., 385, 400, 410, andererseits *Schneiders* Kritik an der Wahl- und Parteienrechtsjudikatur des BVerfG, die mit ihrer „Reduzierung der formalen Chancengleichheit auf das Willkürverbot" und ihrer „Aufwertung faktisch bestehender Privilegien der ‚großen Parteien' mit dem Proporzgedanken" „gewisse antioppositionelle Tendenzen" erkennen lasse (ebd. S. 231); ferner *W. Schmidt*, S. 481 f., 490, 492 f., 494, 497; *Tschermak*, S. 204 ff., 191 ff. einerseits, S. 201 f. andererseits. Den uneingeschränkten Fraktionenproporz befürworten *Seifert*, S. 134, *Dellmann*, S. 155 und *Jülich*, S. 88 f.

chen, selbst wenn deren verfassungsrechtlicher Status — anders als bei den Parteien — dazu nötigen sollte, die Fraktionen bei Verletzung der Fraktionenparität durch Regierung und Parlament(smehrheit) auf den Weg des Organstreits (Art. 93 I Nr. 1 GG) statt auf die Verfassungsbeschwerde (Art. 93 I Nr. 4 a GG) zu verweisen[48]. Der einheitliche demokratische Prozeß, der eine strikte Trennung zwischen „staatlicher Willensbildung" innerhalb und „politischer Willensbildung des Volkes" außerhalb des staatlich organisierten Bereichs (Art. 20 II, 21 I 1 GG) nicht (mehr) zuläßt[49], stellt, wie bei den Parteien selbst, so auch im Verhältnis von Partei und Fraktion die herrschende Gegenüberstellung des (gesellschaftlichen) Grundrechtsstatus der Parteien und des (staatlichen) Organstatus der Fraktionen entscheidend in Frage. Die äußerliche, vorwiegend verfassungsprozeßrechtlich motivierte Einstufung des Gleichheitsanspruchs von Partei und Fraktion als Grundrecht oder organschaftliches Teilhaberecht ändert zudem nichts an der inhaltlichen Identität von Parteien- und Fraktionenparität, auf die es in diesem Zusammenhang vor allem ankommt. Beide lassen sich sowenig verfassungsrechtlich auseinanderdividieren wie die vom GG geschützte einheitliche Meinungs- und Redefreiheit des Abgeordneten innerhalb und außerhalb des Parlaments oder wie die ebenfalls verfassungskräftig verbürgte einheitliche parlamentarische und außerparlamentarische „Oppositionsfreiheit"[50], wenngleich nicht zu verkennen ist, daß das GG den politischen Freiheitsrechten des einzelnen wie seiner Zusammenschlüsse im Parlament um ihrer in diesem Bereich gesteigerten Bedeutung willen verstärkten Schutz angedeihen läßt (vgl. Art. 42 III, 46 I und II, 48 II GG).

Für eine gruppenrechtliche Sicht ist es im Prinzip ohne Bedeutung, wie gleich oder ungleich die rechnerischen, rechtlichen oder faktischen Redechancen des einzelnen Abgeordneten sind. Es kommt allein auf das Verhältnis der Fraktionen zueinander an. Auf dieser Ebene läßt sich aber nicht leugnen, daß die einzelnen Fraktionen mit der Zuteilung ungleicher (proportionaler) Redezeitquoten ungleich behandelt werden — ungleich, gemessen an ihrer Rang- und Wertgleichheit, an ihrer von der faktischen Stärke absehenden rechtlichen „Parität". Vor der Verfassung

---

[48] Dazu unten Abschnitt IV 2.

[49] Dazu etwa *H.-P. Schneider*, S. 213, 216, 224, 363, 370 f.; *Lipphardt*, S. 524 ff. (m. Nachw.); *K. F. Arndt*, S. 78; *Häberle* I, S. 66 ff.; *Hesse* I, S. 22 ff., III, S. 61 f., 70 — gegen BVerfGE 20,56 (98 f.); dem BVerfG folgen etwa *Seifert*, S 72, 74, 76 f.; *Henke*, S. 18, 20; *Badura*, Rdn. 35, 73 zu Art. 38 GG.

[50] Dazu eingehend *H.-P. Schneider*, S. 299 ff. Auf den Zusammenhang von (grundrechtlicher) Meinungsfreiheit und (statusrechtlicher) Redefreiheit des Abgeordneten weist BVerfGE 2, 143 (171) hin: Die Freiheit der parlamentarischen Rede ist durch Art. 38 I 2 *und* Art. 5 GG geschützt. Das Grundrecht der freien Meinungsäußerung, das freie Mandat und das Recht der Redefreiheit für die Abgeordneten sind danach „Angelpunkte einer demokratisch-parlamentarischen Verfassung".

ist Fraktion gleich Fraktion, wie Partei gleich Partei ist. Das folgt allgemein, um mit dem BVerfG zu reden, aus „Art. 21 GG“, der Status und Aufgabe auch der Fraktionen normiert, für die parlamentarische Redeordnung auch aus dem in Art. 42 GG verankerten Prinzip von „Rede und Gegenrede“, das den Sinn des Ausdrucks „verhandeln“ ausmacht. Beide Bestimmungen konkretisieren insoweit das demokratische Prinzip des Art. 20 I GG, das namentlich in Art. 5 und 21 GG seinen Niederschlag gefunden hat: Meinungs-, Rede- und Parteienfreiheit durch Meinungs-, Rede- und Parteiengleichheit[51]. „Rede und Gegenrede“ setzen unter den Bedingungen der Massendemokratie in und außerhalb des Parlaments die Gruppenmeinung als rechtlich relevante Größe voraus. Vor allem sie wird in Rede und Gegenrede verhandelt. Die Gruppen beherrschen den Meinungsmarkt und der einzelne findet, ob Bürger oder Abgeordneter, weithin nur noch in und über seine Gruppe Schutz und Gehör[52]. Die Freiheit des einzelnen wäre ohne verfassungsmäßige Anerkennung und Grundrechtssubjektivität seiner Zusammenschlüsse eine papierne „rechnerische“ Größe. Das zeigt das Redezeit-Urteil mit aller wünschenswerten Deutlichkeit.

Hätte der BVerfG gruppenrechtlich argumentiert[53], so hätte es entweder den angewandten Verteilungsschlüssel als paritätswidrig verwerfen oder zugeben müssen, daß die Chancengleichheit der Parteien und Parteifraktionen die Abstufung der Redezeit nach ihrer jeweiligen „Bedeutung“, wenn nicht gebietet, so doch gestattet. Analog zu den Sendezeitbeschlüssen stellt sich dann aber sofort die Frage, ob es genügt, die gegenwärtige Bedeutung der Parlamentsfraktion einer Partei allein nach der zahlenmäßigen Stärke der Fraktion zu bemessen, oder ob dabei nicht vielmehr auch Kontinuität, Mitgliederzahl, Umfang und Ausbau der außerparlamentarischen Partei-Organisation, die zwischenzeitlichen Erfolge (bzw. Mißerfolge) der Partei bei anderen (Parlaments- und Gemeinde-)Wahlen, vor allem aber ihre Funktion als Regierung oder Opposition in Bund und Ländern verändernd ins Gewicht fällt[54]. Wie nahe dieser Schluß liegt, zeigt der Umstand, daß man sich einerseits auf das Redezeit-Urteil BVerfGE 10, 4, andererseits auf den Sendezeit-Beschluß BVerfGE 14, 121 beruft, um die Regierung auch in ihrer Öffentlichkeitsarbeit in Hörfunk und Fernsehen als rechtlich isolierten und verselbständigten politischen Faktor neben die sie stützende Mehrheit im Par-

---

[51] Dazu *Lipphardt*, S. 83 ff., 89 ff.; einschränkend *H.-P. Schneider*, S. 352, 381, 400.

[52] *H.-P. Schneider*, S. 364 f.

[53] Verfahrensrechtlich war das Gericht daran durch die Abgeordnetenklage nicht gehindert, nachdem es sich in ständiger Rechtsprechung für befugt hält, aus Anlaß zulässiger Klagen oder Verfassungsbeschwerden von Amts wegen weitere Verfassungsverstöße zu prüfen; dazu oben Anm. 5.

[54] Dazu näher *Lipphardt*, S. 417 ff., 641 f., 644, 650 f.

lament treten zu lassen und die damit notwendig bewirkte Verdoppelung der rechtlichen und tatsächlichen Chance der Regierung(sparteien) als durch ihre größere staatspolitische Verantwortung und Abnutzung, als durch den ihr auferlegten „Standpunkt über den Parteien" gerechtfertigt hinzustellen[55].

Wie sollte es da ausgeschlossen sein, aus der „Natur der Sache" zu folgern, daß den für die Staatsführung letztlich allein verantwortlichen Regierungsparteien ohne Rücksicht auf ihre zahlenmäßige Stärke eine größere Zeitquote zusteht als den bloß opponierenden und (nach Mei-

---

[55] So namentlich *Leisner* I (S. 152 ff., bes. S. 156 f., 159), der gar von einem „Verteidigungsnotstand" der Regierung, von einer „mit dem Besitz der Regierungsmacht notwendig verbundenen politischen Inferiorität der Mehrheit" spricht, die durch kompensierende Prämien „zu mildern" sei (ebd. S. 155 f.).

In diesen Zusammenhang gehört auch das neuerdings der SPD zugeschriebene dreigliedrige „Redezeitmodell", das die Regierung als „dritte Kraft" gleichberechtigt neben Koalition und Opposition treten läßt (so *Schindler* II, S. 254; in gleichem Sinne *Kißler,* S. 342), was in Wahrheit nichts weiter als eine Variante des traditionellen Dualismus von Regierung und Parlament im Blick auf die kontingentierte Debatte ist. Das dreigliedrige Redezeitmodell liegt vor allem den zwischen Rundfunk und Parlamentsparteien vereinbarten Ausgleichssendungen nach Rundfunkreden der Regierung zugrunde (dazu unten Abschnitt V). Hierher gehört auch die für die Politik der Regierungsmehrheit werbende Öffentlichkeitsarbeit der Ministerien, des Bundeskanzleramts und des Bundespresseamts, der gegenüber die Opposition stets eine ausgleichende Staatsfinanzierung ihrer eigenen Öffentlichkeitsarbeit gefordert hat, was von der Regierung unter Hinweis auf die ihr (angeblich) zustehende „Machtprämie" freilich ebenso regelmäßig abgelehnt wurde: vgl. *H.-P. Schneider,* S. 249 f., 254 f., 265; *Lipphardt,* S. 112, 168 f., 286 und oben zu Anm. I/184. Hierher gehört schließlich das Eingreifen der Regierung in Wahl- und Abstimmungskämpfe „gleichsam neben den beteiligten Gruppen wie eine von ihnen": vgl. BVerfGE 37, 84 (90 f.); dazu *Lipphardt,* S. 286. Die Verhandlungen der Parlamentsparteien über den Abschluß von Wahlkampfabkommen für die 1976 anstehenden Wahlkampagnen sind bezeichnenderweise ins Stocken geraten bzw. gescheitert, weil sich die jeweiligen Mehrheitsparteien weigerten, die für die Öffentlichkeitsarbeit der Regierung zur Verfügung stehenden Haushaltsmittel in das Abkommen einzubeziehen; dazu etwa FAZ Nr. 268 v. 18. 11. 1975, S. 3; Nr. 269 v. 20. 11. 1975, S. 5; Mannheimer Morgen Nr. 266 v. 18. 11. 1975, S. 1; FAZ Nr. 99 v. 28. 4. 1976, S. 1 f.; SZ Nr. 98 v. 28. 4. 1976, S. 1 f.; FAZ Nr. 128 v. 15. 6. 1976, S. 2; 130 v. 18. 6. 1976, S. 12; 133 v. 22. 6. 1976, S. 4; 134 v. 23. 6. 1976, S. 5; 135 v. 24. 6. 1976, S. 2; 136 v. 25. 6. 1976, S. 4, 9; ferner die Fragestunde in den BT-Sitzungen vom 23. und 24. 6. 1976, BT-StB VII/252 u. 253, S. 17888 ff., 18014 ff., die sich anschließende „aktuelle Stunde", ebd. S. 18031 ff. und Anlage 2 des Sitzungsprotokolls, ebd. S. 18096 ff.; vgl. auch den dazugehörigen Fragenkatalog der Opposition, BT-Drs. 7/5404, Nr. A 16 bis 19, 91 bis 111, B 1 und 2. Hinzuweisen ist schließlich noch auf den von der CDU wegen der wahlwerbenden Öffentlichkeitsarbeit der Bundesregierung vor dem BVerfG angestrengten Organstreit; dazu die Berichte in der FAZ v. 25. 6. (Nr. 136, S. 9), 9. 7. (Nr. 148, S. 5), 24. 7. (Nr. 161, S. 1), 7. 8. (Nr. 173, S. 1 f.), 12. 8. (Nr. 177, S. 3), 7. 9. (Nr. 199, S. 4), 8. 9. (Nr. 200, S. 5) und 10. 9. 1976 (Nr. 202, S. 6). Zu den entsprechenden Organklagen der SPD und ihrer Bundestagsfraktion von 1966, die sich gegen die „verschleierte" Finanzierung der damaligen Regierungsparteien CDU, CSU und FDP aus dem „Reptilienfonds" des Bundeskanzlers richteten und nach Bildung der Großen Koalition zurückgenommen wurden, s. *Lipphardt,* S. 168 f.

nung des BVerfG) zur Obstruktion neigenden Parteien der Minderheit? — Das Gericht ist dieser delikaten Frage im Redezeitfall ebenso ausgewichen wie im Spendenfall BVerfGE 8, 51[56], indem es den Fraktionenproporz als bloßes de-facto-Ergebnis aus der rechnerisch gleichen Chance jedes einzelnen Abgeordneten verstand, als Ergebnis, dem rechtlich keinerlei Bedeutung beizumessen sei. — Das Gegenteil ist richtig. Denn mit der Festsetzung von Fraktionsredezeiten werden die Fraktionen zwangsläufig zum Subjekt des Anspruchs auf die ihnen zustehenden Zeitquoten und ihre chancengleiche Bemessung. Der einzelne Abgeordnete verblaßt zu einer rechnerischen Größe, der die Fraktionsredezeit zwar de iure an sich reißen, aber weder tatsächlich noch rechtlich verhindern oder illusorisch machen kann. An ihr bricht sich in jedem Falle seine Redebefugnis, ohne Rücksicht darauf, ob er in der Debatte überhaupt oder hinreichend zu Wort kommt, ob er sich dem Willen seiner Fraktion fügt oder nicht.

Die Diskrepanz zwischen der „rechnerischen Chance" des einzelnen Abgeordneten, auch in kontingentierter Debatte zu Wort zu kommen, und seiner ihm auf Grund dieser rechnerischen Chance angeblich gesicherten „gleichen Redebefugnis" führt das Gericht ad absurdum. Diese „Redebefugnis" schrumpft nämlich bei 519 Abgeordneten und einer achtstündigen Gesamtredezeit theoretisch auf eine „rechnerische" Zeitspanne von 55,5 Sekunden zusammen. Hier noch davon zu reden, die durch Art. 38 GG gewährleistete „Redebefugnis" des einzelnen Abgeordneten bleibe als solche unangetastet und werde lediglich in ihrer „Ausübung" den vom Parlament (sprich: von der Mehrheit) kraft seiner Autonomie gesetzten Schranken unterworfen[57], läßt sich nur von einem „rechnerischen" Standpunkt aus rechtfertigen, der von der Wirklichkeit des Rechts abstrahiert. Befugnis und Ausübung lassen sich hier sowenig trennen wie bei Art. 12 GG, wie Zulassung und Beteiligungsquote der Parteien im Wahlrecht, im Rundfunk, im Falle ihrer Subventionierung aus der Staatskasse[58]. Das individualrechtliche Ergebnis des BVerfG verstieß zudem eindeutig gegen § 39 I 4 GOBT 1951, der jedem Redner bei kontingentierter Debatte eine „Mindestredezeit" von 5 Minuten sicherte. Wenn daher die rechnerische Chance, zu Wort zu kommen, die Redebefugnis des einzelnen Abgeordneten nicht beeinträchtigen sollte, mußte zumindest diese 5-Minuten-Redezeit „rechnerisch" gesichert sein, was bei 519 Abgeordneten immerhin eine Debatte von 43 Stunden 15 Minuten ergeben hätte. Zu diesem Ergebnis muß man von der individualrechtlichen Sicht des Gerichts aus kommen.

---

[56] Zu diesem *Lipphardt*, S. 271 ff. — hier wie dort handelte es sich der Sache nach um einen Verfassungsstreit zwischen Opposition und Regierung(smehrheit).

[57] BVerfGE 10, 4, 13.

[58] Dazu *Lipphardt*, S. 104 f., 108 f., 371, 378 f., 415 f., 634, 645, 691.

Der Fehler liegt in dem verfehlten Ansatz der Argumentation. Ein Problem, das sich nur gruppenrechtlicher Betrachtung erschließt, kann nicht individualrechtlich gelöst werden. Das Gericht erlag hier dem gleichen Irrtum, dem seinerzeit schon der RStGH erlegen war, als er die parteibezogenen wahlrechtlichen Splitterparteiklauseln am Maßstab der wählerbezogenen Wahlrechtsgleichheit geprüft hat[59].

c) *Proporz und paritätische Wechselrede*

Hält man mit dem BVerfG kontrovers beschlossene kontingentierte Debatten überhaupt für zulässig — von der Opposition wurden sie stets als „Maulkorb" empfunden, als unzulässige Einschränkung der verfassungsmäßigen „Freiheit der Rede" (Art. 5 I, 38 I 2, 42 I 1, 46 I 1 GG)[60] —, so stehen zu ihrer Verwirklichung verfassungsrechtlich jedenfalls nicht schon alle technisch in Betracht kommenden Wege offen. Bei der Ausgestaltung muß auf den Paritätsgedanken des demokratischen Prinzips, hier der parlamentarischen Wechselrede, Rücksicht genommen werden. Demnach stehen prima facie nur zwei Möglichkeiten zur Wahl: entweder strikte Parität der Fraktionsredezeiten (§§ 39 I 1 u. 2, 48 II GOBT 1951/70) oder strikte Rednerparität (§ 39 I 3 u. 4 GOBT 1951, § 39 II 1 GOBT 1970). Ob bei kontingentierter Debatte „Rede und Gegenrede" von Abgeordnetem zu Abgeordnetem oder von Fraktion zu Fraktion geführt werden soll, ist Sache des Parlaments und damit der Mehrheit. Wie jedoch die Gesamtredezeit unter den einzelnen Rednern bzw. Fraktionen aufzuteilen ist, hat die Verfassung von vornherein festgelegt. Da in der parlamentarischen Demokratie Rede und Gegenrede vor dem Recht gleichrangig und gleichwertig sind, da hier die Standpunkte nicht nach ihrer Qualität oder der „Bedeutung" (Stärke) der sie verfechtenden Redner und Fraktionen gewogen und abgestuft werden dürfen, führt zum Proporzprinzip von Verfassungs wegen kein Weg. Aus diesem Grunde ist auch eine Kombination zwischen Abgeordneten- und Fraktionsredezeit, wie sie im Ergebnis § 39 II 1 und 2 GOBT 1970 vorschreibt, verfassungsrechtlich bedenklich. Schafft doch die Vermischung der Paritätsebenen mit ihrer gespaltenen Redezeit unvermeidlich zwei Klassen von Rednern.

Da bei der Aussprache im Gegensatz zur Abstimmung allein die Zahl der Argumente rechtlich von Bedeutung ist, kommt es — gruppenrechtlich gesehen — nur auf die Zahl der Gruppen an, die jeweils einer Meinung sind, nicht auf ihre nominelle Stärke. Auf der Ebene der Rednerparität leuchtet das unmittelbar ein. Für die Gruppen, deren Exponent der einzelne Redner ist, gilt jedoch nichts anderes. Da das parlamentarische Regierungssystem nur bei konstanten Mehrheiten lebensfähig ist, sind hier die den einzelnen Abgeordneten „mediatisierenden" kon-

---

[59] Vgl. ebd. S. 96, 101 ff., 190, 331 f.

[60] Siehe oben nach Anm. I/64.

stanten Meinungs- und Abstimmungsmannschaften, die nach außen hin geschlossen auftretenden Fraktionen, kein notwendiges Übel, sondern als „ständige Gliederungen" des Bundestages[61] „notwendige Einrichtungen des Verfassungslebens"[62]. Das parlamentarische System setzt feste Gruppen, die einer Meinung sind und sich nicht erst von Fall zu Fall zusammenfinden, voraus. Es ist daher nur konsequent, wenn sich an der Debatte hauptsächlich „Fraktionssprecher" beteiligen, die die Sache ihrer Fraktion zu ihrer eigenen gemacht haben. Das gilt in noch stärkerem Maße für die kontingentierte Debatte. Hier wird, wenn jede Fraktion wie im Weimarer Reichstag einen (bzw. gleich viele) Redner vorschickt, die Rednerparität zur Fraktionenparität.

Die Festsetzung von Fraktionsredezeiten bringt daher nur de iure zum Ausdruck, was de facto schon mit der Kontingentierung der Redezeit des einzelnen Abgeordneten bezweckt und in aller Regel auch erreicht wird. Die Häufung der Redner ein und derselben Fraktion, die alle der gleichen Meinung sind, würde nur zu sinn- und zwecklosen Wiederholungen führen und die Versammlung ermüden. Die „rechnerische Chance" des einzelnen Abgeordneten, zu Wort zu kommen, ist folglich gerade kein „sachgerechter" Maßstab für die Aufteilung der kontingentierten Gesamtredezeit. Der einzelne Abgeordnete darf nicht isoliert und unabhängig von der Fraktion gesehen und beurteilt werden, deren Exponent er ist, deren Standpunkt er in der Debatte vertritt, mit der er in aller Regel geschlossen für oder gegen einen Antrag stimmt. Das ist das von der Verfassung gewollte und vorausgesetzte normale Erscheinungsbild, von dem auszugehen ist[63].

Auf welche Schwierigkeiten freilich die Überwindung des in der konstitutionellen Monarchie ausgebildeten, Parlament und Regierung einander konfrontierenden Parlamentarismus-Verständnisses immer wieder stößt, belegt etwa die Begründung, mit der der GO-Ausschuß in § 33 I 2 GOBT 1970 von der Einfügung der Worte „die Auseinandersetzung zwischen Regierung und Opposition" und „oppositionelle oder abweichende Meinung", wie sie die SPD-Fraktion ursprünglich vorgeschlagen hatte[64], Abstand nahm, um statt dessen den erstrebten „lebendigen Dialog" durch die Worte „Rede und Gegenrede" bzw. „abweichende Meinung" zu fördern: Die neue Formulierung sollte der „Tatsache" Rechnung tragen, „daß durchaus auch Mitglieder der die Regierung stellenden Fraktion eine von der Bundesregierung abweichende Meinung vortragen können"[65]. Entsprechend traten in § 39 II GOBT 1970 an

---

[61] BVerfGE 2, 143 (160).
[62] BVerfGE 10, 14.
[63] In diesem Sinne auch *Schönfeld*, S. 191 f.
[64] Siehe oben nach Anm. I/145.
[65] BT-Drs. V/4373, S. 7, 17.

die Stelle der ursprünglich geplanten Verlängerung der (oppositionellen) Gegenrede bei längeren Ausführungen der Regierung die allgemeinere Formulierung „Verlauf der Aussprache" und die Verweisung auf § 33 I 2 GOBT 1970[66]. Die rechtliche Anerkennung der „Tatsache" abweichender Meinungen innerhalb des Regierungslagers soll den Parlamentspräsidenten dazu veranlassen, (jedenfalls) bei den Rednern der 2. Runde vorher zu erfragen, ob sie „für" oder „gegen" die Regierung sprechen wollen[67], um nicht vor der scheinbar unlösbaren Aufgabe zu stehen, die Wortmeldung ohne Kenntnis der Ausführungen als „Rede" oder „Gegenrede" qualifizieren zu müssen[68].

Da indes die vom Standpunkt ihrer Fraktion abweichenden Abgeordneten das Wort in aller Regel nicht ergreifen, führt auch die jetzige Rednerfolge-Bestimmung dazu, daß — wie ursprünglich vorgesehen — auf einen Redner der Koalition bzw. der Regierung normalerweise ein Redner der Opposition folgt[69] — und umgekehrt. Im allgemeinen zeigt mithin die Fraktionszugehörigkeit der Redner dem Präsidenten an, ob „Rede" oder „Gegenrede" zu erwarten ist. Die von der Bundesregierung „abweichende Meinung" und die „oppositionelle Meinung" sind fast immer identisch, so daß es einer Regelung seltener Ausnahmefälle nicht bedurft hätte. Daß sie dennoch für notwendig gehalten wurde, ist in erster Linie wohl dem Mißverständnis zuzuschreiben, daß die von der Bundesregierung abweichende Meinung der Mehrheitsfraktionen oder einzelner ihrer Redner für parlamentarisches System und freies Mandat kennzeichnender sei als die Zustimmung[70].

Die Festsetzung von Fraktionsredezeiten liegt — die prinzipielle Zulässigkeit der kontingentierten Debatte unterstellt — in der Konsequenz der Anerkennung der Fraktionen als den ständig vorhandenen, unentbehrlichen kollektiven Meinungs-, Abstimmungs- und Handlungseinheiten des Parlaments. *Deshalb* hat sie sich in den deutschen Parlamenten eingebürgert, nicht — wie das BVerfG meint — weil sonst die

---

[66] Siehe oben nach Anm. I/165. Wenn demgegenüber nach § 37 IV 2 GOBT-Entwurf 1976 die Redezeit künftig „insbesondere" nach Minister- und Bundesratsreden in kontingentierter Debatte verlängert werden „soll" (Empfehlungen II, S. 9 [s. o. Anm. I/29], III, S. 10), so nimmt der GO-Ausschuß damit im Grunde lediglich seinen kurzlebigen Vorschlag vom Januar 1968 wieder auf.

[67] *Bücker*, Erl. I 2 c, d, e zu § 33 GOBT (S. 355 f.); vgl. auch Erl. II 4 b zu § 39 GOBT (S. 379 f.).

[68] *Szmula* I, S. 142.

[69] *H.-P. Schneider*, S. 245 f., 253 f.; *Szmula* III, S. 22; *Kißler*, S. 341.

[70] Ähnlich *H.-P. Schneider*, S. 8, 245, 253; *Oberreuter*, S. 281. Von dem hier kritisierten Standpunkt aus dürfte auch die Rede eines dissentierenden Abgeordneten nicht auf die Redezeit seiner Fraktion, sondern allenfalls auf die Redezeit der Gegenseite angerechnet werden — eine Ansicht, die ihrer offenbaren Absurdität wegen nirgends vertreten wird und das dargestellte Rednerfolge-Problem als Scheinproblem erweist.

Gefahr bestünde, daß einzelne Redner ihre Reden übermäßig ausdehnten und statt ihrer Gesinnungsfreunde unerlaubterweise ihre politischen Gegner ums Wort brächten[71]. Diese Gefahr wird durch den Proporz nicht beseitigt, sondern in Wahrheit erst herbeigeführt, während schon bei normaler Begrenzung der Redezeit des einzelnen Redners (§ 39 I 3 GOBT 1951, § 39 II 1 GOBT 1970) von einer Gefahr für die Gegenmeinung keine Rede mehr sein kann, weil ihr das Prinzip von Rede und Gegenrede, das die alternierende Reihenfolge der Parteiredner von Verfassungs wegen festlegt (Art. 42 I 1 GG), entgegensteht. Theoretisch hat zwar auch und gerade bei einer rednerbezogenen Begrenzung der Redezeit jeder Abgeordnete das Recht, sich an der Debatte wie jeder andere zu beteiligen, normalerweise also eine Stunde bzw. 15 Minuten zu reden. „Rechnerisch" betrachtet würde eine solche gedankliche Konstruktion im Ergebnis auch zu Proporzquoten der einzelnen Fraktionen führen. Dieser theoretische Fall ist jedoch wirklichkeitsfremd. Denn sobald Sprecher aller Richtungen ausreichend (d. h. gleichmäßig) zu Wort gekommen sind, wird der Schluß der Debatte sich in der Regel von selbst einstellen, jedenfalls aber von der überdrüssigen Mehrheit gefordert und beschlossen werden, weil die Fortsetzung der Debatte nicht mehr dem öffentlichen Meinungsaustausch dient, sondern bloß Zeitvergeudung wäre. Der „rechnerische" Proporz, der sich theoretisch aus der Rednerparität ergibt, läßt sich also in der Praxis niemals verwirklichen, weil sowohl in kontingentierter Debatte, gleichviel wie die Gesamtredezeit aufgeteilt wird, als auch bei unbefristeter Debatte in aller Regel nur die Wortführer der verschiedenen Gruppenrichtungen das Wort nehmen. Die „reale" Chance der Hinterbänkler, zu Wort zu kommen, ist in der kontingentierten Debatte so gering wie in der unbefristeten. Der Proporz bestimmt also auch de facto nicht das Erscheinungsbild der Debatte, weder der befristeten noch der unbefristeten. Es gibt keinen plausiblen Grund, ihn der Bemessung der Fraktionsredezeiten zugrunde zu legen.

Unhaltbar ist jedenfalls die Überlegung, mit der das BVerfG den Proporz zu rechtfertigen sucht, die Behauptung nämlich, erst durch die proportionale Aufteilung der Redezeit würde sichergestellt, „daß die Redebefugnis des einzelnen Abgeordneten nicht über die Beschränkung hinaus, die schon in der Festsetzung der Gesamtredezeit lag, beeinträchtigt wurde", und verhindert, daß dem einzelnen Abgeordneten der Minderheit „eine geringere Redebefugnis" gegeben werde als dem einzelnen Abgeordneten der Mehrheit[72]. Das Gegenteil ist der Fall. Durch eine proportionale Redezeitaufteilung erhalten die Mehrheitsfraktionen die

[71] BVerfGE 10, 15.

[72] Ebd. S. 16. Diese Rechtfertigung einer proportional abgestuften Redezeit der Fraktionen billigen *Badura*, Rdn. 55, 75 zu Art. 38 GG; *Starck* II, S. 58; im Ergebnis ebenso *Bücker*, Erl. I 1 b zu § 39 GOBT (S. 374); *Dellmann*, S. 155 und *Jülich*, S. 88.

Möglichkeit, durch ihre (austauschbaren) Wortführer den Regierungsstandpunkt in größter Breite und Ausführlichkeit darzulegen, während die Redner der regelmäßig nicht zusammenarbeitenden und daher der Regierungsmehrheit nicht in gleicher Geschlossenheit gegenübertretenden Minderheitsfraktionen auf Grund ihrer geringeren Zeitquoten darauf nicht in gleicher Breite und Ausführlichkeit erwidern können. Hinzu kommt, daß nach herrschender Auffassung die Minister und Staatssekretäre der Mehrheitsparteien auf Grund des Art. 43 II 2 GG in ihrer Redezeit auch bei kontingentierter Debatte zeitlich weder beschränkt noch beschränkbar sind und es die Mehrheit darüber hinaus in der Hand hat, die Gesamtredezeit nach Gutdünken zu verlängern oder die Kontingentierung ganz aufzuheben.

Die Festsetzung von Fraktionsredezeiten wirft zudem die Frage auf, ob dadurch nicht die Regel des § 39 II 2 u. 3 GOBT 1970 bzw. früher die Regel des § 39 I 3 u. 4 GOBT 1951 außer Kraft gesetzt wird, so daß die Wortführer der großen Fraktionen im Rahmen der ihnen bewilligten gestaffelten Zeitquote stundenlang reden dürfen, ohne daß ihnen der Präsident das Wort entziehen könnte, während den Rednern kleiner Fraktionen das Wort nach Ablauf der für sie bestimmten Redezeit ohne Rücksicht darauf entzogen wird, ob sie wenigstens die Möglichkeit hatten, die dem einzelnen Redner normalerweise zustehende Redezeit in Anspruch zu nehmen. Der einzelne Sprecher konnte sich bei der Festsetzung von Fraktionsredezeiten auch früher nicht auf die ihm durch § 39 I 4 GOBT 1951 zugesicherte Mindestredezeit von 5 Minuten berufen, da die Fraktionsredezeit nur die Fraktion kennt und auf den einzelnen Sprecher keine Rücksicht nimmt[73]. Ihr geht es nicht um die Redebefugnis des einzelnen Abgeordneten, sondern allein um die Redebefugnis der Fraktion als solcher.

Der Proporzgedanke steht mit dem Parität gebietenden Verfassungsprinzip von Rede und Gegenrede in Widerspruch. Er hat seine Berechtigung bei der Besetzung der Ausschüsse und Gremien, weil und sofern sie ein verkleinertes Abbild des Parlaments bzw. seiner Mehrheitsverhältnisse darstellen[74], während die Spiegelbildtheorie für die Relation Volk — Parlament ohne Rücksicht auf das Wahlsystem abzulehnen ist.

[73] Wie *Szmula* I, S. 143 berichtet, war die Mindestredezeit des § 39 I 4 GOBT 1951 weniger für den einzelnen Redner als vielmehr für Abgeordneten-Gruppen ohne Fraktionsstatus gedacht, die sich mit einem Redner begnügen sollten. Zur Erörterung des Problems unter der GORT 1922 s. oben nach Anm. I/82.

[74] Vgl. §§ 11, 12 GOBT 1951/70; *Bücker*, Erl. II zu § 12 GOBT (bes. S. 292 f.); zum Verhältnis von Parteien- bzw. Wahlrechtsgleichheit und Proporzprinzip s. *Lipphardt*, S. 53 f., 92, 96, 102, 129, 189, 412 f., 424 f.; zum Verhältnis von Fraktionenparität und Proporz *H.-P. Schneider*, S. 39, 231, 246, 248, 250, 252, 253, 283, 362 f. (zwischen Identität und Gegensatz schwankend); ebenso *Tschermak*, S. 191 ff., 201 f., 204 ff.; *W. Schmidt*, S. 481 f., 490, 492 f., 494, 497. Von ihrer Identität gehen aus *Seifert*, S. 134; *Jülich*, S. 88 f.; *Dellmann*, S. 155.

Im freien, bis zur Entscheidung offenen Meinungskampf ist der Proporz — Gleiches gilt für den Proporzzuschlag bei gleichen Grundredezeiten[75] — verfassungswidrig, da er dem für diesen Kampf allein maßgebenden Prinzip der formalen Waffengleichheit, der Parität der Fraktionen als der Meinungsgruppen im Parlament wie der Parität von Rede und Gegenrede, widerspricht. Dieses Prinzip untersagt die Staffelung der Redezeit nach einem wie auch immer berechneten Proporzschlüssel und gebietet schematisch gleiche Zeitquoten für alle Gruppen(redner) im Parlament.

In diesem Sinne äußerte sich 1875 schon *Robert v. Mohl:* „Eine Zubilligung von Rednern an die Fraktionen im Verhältnisse ihrer Mitgliederzahl, etwa in der Art der Zusammensetzung der Kommissionen, ist nicht tunlich, weil sonst die stärkeren Parteien eine übergroße Zahl von Sprechern erhalten, dadurch aber nur Wiederholungen ... erzeugt werden[76]." Für die verwandte Abstufung der Redezeit nach der Fraktionsstärke gilt nichts anderes. Denn selbst wenn jede Fraktion nur einen Redner stellen würde, könnten die Regierungsparteien in epischer Breite ihr Programm entwickeln, während die den Parteien der Minderheit für die Kritik und die Entwicklung eines Kontrastprogramms zugebilligte Zeit stets unzureichend wäre. Wie problematisch der Proporzgedanke in der Redeordnung des Parlaments ist, läßt sich schließlich noch an der analogen Frage der Rednerfolge belegen[77].

Nachdrücklich hat schon 1919 *Rudolf Smend* auf die Ursachen und Konsequenzen der „Proportionalisierung" des parlamentarischen Lebens hingewiesen. Die schon im Kaiserreich zur Selbstverständlichkeit gewordene Herrschaft der Fraktionen über Organisation und Verfahren des Parlaments habe an die Stelle der in schöpferischer Dialektik zwischen Rede und Gegenrede voranschreitenden Debatte die Verlesung zuvor im Ältestenausschuß vereinbarter Fraktionsreden treten lassen, deren Reihenfolge sich nicht nach Für und Wider, sondern nach der Fraktionsstärke richte. Damit sei unser Verfassungsleben „um ein gutes Stück seines Wesen gekommen", um den „ursprünglichen Sinn" der Parlamentsdebatte als einer „kontradiktorischen" Verhandlung, eines „öffentlich geführten Kampfes", des „schöpferische(n) Geburtsvorgang(s) der politischen Entscheidung"[78].

---

[75] So § 111 I 3 u. 4 BayGO 1974 (s. oben vor Anm. I/3). Für einen „einheitlichen Redezeitsockel" aller Parlamentsparteien (nebst Proporzzuschlag) tritt — gestützt auf § 39 II 2 GOBT 1970 — *Dellmann,* S. 155 ein. Für die staatliche Fraktionenfinanzierung wird dieser Verteilungsmodus von *Tschermak,* S. 204 ff. aus dem Gebot der Fraktionenparität abgeleitet.

[76] *v. Mohl* II, S. 72.

[77] Dazu oben Abschnitt I 4 a.

[78] *Smend,* S. 61 ff., 66.

3. Jederzeitige Redebefugnis der Regierung

Zum Schluß wendet sich das Gericht der Frage zu, ob die in kontingentierter Debatte gehaltenen Ministerreden auf die Redezeit der Koalitionsparteien angerechnet werden müssen oder doch wenigstens die Redezeit der Oppositionsparteien entsprechend verlängern. Beides wird verneint. Schon dem „Wortlaut" des Art. 43 II 2 GG, demzufolge die Mitglieder der Bundesregierung im Bundestag „jederzeit gehört werden" müssen, sei zu entnehmen, daß die Redezeit der Regierungsmitglieder vom Parlament nicht beschränkt werden könne. In diesem Sinn sei Art. 43 II 2 GG und die ihm entsprechenden Vorschriften anderer Verfassungen „stets verstanden worden", was daraus hervorgehe, daß in früheren und gegenwärtigen Geschäftsordnungen deutscher Parlamente „als selbstverständlich vorausgesetzt wird, daß die Regierungsmitglieder auch außerhalb der Tagesordnung und nach Schluß der Beratung das Wort ergreifen können". Das sei der „herkömmliche Sinn" des in der Verfassung verankerten jederzeitigen Rederechts der Regierungsvertreter, und es bestehe kein Anhalt dafür, daß im GG mit ihm plötzlich ein anderer Sinn verbunden sein sollte[79].

So eindeutig, wie es das Gericht darstellt, ist die Formel von dem „jederzeit gehört werden" indes nicht. Daß sich ihr Sinn seit der Bismarck-Verfassung gewandelt hat, läßt sich bereits historisch belegen. Im Anschluß an § 121 der Frankfurter Reichsverfassung von 1849 und Art. 60 I der preußischen Verfassung von 1850 bestimmte Art. 9 Satz 1 der Reichsverfassung von 1871: „Jedes Mitglied des Bundesrates" — der „Regierung" des Kaiserreiches[80] — „hat das Recht, im Reichstag zu erscheinen, und muß daselbst auf Verlangen jederzeit gehört werden, um die Ansichten seiner Regierung zu vertreten, auch dann, wenn dieselben von der Majorität des Bundesrates nicht adoptiert worden sind"[81]. Darunter verstand man damals das „ganz unbeschränkte" Recht, „jederzeit

---

[79] BVerfGE 10, 17; ebenso *Bücker*, Erl. h zu § 47 GOBT. Weitere Nachweise bei *Schönfeld*, S. 166 f., 182, der selbst die Wortlautinterpretation des Gerichts für zutreffend hält (ebd. S. 208), wenngleich er ihr im parlamentarischen Regierungssystem des GG „funktional" jede Berechtigung abspricht (ebd. S. 187 ff.).

[80] In erster Linie also der Reichskanzler und seine Stellvertreter, die als Chefs der obersten Reichsämter zugleich preußische Bundesratsbevollmächtigte waren (vgl. Art. 15, 16 RV). Zur einheitlichen Reichsleitung durch Präsidium und Bundesrat sowie zur Konzentration der Regierungsgewalt beim Bundesrat nach der ursprünglichen Verfassungskonzeption, die ihren Niederschlag namentlich in Art. 7, 9 und 16 RV gefunden hat, s. etwa *Kaufmann*, S. 42 ff., 48 ff., 58; *Huber*, S. 658, 812, 849 ff.; *Frotscher*, S. 149 f.; *Vonderbeck*, S. 557.

[81] Ebenso § 43 S. 1 GORT 1868 in der bis 1918 gültigen Fassung: „Die Mitglieder des Bundesrates und die zu ihrer Vertretung abgeordneten Kommissarien müssen auf ihr Verlangen zu jeder Zeit gehört werden" (zit. nach *Perels* I, S. 121).

das Wort zu nehmen", d. h. auch außerhalb der Tagesordnung, auch nach Schluß der Debatte[82] und ohne Rücksicht auf den Zeitpunkt der Wortmeldung. Lediglich während einer Rede oder Abstimmung konnte das Wort nicht verlangt werden[83]. Gestützt wurde diese Ansicht im wesentlichen darauf, daß sich die Geschäftsordnung des Parlaments und die Ordnungsgewalt seines Präsidenten nur auf die Mitglieder des Hauses erstrecke, die Mitgliedschaft im Bundesrat aber nach Art. 9 Satz 2 RV die Mitgliedschaft im Reichstag ausschloß[84].

Während der 2. Lesung des Verfassungsentwurfs in der Weimarer Nationalversammlung beantragte der Abgeordnete *Gröber* (Z), das im Entwurf noch enthaltene Wort „jederzeit" zu streichen, da bei der großen Zahl von Regierungsvertretern des Reiches und der Länder vor allem die nicht privilegierten Abgeordneten der Opposition an den Schluß der Rednerliste rückten. Unter dem monarchischen Prinzip habe die „Privilegierung der Regierung einen ganz guten Sinn" gehabt, da sie dem Parlament gegenüber als „Obrigkeit" aufgetreten sei und als solche eine „besondere Aufgabe" gehabt hätte. Jetzt aber setze sich die Regierung aus Parteienvertretern zusammen, und es entstehe „die Frage, inwieweit Redner vom Regierungstisch auf die Rednerliste der Parteien angerechnet werden sollen". Es sei daher auch nicht gerechtfertigt, sie mit einem privilegierten Rederecht auszustatten. Es genüge vielmehr vollständig, wenn die Verfassung ihr Recht schütze, während der Beratung überhaupt gehört zu werden. Die Frage der „Reihenfolge" der Regierungsvertreter und Abgeordneten solle dann die Geschäftsordnung regeln[85].

Die Nationalversammlung beschloß daraufhin die Streichung des Wortes „jederzeit"[85]. Nach Art. 33 III WRV hatten demnach die Vertreter der Reichsregierung „während der Beratung" und „außerhalb der Tagesordnung" nur ein schlichtes Rederecht und unterstanden gemäß Art. 33 IV WRV der „Ordnungsgewalt des Vorsitzenden". Die GORT 1922 regelte freilich die Frage der Anrechnung der Ministerreden auf die Rednerliste bzw. die Fraktionsredezeiten nicht[86]. Praxis und Theorie orientierten sich alsbald wieder am Kaiserreich. Art. 33 IV WRV wurde auf Ord-

---

[82] Vgl. § 48 I GORT 1868: „Nimmt ein Vertreter des Bundesrats nach dem Schlusse der Diskussion das Wort, so gilt diese aufs Neue für eröffnet" (*Perels* I, S. 121).

[83] *Perels* I, S. 86 f., 92.

[84] Dazu unten Anm. III/12. Dem Präsidenten des alten Reichstages stand es deshalb auch nicht zu, Regierungsvertreter „zur Sache" oder „zur Ordnung" zu rufen (vgl. *Braun*, S. 33 ff.). „Der Herr Reichskanzler kann sprechen über alles, was er will" (Präsident *v. Ballestrem*) (*Perels* I, S. 96 f.). Zur Entwicklung der Redeprivilegien der Regierung s. *Schönfeld*, S. 14, 18 ff., 35 ff.

[85] RT-Verh., Bd. 327, S. 1290.

[86] Vgl. §§ 82, 88, 96, 97 GORT 1922; hierzu *Schönfeld*, S. 42 f.

nungsrufe beschränkt[87]. Im praktischen Ergebnis zeigte sich daher kein Unterschied zur preußischen Verfassung von 1920, die daran festhielt, daß Minister im Landtag „jederzeit, auch außerhalb der Tagesordnung, das Wort ergreifen" können, wenn sie im übrigen auch der „Ordnungsgewalt des Vorsitzenden" unterstanden[88].

Das GG hat zwar die Formel vom „jederzeitigen" Rederecht der Regierung wieder aufgenommen, nicht jedoch ihr aus dem Obrigkeitsstaat überliefertes Verständnis. Der Abgeordnete *Lehr* hat als Berichterstatter des Hauptausschusses in seinem schriftlichen Bericht für den Parlamentarischen Rat darauf hingewiesen, daß mit dem Wort ‚jederzeit' „alles gedeckt" sei, namentlich umfasse der Ausdruck „die früheren Formulierungen ‚während der Beratung' und ‚außerhalb der Tagesordnung'"[89]. Damit war gegenüber der WRV lediglich eine redaktionelle Verbesserung bezweckt, keine inhaltliche Änderung[90]. Folglich besagt der Ausdruck „jederzeit" in Art. 43 II 2 GG lediglich, daß die Regierungsvertreter weder an den jeweiligen Beratungsgegenstand noch sonst an die Tagesordnung gebunden sind, also nicht „zur Sache" gerufen werden können[91]. Ihre Privilegierung in der Rednerfolge bzw. ihre Freistellung von der normalen oder festgesetzten Redezeit läßt sich dagegen dieser Bestimmung nicht ohne weiteres entnehmen[92].

Die Interpretation des Gerichts, daß der beanstandete Redezeitbeschluß des Bundestages „unausgesprochen" die Regelung enthalte, daß Ministerreden nicht auf die achtstündige Gesamtredezeit anzurechnen seien, weil Art. 43 II 2 GG ihre zeitliche Beschränkung verbiete[93], über-

---

[87] Vgl. *Perels* II, S. 465 f.; *Anschütz*, Erl. 3, 4 zu Art. 33 WRV; *K. F. Arndt*, S. 114 f.

[88] Art. 24 S. 3, 4 PrV 1920, § 65 GOPrLT 1921; vgl. *Apetz*, S. 51 ff.; *Schönfeld*, S. 44 f.

[89] Parlamentarischer Rat, Schriftlicher Bericht zum Entwurf des GG, S. 23; dort heißt es versehentlich „Geschäftsordnung" statt „Tagesordnung".

[90] Dazu *Schönfeld*, S. 46 f.

[91] Dazu *Schönfeld*, S. 166 f., 170.

[92] Vgl. *Schönfeld*, S. 170 ff., 182 ff. *Bückers* Vorschlag, an der Freistellung der Ministerreden von Rednerfolge und Redezeit uneingeschränkt festzuhalten und die „Chancengleichheit zwischen den Staatsgewalten" durch eine je nach Kompetenz und Auftrag des „Redeprivilegierten" wechselnde thematische Beschränkung des jederzeitigen Rederechts, verstanden als „parlamentarisches Notwehrrecht" der Exekutive, sicherzustellen (s. *Bücker*, Erl. d, e, h, i zu § 47, I b zu § 48 GOBT), kollidiert mit Art. 43 Absatz 2 Satz 2 GG weit eher als die hier vertretene Bindung an Rednerfolge und Redezeit. Der Vorschlag *Bückers* wird zudem dadurch entwertet, daß der die Redeordnung handhabende Präsident die Einhaltung der von Kompetenz und Auftrag der Redeprivilegierten gezogenen Grenzen nicht überwachen kann und darüber hinaus nicht zur Sanktion der Wortentziehung schreiten dürfe (ebd. S. 424, 428 f.). Zur Parallelproblematik einer thematischen Beschränkung des Rederechts der Bundesratsmitglieder und ihrer Undurchführbarkeit s. namentlich *Vonderbeck*, S. 556 f.; ferner oben Anm. I/180, unten Anm. IV/15.

[93] BVerfGE 10, 12, 17.

zeugt nicht. Es gibt keinen „herkömmlichen Sinn" dieser Vorschrift, der es auch heute noch gebieten würde, Regierung und Parlament als Dualismus zu begreifen. Nur im Bismarck-Reich — und auch da schon nicht mehr ganz — war es gerechtfertigt, der Regierung ein von der sie stützenden Parlamentsmehrheit unabhängiges, „zeitlich unbeschränktes und unbeschränkbares" Rederecht zuzubilligen. Im Staat des parlamentarischen Prinzips mit seinen Parlamentsparteiregierungen sind Regierungs- und Regierungsparteienpolitik ein und dasselbe. Vertritt die Regierung daher wirklich einmal eine Auffassung, „die von den Standpunkten sowohl der Opposition als der Regierungsparteien abweicht", so wird an diesem Fall nicht das Wesen der Sache „besonders deutlich", wie das Gericht meint[94], sondern gerade die Schwäche und der beginnende Zerfall des Regierungslagers und damit der Regierung selbst. Eine Regierung, die „ihren" Standpunkt ohne kompakte Unterstützung der sie tragenden Koalitionsparteien vertreten muß, die es nicht versteht, diese Parteien dahin zu bringen, den Standpunkt der Regierung zu ihrem eigenen zu machen, und daher genötigt ist, mit fluktuierenden Mehrheiten zu arbeiten, die sich bald aus diesen, bald aus jenen Gruppen zusammensetzen, ist keine aktionsfähige „Regierung" mehr, sondern bereits in das Stadium der Liquidation getreten. Auf fluktuierende Mehrheiten kann sich allenfalls eine Regierung stützen, die nicht vom Vertrauen des Parlaments abhängig ist, die gewillt und in der Lage ist, im Konfliktsfall auch ohne und gegen das Parlament zu regieren.

Mit der Verfassungsänderung vom Oktober 1918, die den Reichskanzler vom Vertrauen des Reichstags abhängig machte, gehört diese Sicht jedoch der Vergangenheit an, was durch die Präsidialregierungen, die das Ende der Weimarer Republik einleiteten, nachdrücklich bestätigt wird. Wenn das Gericht daher die These aufstellt, daß sich der Standpunkt der Regierung „mit dem der Parlamentsmehrheit nicht zu decken braucht"[94], so haftet es an der Vorstellungswelt der Zeit vor 1918. Nur

---

[94] Ebd. S. 19. — Auch in anderen Entscheidungen hat das Gericht das „parlamentarische System", „innerhalb dessen ein ‚Parlament' und eine von ihm geschaffene und gleichzeitig abhängige ‚Regierung' sich als verfassungsrechtliche Gegenspieler gegenüberstehen" (BVerfGE 6, 104 [115]), im Sinne der konstitutionellen Theorie gedeutet. Den Bereich der Regierung bzw. der „Exekutive" hat es in diesem Sinne von der „Legislative" kompetenzmäßig abzugrenzen versucht und den „Einbruch" des Parlaments (jedenfalls) in den „Kernbereich der Exekutive" als Verletzung des Gewaltenteilungsprinzips der Verfassung betrachtet (BVerfGE 1, 372 [394 f.]; 9, 268 [280 f.]). Eine Korrektur dieser Sicht zeichnet sich in BVerfGE 34, 52 (59) ab, wo auch der (Kern-)Bereich der Regierung zur Disposition des Parlaments gestellt wird, wenn das Gericht feststellt: „Nur das Parlament besitzt die demokratische Legitimation zur politischen Leitentscheidung." In diesen Zusammenhang gehört auch die Ansicht des Gerichts, „das dem parlamentarischen Regierungssystem immanente Prinzip der Abhängigkeit der Regierung vom Parlament" schließe es nicht aus, „die Amtszeit der Regierung von der Legislaturperiode unabhängig (zu) gestalten" (BVerfGE 27, 44 [55 f.]). Als Korrelat dieser dualistischen Trennung von Re-

vor dem Hintergrund der konstitutionellen Monarchie wird die Behauptung verständlich, die Regierung sei „mehr als Exponent der Parlamentsmehrheit“, die Reden ihrer Mitglieder seien „nicht nur ... eine Vertretung des Mehrheitsstandpunktes“[94]. Die parlamentarische Regierung steht und fällt vielmehr mit dem Mehrheitsstandpunkt, von dem unabhängig es weder „in erster Linie“ noch sonst einen „Standpunkt der Regierung“ gibt und geben kann, der dem „Standpunkt über den Parteien“ der Reichsregierung vor 1918 entspräche, der im Grunde auch nichts anderes als der Standpunkt der die konstitutionelle Monarchie „tragenden“ konservativen Minderheit war. Als Exponent und Ausschuß oder Führungsmannschaft der Parlamentsmehrheit steht die Parteiregierung der Gegenwart nicht dem Parlament als Ganzem gegenüber. Ihr Gegenspieler ist allein die Parlamentsminderheit, die Opposition[95].

Das hat bereits 1859 *Gottfried Cohen*, ein liberaler Hanseat, an der britischen Parlamentsdebatte gerühmt. Während in Deutschland und Frankreich die Redner der „Reihenfolge ihrer Anmeldung nach“ — an ihre Stelle trat später die Reihenfolge nach der Fraktionsstärke — wenn nicht schon mit schriftlich vorbereiteten, so doch regelmäßig mit „vorgefaßten Gedanken“ zu Worte kämen, „von denen vielleicht keiner zu denen der Vorgänger paßt, und wo die, welche diesen antworten wollen, zwischen ihnen und sich ein ganzes Heer von Rednern erblicken“, erteile in England der Sprecher „abwechselnd den Anhängern und Gegnern eines Antrags“ und unter ihnen wieder jeweils demjenigen das Wort, von dem er „nach dem ganzen Gang der Diskussion vermutet, daß er zur Zeit das Beste zur Förderung derselben sagen werde“. Dieses Verfahren werde ihm durch die einfachere Sitzordnung der Parteien im Unterhaus — die rechte Seite gebühre stets „dem Ministerium und dessen Anhängern“, die linke der „Opposition“ — sehr erleichtert. In England sei deshalb auch „nie ein Minister veranlaßt, außerhalb der Reihenfolge das Wort zu verlangen, weil für ihn sofort ein Ministerieller zur Erwiderung kommt“. Zu Beginn einer jeden Session würden dem Ministerium für jede Woche bestimmte „Ministerialtage“ zur Behandlung ihrer Vorlagen reserviert. Diese Einteilung der Sitzungstage in „ministerielle und andere“ sei schon deshalb empfehlenswert, „weil das Ministerium an bestimmten Tagen nun keinen Vorzug mehr für seine Anträge verlangen darf“[96].

---

gierung und Parlament wird folgerichtig die dualistische Aufspaltung des Parlaments in Mehrheit und Minderheit als rechtlich faßbaren Größen geleugnet. Sie seien lediglich „Elemente der Willensbildung bei dem einheitlichen Geschäft der Stimmabgabe“ und gingen „ununterscheidbar in den einheitlichen Beschluß des Parlaments als solchen ein“, von dem losgelöst sie „überhaupt nicht existiert(en)“ (BVerfGE 1, 144 [161 f., 163]).

[95] In diesem Sinne auch *Schönfeld*, S. 76 f., 178, 182, 183 f., 189, 191 f.

[96] *Cohen* (II), Parlamentarische Studien, PrJb 3 (1859), S. 153 (157, 159 f., 162). Die äußere Bedingung dieser „lebendigen und natürlichen Diskussionsweise“

4. Ministerreden und kontingentierte Debatte

Selbst aus der Zeit des Obrigkeitsstaates sind Präzedenzfälle bekannt, die das BVerfG widerlegen. In Österreich hat man schon von 1902 an für die Budgetdebatte im Abgeordnetenhaus des Reichsrates mit Einverständnis aller Beteiligten verschiedene Systeme der „Redner- und Zeitkontingentierung" erprobt, um es „allen Parteien des Hauses zu ermöglichen, in der im allgemeinen wichtigsten Verhandlung des Jahres... ihre Anschauungen zu äußern", während es vorher vom „Zufall der Rangordnung auf der Rednerliste und vom Belieben der Mehrheit des Hauses", die jederzeit den Schluß der Debatte herbeiführen konnte, abhing, „welche Abgeordneten und welche Parteien zum Worte gelangten"[97]. So wurde etwa für die 2. Lesung des Staatshaushaltes für 1909 — General- samt Spezialdebatte — „eine Redezeit von 9 Minuten für jeden Abgeordneten festgesetzt, somit für die Gesamtheit der Redner aus dem Hause etwa 77 Stunden. Diese Summe wurde wieder auf die einzelnen Klubs nach ihrer Stärke repartiert. Die vom Berichterstatter, den Ministern und Regierungsvertretern in Anspruch zu nehmende Redezeit war in das Kontingent der Majoritätsparteien des Hauses eingerechnet"[98].

Nicht einmal für die allein vom Vertrauen des Monarchen abhängige Regierung des Obrigkeitsstaates war demnach die Unterscheidung von Regierungs- und Mehrheitsstandpunkt zwingend. Im parlamentarisch regierten Staat tritt nicht die Regierung dem Parlament als solchem, also der Opposition und der Mehrheit gegenüber, die „Redebefugnis der Regierung nach Art. 43 GG" stellt hier nicht das Gegengewicht zu einer abstrakt als „Summe der Redezeiten aller Abgeordneten" definierten, in Wahrheit fingierten einheitlichen „Redebefugnis des Parlaments" dar, sondern die Opposition steht als Teil des Parlaments selbst der Parlamentsmehrheit und der Regierung gegenüber, die beide ein unteilbares Ganzes bilden. Redeprivilegien der Regierung haben im parlamentarisch-demokratischen Regierungssystem der Gegenwart ihren Sinn und

---

sei die Abschaffung der Regierungsbank und der Rednertribüne, verbunden mit einer Änderung der Sitzordnung im Sinne des dualistischen Gegenüber von Anhängern und Gegnern des Ministeriums, Regierungslager und Opposition, Mehrheit und Minderheit (ebd. S. 157 ff.) — Forderungen, die heute so aktuell sind wie vor hundert Jahren. — Der Artikel *Cohens* erschien der damaligen Gepflogenheit der Preußischen Jahrbücher entsprechend anonym. Der Registerband zu den Bänden 1 bis 25 (1872), S. 2, 19, 22 weist ihn als Verfasser aus. *K. F. Arndt,* S. 176, schreibt die „Studien" zu Unrecht Robert von Mohl zu. — Vgl. auch *Cohen* III, S. 57 f., 77, 83 f., 90 f., 143 ff.; I, S. 219, 308 ff., 311 ff. — Zur gegenwärtigen Praxis des Unterhauses vgl. *Loewenstein* I, S. 305 f.; *Wollmann,* S. 126 f., 131, 144 f., 148 f., 167; *Ritter* II, S. 314 ff.

[97] *Neisser,* Bd. 2, S. 158 ff. (158).

[98] Ebd., S. 160 f. Die ursprünglich ins Auge gefaßte Gesamtredezeit wurde freilich um 19 Stunden überschritten (ebd., S. 162).

damit ihre innere Rechtfertigung verloren und gewinnen sie auch nicht durch kompensatorische[99] persönliche Redeprivilegien der Vorsitzenden der Oppositionsfraktionen zurück, wie sie schlechthin in Niedersachsen und für die Gegenrede nach einer Rede des Ministerpräsidenten in Baden-Württemberg geschaffen wurden[100]. Sie sind systemwidrig. Soweit sie die Verfassung dennoch vorsieht, sind sie restriktiv zu interpretieren. Dies gilt namentlich für die Freistellung der Ministerreden von Rednerfolge und Redezeit. Ihre Herleitung aus der jederzeitigen Redebefugnis des Art. 43 II 2 GG ist nicht zwingend[101].

---

[99] Zur Fragwürdigkeit solcher Kompensationen s. unten (zu) Anm. IV/10, 11.

[100] Vgl. § 70 I 3 NdsGO 1974, § 82 IV 1 BW-GO 1972.

[101] Namentlich *Schönfeld* hält die Freistellung der ministeriellen Debattenbeiträge von Rednerfolge und Redezeit (jedenfalls) „funktional" nicht (mehr) für gerechtfertigt (*Schönfeld*, S. 188 ff., 191 ff., 195 f., 199 ff., 202 f.).

Rechtsvergleichend sei noch auf die Redeprivilegien der Regierung in Österreich und der Schweiz aufmerksam gemacht. Beide Länder nehmen Reden der Regierung im Parlament nicht nur von den Bindungen an Rednerfolge und Tagesordnung, sondern auch von den Beschränkungen hinsichtlich Wortmeldung und Redezeit aus. Nach Art. 75 Satz 2 B-VG (*Mayer-Tasch*, S. 449), § 31 Satz 2 GONR 1961 (BGBlÖ Nr. 178) müssen die Mitglieder der Bundesregierung in den Sitzungen des österreichischen Nationalrats „auf ihr Verlangen jedesmal gehört werden". Art. 101 BV (*Mayer-Tasch*, S. 668) sichert den Mitgliedern des Bundesrates bei den Verhandlungen des schweizerischen Nationalrats „beratende Stimme" zu. Nach § 59 III GONR 1961 können die Mitglieder der Bundesregierung im Nationalrat „auch zu wiederholten Malen, jedoch ohne Unterbrechung eines Redners, das Wort nehmen". § 48 V GONR 1961 setzt dabei voraus, daß ein Minister auch „nach Schluß der Debatte" das Wort nehmen darf. Wenn dies nicht schon auf Grund des § 59 III GONR geschieht, entspricht es jedenfalls dem Brauch, Regierungsmitglieder von Rednerfolge und Redezeit freizustellen (*Czerny/Fischer*, S. 197, 205). Nach Art. 59 II GRNR 1974 (AS S. 1645) erhalten Vertreter des Bundesrates im Nationalrat „das Wort außerhalb der Reihenfolge, sobald sie es verlangen". Den „Einschränkungen" der Abgeordneten hinsichtlich Wortmeldung und Redezeit unterliegen sie nicht, „haben sich aber ebenfalls möglichster Kürze zu befleißen" (Art. 61 III GRNR 1974); in gleichem Sinne, wenn auch ohne die Aufforderung zur kurzen Rede, schon Art. 61 I 2, III, 66 III GRNR 1946 (AS Bd. 62, S. 443) = Art. 58 I 2, III, 63 III GRNR 1962 (AS S. 1321). Nach Art. 60 II GRNR 1920 (AS Bd. 37, S. 3) war der Bundesrat, hält man sich an den Wortlaut, nur von der Beschränkung der wiederholten Wortnahme freigestellt.

Während für das parlamentarische Regierungssystem Österreichs (Art. 74 I B-VG), das folgerichtig die Ministerkompatibilität zuläßt (Art. 70 II B-VG, § 66 II GONR 1961), das hier Gesagte gilt, mögen die Redeprivilegien des Bundesrates in der Schweiz ihre Rechtfertigung im dortigen „gewaltenteiligen" Regierungssystem finden, das keine vorzeitige Abberufung des Bundesrates durch die ihn ernennende Bundesversammlung kennt (Art. 96 BV), folglich auch die Inkompatibilität seiner Mitglieder vorschreibt (Art. 77 BV). Immerhin ist in der Schweiz die Trennung von Parlament und Regierung nicht rein durchgeführt. Wie im parlamentarischen System geht die Regierung aus dem Schoß des Parlaments — genauer: der aus Nationalrat und Ständerat bestehenden Bundesversammlung — hervor, überdauert die Wahlperiode des Nationalrats nicht (Art. 96 I 1, II BV) und ist der Bundesversammlung gegenüber zur Rechenschaft verpflichtet (Art. 102 I Nr. 16 BV). Auch wenn daher das Regierungssystem der Schweiz dem präsidentiellen der Vereinigten Staa-

Für die kontingentierte Debatte folgt daraus jedenfalls, daß die Opposition für zeitlich nicht beschränkte Ministerreden sehr wohl „stets einen Ausgleich fordern kann“, sei es durch Anrechnung der Ministerreden auf die Redezeit der Mehrheitsfraktionen, sei es durch entsprechende Verlängerung der Redezeiten oppositioneller Fraktionen[102]. Für beide Varianten lassen sich — die Freistellung der Regierung von kontingentierten Redezeiten durch die Verfassung einmal unterstellt — selbst dann stichhaltige Gründe anführen, wenn man der Interpretation des Art. 43 II 2 GG durch das BVerfG auch im übrigen folgt.

a) Anrechnung auf die Redezeit der Koalition

Eine restriktive Interpretation dieser Bestimmung muß nämlich nicht notwendig an dem Ausdruck „jederzeit“ ansetzen. Selbst wenn diese Wendung der Regierung ein zeitlich und sachlich unbeschränktes und unbeschränkbares Rederecht einräumen sollte, so gilt dies sicher nicht für solche Reden, die Regierungsmitglieder als Abgeordnete halten[103]. Das ist aber stets dann der Fall, soweit und sofern sie im Plenum den Standpunkt ihrer Fraktion oder auch nur ihre persönliche Meinung verteidigen, selbst wenn sie dabei in der Toga eines Regierungsvertreters auftreten. Mit anderen Worten, sofern und soweit sich der Mehrheitsstandpunkt mit dem Standpunkt der Regierung deckt, ist für eine privilegierte Redebefugnis der Regierung kein Raum. Wenn diese überhaupt einen Sinn haben soll, darf sie jedenfalls für „parteipolitische Polemik und Propaganda“, wie die Opposition sie in den Ministerreden des Streitfalles gesehen hat[104], nicht in Anspruch genommen werden.

Da im Parteienstaat freilich Staatspolitik und (Regierungs-)Parteipolitik, „Staatspflege und (Regierungs-)Parteipflege“ weithin zusammenfallen[105], bleibt für das Vorrecht der Regierung nach Art. 43 II 2 GG nur noch ein schmaler Anwendungsbereich. Es beschränkt sich auf das „Mehr“, das die Regierung nach Meinung des BVerfG von der Parlamentsmehrheit (gelegentlich) unterscheidet, also auf die — ebenso sel-

---

ten näherstehen mag als dem parlamentarischen Großbritanniens, wird man sich doch davor hüten müssen, das gegenwärtige oppositionslose Allparteienregime verfassungsrechtlich als zwingend anzusehen. Die Bundesverfassung läßt es zu, schließt andere Lösungen aber nicht aus. Zum Verhältnis von Bundesrat und Bundesversammlung, insbesondere zum heutigen, den Intentionen der BV zuwiderlaufenden Übergewicht des ersteren s. *G. Schmid,* S. 185 ff., 190 ff., 199 f., 205, 215 f., 254.

[102] a. A. BVerfGE 10, 19; wie hier dagegen *Schönfeld,* S. 194, 203; *Ellwein* I, S. 269 und die neuere Praxis des Bundestags: s. oben nach Anm. I/161.

[103] Zu dieser Frage *Schönfeld,* S. 180 f., 195; *Achterberg* II, S. 61; *Hereth* I, S. 54.

[104] BT-StB III/21, S. 1116 B. Vgl. auch den Parallelfall, der sich 1919 in der Nationalversammlung ereignete: RT-Verh., Bd. 326, S. 231.

[105] *Krüger,* S. 218 f.; *Schönfeld,* S. 191 f.

tenen wie pathologischen — Fälle, in denen sich der „Standpunkt der Regierung“ und der „Mehrheitsstandpunkt“ nicht decken. Allenfalls erstreckt es sich noch auf förmliche „Regierungserklärungen“[106], die Beantwortung von Anfragen und die Erteilung von Auskünften.

In allen anderen Fällen, namentlich bei der Behandlung kontroverser Fragen, müßten die Regierungsmitglieder korrekterweise als Abgeordnete oder Fraktionssprecher auftreten; vergleichbar etwa dem Präsidenten des Bundestages, der, wenn er sich „als Redner“ an der Debatte beteiligen möchte, gemäß § 32 I 2 GOBT 1951/70 während dieser Zeit den Vorsitz abzugeben hat, oder dem Berichterstatter, der nach § 33 III GOBT 1970 (= § 33 II GOBT 1951) nicht nur zu Beginn und nach Schluß der Debatte, sondern darüber hinaus wie ein Minister „jederzeit“ das Wort ergreifen kann, dieses Vorrecht aber nicht dazu benutzen darf, „seine persönliche politische Auffassung“ zu vertreten[107]; vergleichbar auch dem einzelnen Abgeordneten, der, wenn er das Wort „zur Geschäftsordnung“ oder „zur persönlichen Bemerkung“ erhält, nicht auch „zur Sache“ reden darf (§§ 34, 35 GOBT 1951/70). Kurz, wer sich an der „Aussprache“ beteiligt, genießt — gleichviel, ob er dies als Parlamentspräsident, Regierungsmitglied, Berichterstatter oder im Rahmen einer Geschäftsordnungsdebatte bzw. einer persönlichen Bemerkung tut — „keine Sonderstellung“[108]. Nützt er seine funktionelle Sonderstellung aus, um sich bevorzugt an der Debatte zu beteiligen, hat ihn der Präsident „zur Sache“ (bzw. „zur Ordnung“) zu rufen[109], seine Rede auf die eigene bzw. die Redezeit seiner Fraktion anzurechnen[110] und ihm, falls er nicht an der Reihe (§ 33 I GOBT 1951/70) oder die ihm bzw. seiner Fraktion zustehende Redezeit verbraucht ist (§ 39 GOBT 1951/70), das Wort zu entziehen (§§ 39 II, 41 GOBT 1951 = §§ 39 III, 41 GOBT 1970)[111].

---

[106] Vgl. die Definition des GO-Ausschusses vom 7. 3. 1955, abgedruckt in: *Lechner/Hülshoff*, 3. Aufl. (1971), S. 206 (Erl. 3 zu § 47 GOBT); ferner *Trossmann* II, S. 214 f., 360. Mit guten Gründen fordert *Schönfeld*, S. 185 ff., 202 für förmliche Regierungserklärungen in und außerhalb der Tagesordnung die Freistellung von der Redeordnung des Parlaments, namentlich auch von Rednerfolge und Redezeit.

[107] *Trossmann* II, S. 53 f.

[108] Ebd. S. 54.

[109] Vgl. BT-StB V/161, S. 8452 D (Vizepräsident *Schoettle* zum Berichterstatter): „Ich würde Sie bitten, ... Ihren Bericht sachlich zu ergänzen, aber nach Möglichkeit nicht gegen irgendwelche Standpunkte zu polemisieren. Andernfalls können Sie hier nicht als Berichterstatter sprechen, sondern einfach als Abgeordneter. Dann können Sie eine Meinung vertreten.“

[110] Vgl. RT-Verh., Bd. 425 (1929), S. 2238 B: Da der KPD-Abgeordnete Pieck in einer „persönlichen Bemerkung“ nur „zur Sache“ gesprochen hatte, rechnete Präsident *Löbe* dessen Rede auf die Redezeit der KPD-Fraktion an.

[111] *Bücker*, S. 424 hält diese Sanktion im Falle des § 47 GOBT für unzulässig und verweist statt dessen auf den Weg eines — in diesen Fällen wirkungslosen — Organstreits. Ist indes der Redeprivilegierte des Art. 43 II 2 GG zugleich Abgeordneter des Bundestages, untersteht er schon deshalb der Ord-

Nach diesen Grundsätzen hätte der Bundestagspräsident bzw. das BVerfG die delikate Aufgabe gehabt, die fraglichen Ministerreden auf ihren behaupteten propagandistischen Gehalt hin zu untersuchen und gegebenenfalls als Fraktionsreden zu behandeln, d. h. auf die Redezeit der Regierungsparteien anzurechnen. Da die Vermutung für die Vertretung des Mehrheitsstandpunktes spricht, konnte indes von der Anrechnungspflicht ausgegangen werden[112].

b) *Verlängerung der Redezeit der Opposition*

Eine weitere Möglichkeit der Reaktion auf die in kontingentierter Debatte gehaltenen Ministerreden deutet das BVerfG selbst an: die „entsprechende Verlängerung der Redezeiten oppositioneller Fraktionen“[113]. Sie läßt sich entwickeln aus dem — den §§ 48, 106 GOBT 1951/70 zugrundeliegenden, in § 33 I 2 GOBT 1970 jetzt ausdrücklich anerkannten — Gedanken der Sicherung des in Art. 42 GG verankerten Prinzips der Parität von Rede und Gegenrede — nicht nur zwischen den Meinungsgruppen des Parlaments, sondern auch und gerade gegenüber der „Regierung“ als Exponentin der Mehrheitsfraktionen. Das Gericht räumt selbst ein, daß ein „Ausgleichsanspruch“ nicht schon daran scheitere, daß ihn die Geschäftsordnung nur für den Fall des § 48 II GOBT 1951/70 ausdrücklich vorschreibe, will ihn aber über diesen Fall hinaus nur dann anerkennen, wenn die „Grenze des Mißbrauchs“ überschritten ist[114]. Dies soll etwa der Fall sein, wenn der Bundestag „durch eine übermäßige Häufung von Regierungsreden an der Erfüllung seiner Aufgaben gehindert“ werde oder wenn die Redebefugnis des Art. 43 II 2 GG „zur Erreichung sachfremder Ziele“ benutzt werde, beispielsweise dazu, „den Oppositionsabgeordneten eine Darlegung ihres Standpunktes unmöglich zu machen oder sie während günstiger Rundfunk- und Fernsehempfangszeit geflissentlich von der Rednertribüne fernzuhalten“[115]. Das sei hier aber schon deshalb nicht der Fall gewesen, weil die Opposition nicht unverhältnismäßig kürzer zu Wort gekommen sei, als Regierung und Regierungsmehrheit zusammen[115].

---

nungsgewalt des Präsidenten, im übrigen aber, weil er sich an der Debatte beteiligt.

[112] In diesem Sinne namentlich *Schönfeld*, S. 180 ff., 195.

[113] BVerfGE 10, 19. *Tschermak*, S. 201 f. sieht hierin wegen der „institutionellen Trennung“ von Regierung und Parlament in der Verfassung die einzige Möglichkeit des Ausgleichs, den er trotz dieser Trennung deshalb für unverzichtbar hält, weil „bei der Verteilung der Redezeit von der Frontstellung von Regierung und Regierungsmehrheit einerseits und Opposition andererseits“ auszugehen sei. *Gehrig* I, S. 274 f. folgert aus der institutionellen Trennung lediglich ein zeitlich unbeschränktes Rederecht der Regierung. *Schönfeld*, S. 191 ff. verwirft — „funktional“ gesehen — selbst dieses.

[114] BVerfGE 10, 20; vgl. hierzu *Bücker*, S. 424 f.; *Schönfeld*, S. 168.

[115] BVerfGE 10, 18.

Die vage Grenze des Mißbrauchs reicht indes nicht aus, dem Prinzip der paritätischen Wechselrede hinreichend Geltung zu verschaffen. Für die analoge Anwendung des § 48 I und II GOBT 1951/70 gibt es einen Präzedenzfall. Der bis Ende 1951 maßgebende § 97 I GOBT 1949 (= § 96 GORT 1922) eröffnete die Debatte nur dann wieder, wenn „nach Schluß der Besprechung" ein Minister oder Regierungsvertreter zu dem besprochenen Gegenstand das Wort ergriff. Die Praxis der kontingentierten Debatte machte schon zu Beginn des 1. Bundestages eine analoge Anwendung dieser Vorschrift auf einen ähnlich gelagerten Fall notwendig. In der 79. Sitzung am 26. 7. 1950 erklärte Vizepräsident *Carlo Schmid* (SPD), das Haus habe immer nach dem Grundsatz gehandelt, „daß ebenso (sc. wie nach Abschluß der Besprechung) verfahren werden soll, wenn die Regierung spricht, nachdem eine Fraktion ihre Redezeit konsumiert hat. Es geht dabei um dasselbe Anliegen. Sonst könnte es doch sein, daß die Regierung spricht, ohne daß sich eine Fraktion noch dazu äußern kann"[116].

Die Frage war indes strittig. Präsident *Ehlers* (CDU) hielt strikt daran fest, daß nur im Falle der Wortnahme „nach Schluß der Debatte" die Aussprache wiedereröffnet sei[117]. Als ein Abgeordneter der SPD darauf hinwies, der Ältestenrat sei sich darin einig gewesen, „daß in solchen Fällen (sc. nämlich bei vorzeitigem Verbrauch der Redezeit) die Aussprache wiedereröffnet sein muß, weil man das Haus unmöglich — ganz gleichgültig, welche Richtung in Frage kommt — der Gefahr aussetzen kann, daß die Bundesregierung das letzte Wort hat und somit ein Eindruck entsteht, der nicht entstehen darf", entgegnete *Ehlers*, das widerspreche nicht nur dem Wortlaut der Geschäftsordnung, sondern auch den getroffenen „Vereinbarungen", doch wolle er um der sachlichen Zusammenarbeit willen (diesmal) kein Formalist sein[118].

Kurz vor Inkrafttreten der GOBT 1951 zeigte sich noch einmal, wie unklar im Grunde die analoge Anwendung des § 97 I GOBT 1949 geblieben war. Nach Ansicht eines DP-Abgeordneten war die Handhabung dieser Bestimmung immer so gewesen, „daß, wenn keine weiteren Wortmeldungen vorlagen, ein Minister — natürlich nur, solange die Beratung noch nicht geschlossen war — in der Tat dann das letzte Wort haben konnte". Auch wenn im GO-Ausschuß diese Vorschrift keinem gefallen und man daher den Fall des vorzeitigen Verbrauchs der Redezeit in § 48 II GOBT 1951 eigens geregelt habe, so dürfe die neue Bestimmung doch nicht schon vor ihrem Inkrafttreten angewandt werden[119].

---

[116] BT-StB I/79, S. 2861 B.

[117] BT-StB I/105, S. 3902 B; I/154, S. 6120 D.

[118] BT-StB I/105, S. 3902 B. Die Debatte wurde daraufhin fortgesetzt.

[119] BT-StB I/180, S. 7501 B. Die sich anschließende Geschäftsordnungsdebatte drehte sich um die Frage, ob der Schluß der Rednerliste (Wortmeldungen) und der „Schluß der Besprechung" nicht ein und dasselbe seien, so daß § 97 I GOBT

Immerhin hatte der GO-Ausschuß bei der Beratung des Entwurfs der GOBT 1951 im Hinblick auf die Wiedereröffnung der Debatte die Gleichstellung der Ministerreden „nach Schluß der Beratung“ und „nach Ablauf der beschlossenen Redezeit“ als bloße Klarstellung eines bereits geltenden Rechtszustands betrachtet[120]. Die KPD wollte demgegenüber die Debatte (schon) dann als wiedereröffnet betrachtet wissen, wenn von der Redebefugnis des Art. 43 II 2 GG „während der Beratung . . . oder nach Ablauf der beschlossenen Redezeit“ Gebrauch gemacht würde. Ähnlich versuchte die SPD, in einem 2. Absatz die Bestimmung unterzubringen, daß (auch) für den Fall der Ministerrede „während der Beratung“ die festgesetzten Redezeiten „von neuem“ beginnen[121]. Der Ausschuß lehnte beide Anträge als zu weitgehend ab und schlug statt dessen vor, den Fraktionen bei vorzeitiger Erschöpfung ihrer Redezeit im Falle einer Ministerrede „während der Beratung“ lediglich „noch einmal ein Viertel ihrer Redezeit“ zu gewähren, mit der weiteren Einschränkung, daß sie die Dauer der Ministerrede „nicht überschreiten“ darf[121]. Im Plenum begründete die KPD ihren Antrag damit, es müsse sichergestellt werden, „daß nach der Wortergreifung eines Ministers . . . sich der Bundestag bzw. nach Belieben jede Fraktion noch einmal äußern darf“, auch diejenigen, die ihre Redezeit bereits verbraucht hätten[122]. Die SPD beantragte für den Fall der Ablehnung ihres Hauptantrags, es bei der „Kompromißlösung“ des Redezeitviertels auch dann zu belassen, wenn ein Minister einmal kürzer reden sollte. Diesem Eventualantrag stimmte die Parlamentsmehrheit zu (§ 48 II GOBT 1951/70)[122].

Welchen Sinn aber der Passus „nach Ablauf der beschlossenen Redezeit“ in Abs. 1 des § 48 GOBT 1951/70 danach noch haben sollte, blieb seither unklar. Gemeint ist offenbar der Ablauf der kontingentierten Gesamtredezeit. Dann ist aber die Beratung ebenso geschlossen wie nach Erschöpfung der Rednerliste. Die ausdrückliche Erklärung des Debattenschlusses durch den Präsidenten (§ 30 GOBT 1951/70) war auch nach § 77 GORT 1922 vorgeschrieben. Wie sie damals bereits in der Feststellung erblickt wurde, daß keine Wortmeldungen mehr vorliegen[123], so

---

1949 unmittelbar anzuwenden gewesen wäre, mit der Folge, „daß die Debatte grundsätzlich neu und ohne Grenzen eröffnet ist“, d. h. ohne Begrenzung der Fraktionsredezeit, gleichgültig ob sie in der vorausgehenden Debatte kontingentiert war oder nicht. In jedem Falle hätte die Kontingentierung dann neu beschlossen werden müssen (ebd., S. 7501 f.).

[120] Vgl. § 48 I GOBT 1951, der aus der Entwurfsfassung I (BT-Drs. I/2550, S. 39) unverändert übernommen wurde; ferner die Bemerkung des Ausschußberichts (ebd. S. 5), die §§ 96, 97 GORT 1922 (= § 97 I, II GOBT 1949) seien in § 48 I, II des (1.) Entwurfs (jetzt § 48 I, III GOBT 1951/70) „unverändert“ übernommen worden.

[121] BT-Drs. *zu* I/2550, S. 4, 16.

[122] BT-StB I/179, S. 7428 f.

[123] BT-StB I/180, S. 7501 f.; s. oben Anm. 119.

liegt sie — damals wie heute — auch in der Feststellung, daß die Gesamtredezeit abgelaufen ist[124]. Solange selbst diese Feststellung aussteht, ist die Beratung eben noch nicht abgeschlossen, so daß § 48 II GOBT zur Anwendung kommt[125]. Andernfalls wäre Abs. 1 eine Ausnahme von Abs. 2, die entsprechend auch in dem (ebenso seltenen) Fall gemacht werden müßte, daß der tatsächliche Schluß der Rednerliste noch nicht förmlich bekanntgemacht ist bzw. diese Bekanntgabe noch nicht mit der Schlußerklärung nach § 30 GOBT 1951/70 verbunden wurde. Das Verhältnis von § 48 I zu § 48 II GOBT 1951/70 scheint nicht hinreichend durchdacht. Schon wegen der unterschiedlichen Konsequenzen der in beiden Absätzen geregelten Fälle wäre es wünschenswert, die durch Auslegung nicht zu behebende Ungereimtheit durch eine entsprechende Änderung der Geschäftsordnung zu beseitigen. Sollen doch im Falle des Abs. 1 die vor der Ministerrede beschlossenen Redezeiten erneut beginnen[126], was freilich auch nicht selbstverständlich ist, wenn man berücksichtigt, daß unter der inhaltsgleichen Vorschrift des § 96 GORT 1922 bzw. des § 97 I GOBT 1949 stets ein erneuter Redezeitbeschluß gefaßt werden mußte, ohne den die wiedereröffnete Debatte als zeitlich nicht begrenzt galt[127].

Wie immer man diese Vorgänge auch beurteilt — daß § 48 I und II GOBT 1951/70 auf den Redezeitfall von 1958 keine analoge Anwendung hätte finden können, wird danach schwerlich aufrechtzuerhalten sein.

---

[124] Nach *Bücker*, Erl. I b zu § 48 GOBT soll der Präsident hierzu freilich weder verpflichtet noch berechtigt sein.

[125] Vgl. *Ritzel/Koch*, Erl. 2 a zu § 48 GOBT (S. 84).

[126] Vgl. den 2. Ausschußbericht zum Entwurf der GOBT 1951, BT-Drs. *zu* I/2550, S. 4; ferner etwa BT-StB I/205, S. 8843 C; *Lechner/Hülshoff*, 3. Aufl. (1971), S. 207 (Erl. 2 zu § 48 GOBT); *Bücker*, Erl. I f zu § 48 GOBT.

[127] BT-StB I/180, S. 7501 f. Auch diese Frage ist offenbar nicht hinreichend geklärt. Vgl. oben Anm. 119. Nach Ablauf der „Aktuellen Stunde" führt eine Ministerrede auch heute noch gemäß § 48 I GOBT zu einer zeitlich unbegrenzten Aussprache: *Schönfeld*, S. 172 f. Um dies zu verhindern, sehen die Empfehlungen des GO-Ausschusses vom Februar 1976 eine entsprechende Ergänzung der „Vorläufigen Bestimmungen" vor (s. o. Anm. I/182). Mit § 37 IV 2 GOBT-Entwurf 1976 (s. o. Anm. I/29) wird den in § 48 I u. II GOBT 1970 geregelten beiden Fällen einer (zwingenden) Debattenverlängerung als Folge einer Ministerrede ein 3. Fall — Verlängerung bei Ministerrede während einer kontingentierten Debatte auch ohne Ablauf der Gesamt- oder Fraktionsredezeit — zur Seite gestellt, ohne daß dies zur Klärung des § 48 GOBT 1970 etwas beitrüge. Im Gegenteil: Die „nach Abs. 1 vorgesehene Dauer der Aussprache", d. h. die durch Plenarbeschluß festgesetzte Gesamtredezeit, kann im Falle einer nach Art. 43 II 2 GG privilegierten Rede niemals eingehalten werden, es sei denn, man entschlösse sich, die Reden von Bundesregierung und Bundesrat in die Kontingentierung einzubeziehen. Die Verweisung auf § 46 II des Entwurfs (= § 48 II GOBT 1970) und die erläuternde Begründung (Empfehlungen III, S. 10), wonach auf Grund der Verweisung die Debatte „verlängert werden muß, wenn während der Aussprache ein Mitglied oder Beauftragter der Bundesregierung oder des Bundesrates zum Verhandlungsgegenstand gesprochen hat", tun ein übriges, die Rechtslage weiter zu verwirren.

Unter der Geltung der GOBT 1949 hat der Abgeordnete *Ritzel* (SPD) mit Recht darauf hingewiesen, daß im Falle der nach § 96 GORT 1922 (= § 97 I GOBT 1949) wiedereröffneten Debatte die (erneut festzusetzende) Redezeit der Fraktionen „etwa so lange" sein sollte, „wie sie der Herr Minister für seine eigene Rede beansprucht hat"[128]. Dieser Paritätsgedanke findet sich, obgleich entstellt und verkürzt, auch im 2. Ausschußentwurf der Geschäftsordnung[129]. Er lag implizit den Änderungsanträgen zum Entwurf des § 48 I GOBT 1951 zugrunde und fand seinen klarsten Niederschlag in der Feststellung des Abgeordneten *Mellies* (SPD): „Letzten Endes hat das Parlament das letzte Wort und nicht die Regierung[130]." In letzter Konsequenz heißt das: Das letzte Wort hat die Opposition. Ihre „Kontradiktionsbefugnis" gibt ihr — gestützt auf §§ 33 I 2, 48 GOBT 1970 — regelmäßig den „Anspruch auf den ersten und letzten Debattenredner"[131]. Nur so wird dem Verfassungsprinzip von Rede und Gegenrede Genüge getan. In der Logik dieses Prinzips liegt auch die Folgerung, daß Rede und Gegenrede letztlich nur dann gewährleistet sind, wenn ihre Zeitgleichheit sichergestellt ist, d. h. der Opposition für die „Gegenrede" die gleiche Zeitspanne zur Verfügung steht wie den Ministern und Abgeordneten der Mehrheitsparteien für die „Rede"[132]. Art. 42 I 1 GG gebietet mithin — nach Ministerreden während einer kontingentierten Debatte — die entsprechende Verlängerung der für die Oppositionsparteien festgesetzten Redezeiten — auch dann, wenn sie noch nicht verbraucht sind. Denn eine unzureichende Zeitspanne steht der völligen Erschöpfung der Redezeit gleich. Auch das von § 48 II GOBT 1951/70 garantierte „Viertel" oder die nach herrschender Ansicht im Falle des § 48 I GOBT 1951/70 wiederauflebende volle Redezeit ist stets dann unzureichend, wenn der Minister länger spricht.

---

[128] BT-StB I/180, S. 7501 C.

[129] Siehe oben Anm. 121.

[130] BT-StB I/105, S. 3902 B. Vgl. auch die Begründung des Eventualantrags der SPD zu § 48 II des Entwurfs II (s. o. Anm. 122): Auch nach kürzeren Ministerreden müsse „wenigstens die Möglichkeit gegeben werden, daß ... die Fraktionen ein Viertel ihrer früheren Redezeit in Anspruch nehmen" (BT-StB I/179, S. 7429 B). Die Notwendigkeit der „Replik" auf das Wort der Exekutive, des „Ausgleich(s) für das Redeprivileg" der Regierung, des „letzte(n) Wort(es) in der Aussprache" für das Parlament, betont unter Hinweis auf die „Chancengleichheit" zwischen Parlament und Regierung bzw. von „Rede und Gegenrede" auch *Bücker*, Erl. I b, d zu § 48 GOBT.

[131] *H.-P. Schneider*, S. 245 f., 253 f.

[132] Der von *Schönfeld*, S. 190 f., 194 f., 203 um der „personalen Komponente des Regierungsstandpunktes" willen geforderte „Regierungsbonus", der wegen der Einheit von Regierung und Mehrheit nichts anderes als ein generell gewährter Mehrheitsbonus ist (ebd. S. 195), ist schon deshalb abzulehnen, weil die Mehrheit die beschlossene oder vorgeschriebene Redezeit jederzeit verlängern oder zur zeitlich unbeschränkten Debatte zurückkehren kann. Die Redebefugnis der Minister wird mithin durch eine Redezeitbeschränkung — gleichviel ob sie ihr unmittelbar unterworfen oder ausgleichspflichtig ist — weniger tangiert als die Redebefugnis der Abgeordneten der Opposition.

Eine analoge Anwendung der Viertelzeit-Regel des § 48 II GOBT kam im Streitfall daher — die Minister hatten 2 Stunden gesprochen — nicht in Frage; eine solche des § 48 I GOBT, d. h. der Neubeginn der kontingentierten Debatte, nur dann, wenn es zulässig gewesen wäre, SPD und FDP als „die Opposition" zusammenzufassen. Andernfalls hätte möglicherweise jeder (oppositionellen) Fraktion zusätzlich die gleiche Redezeit bewilligt werden müssen, wie sie die Minister für ihre nicht kontingentierten Reden verbraucht hatten. Hier zeigt sich, wie sinnvoll es war, daß man unter der Geltung des inhaltsgleichen § 96 GORT 1922 (§ 97 I GOBT 1949) einen erneuten Redezeitbeschluß für erforderlich hielt, da es allein dieses Verfahren gestattete, die Länge der die Wiedereröffnung bzw. Verlängerung der Debatte bewirkenden Ministerrede hinreichend in Rechnung zu stellen.

c) Gestaltungsfreiheit des Parlaments

Das BVerfG hat offenbar selbst an der Tragfähigkeit seiner Begründung gezweifelt. Es hat sich nämlich nicht auf die genannten Erwägungen beschränkt, sondern seine Entscheidung noch zusätzlich mit dem — aus dem gedanklichen Zusammenhang herausfallenden — Argument zu stützen gesucht, das Parlament habe in der Gestaltung seiner Geschäftsordnung „weitgehende Freiheit". Diese erlaube es ihm, davon abzusehen, „für alle Fälle, in denen durch Ministerreden der festgesetzte Zeitplan verändert wird, einen Ausgleich anzuordnen", selbst wenn es dabei in Kauf nehmen müsse, daß sich die Regeln der Geschäftsordnung „unter Umständen ungleichmäßig auswirken". Eine unter allen Aspekten befriedigende Regelung werde sich „nur in seltenen Fällen und auch dann meist nur um den Preis einer unangemessenen Komplizierung finden lassen[133]. Dazu könne das Parlament nicht verpflichtet sein. Die Grenze bilde auch hier das Mißbrauchsverbot[134].

Diese Überlegung überzeugt noch weniger als die Hauptbegründung. Der Hinweis auf „eine gewisse Flexibilität", durch die parlamentarische Geschäftsordnungen gekennzeichnet seien und die sich „unter Umständen (sc. wie im Streitfall) ungleichmäßig" auswirkende Regeln zulasse[134], zielt auf die schon 1952 geäußerte Ansicht des Gerichts, aus Wesen und Aufgabe der Geschäftsordnung ergebe sich, daß für ihre Auslegung „besonderer Grundsätze" gelten müßten. Bei ihr seien die „parlamentarische Tradition und Praxis" mitheranzuziehen. An „Form und Inhalt" ihrer Bestimmungen, die vielfach erst erprobt werden müßten, Lücken enthielten und bewußt weit gefaßt seien, könnten nicht dieselben Anforderungen gestellt werden wie an ein Gesetz. Die Geschäfts-

---

[133] Worin diese „unangemessene Komplizierung" etwa bei einer klaren paritätischen Lösung aller Fälle des Art. 43 II 2 GG bestehen soll, wird freilich nicht gesagt.

[134] BVerfGE 10, 19 f.

ordnung des Parlaments setze ihre „faire und loyale Anwendung durch die dazu berufenen Organe" voraus. Die bloße Möglichkeit einer verfassungswidrigen Handhabung sei daher noch kein hinreichender Grund, die betreffende Bestimmung für verfassungswidrig zu erklären. Erst die durch eine konkrete Maßnahme eingetretene Rechtsverletzung könne vor dem BVerfG gerügt werden[135].

Daraus folgt für den Redezeitfall allenfalls, daß die Lückenhaftigkeit und Unklarheit des § 48 I, II GOBT 1951/70 als solche noch nicht zum Gegenstand eines Verfassungsstreits gemacht werden kann, nicht dagegen, daß die GOBT — per argumentum e contrario — nur für den besonderen Fall des § 48 II einen Ausgleichsanspruch gewähren wolle, während in anderen (gleichgelagerten) Fällen nur „die Grenze des Mißbrauchs zu beachten" sei[136]. Im Gegenteil: Die „besonderen Grundsätze", die „gewisse Flexibilität" der GO-Regeln, die bei ihrer Auslegung zu berücksichtigen sind, erlauben es, bei unerprobten, unklaren oder lückenhaften Bestimmungen wie § 48 I, II GOBT sich weniger an den Wortlaut zu klammern, als auf den zugrundeliegenden Sinne abzustellen. Die besondere „Flexibilität" der GO-Regeln erlaubt ihre analoge Anwendung auf gleich oder ähnlich gelagerte Fälle in weiterem Umfange als ein Gesetz[137]. Es steht daher nichts im Wege, aus dem der Vorschrift des § 48 I

---

[135] BVerfGE 1, 144 (148 f.).

[136] BVerfGE 10, 20.

[137] Die Frage nach der Rechtssatzqualität des Parlamentrechts, namentlich der Geschäftsordnung, ist mit der h. M. zu bejahen. Sie ist zusammen mit der Frage nach der Abgrenzung von verbindlichem „Parlaments*recht*" und unverbindlichem „Parlaments*brauch*" im Schrifttum ausführlich erörtert worden. Darauf kann verwiesen werden. Zum Stand der Diskussion s. namentlich *K. F. Arndt*, S. 136 ff., 156 ff.; *Steiger*, S. 33 ff.; *H.-P. Schneider*, S. 234 f., 244 f.; *Reifenberg*, S. 36 ff., bes. S. 46 ff.; *Bernau*, S. 42 ff., 129 ff.; BayVerfGHE NF 8, 91 (95 ff.). Heute wird die Parlamentsgeschäftsordnung überwiegend als „autonome Satzung" angesehen, die Verfassung und Gesetzen im Rang nachstehe: so BVerfGE 1, 144 (148); BayVerfGHE NF 8, 91 (100); *Schäfer*, S. 58 f.; *Bücker*, S. 198 (Einleitung); weitere Nachweise bei *K. F. Arndt*, S. 139, der selbst freilich den Rechtssatzcharakter des autonomen Parlamentsrechts bestreitet (ebd. S. 157 ff.); kritisch gegenüber der h. M. auch *Schneider* III, S. 525 f., der sich indes nicht gegen den Normcharakter der Geschäftsordnung wendet, wie *K. F. Arndt* (S. 163 f.) meint, sondern lediglich gegen ihre Kennzeichnung als „autonomes Recht". Vielmehr handle es sich um „Amtsrecht", das auf der „Organisationsgewalt" des Staatsorgans Parlament beruhe („Organisations-Recht"); kritisch gegenüber der (unter der WRV noch herrschenden) Auffassung, Parlamentsgeschäftsordnungen seien „bloß technische Reglements", schon *Schneider* I (S. 304, 306, 308), der ihre normative Geltungskraft nicht einmal auf die einzelne Wahlperiode beschränkt wissen will, sondern „wie die Standing Orders des britischen Unterhauses" auf das Parlament als solches bezieht (ebd. S. 314).

Gestützt auf *H. J. Wolffs* Lehre von der Organschaft und *E.-W. Böckenfördes* Verständnis der Regierungsgeschäftsordnung als organisationsrechtlicher „Verfassungssatzung" (*Böckenförde*, S. 122), die sowohl von dem „verfassungstheoretisch" begründeten, „staatsrechtlich" unhaltbaren „autonomen Satzungsrecht" des Parlaments (ebd. S. 116 f.) wie auch von dem Satzungsrecht der körperschaftlichen Verbände des Verwaltungsrechts qualitativ unterschie-

und II GOBT zugrundeliegenden Rechtsgedanken des Art. 42 I 1 GG die Folgerung abzuleiten, daß die kontingentierte Redezeit den oppositionellen Fraktionen eine zeitgleiche Gegenrede ermöglichen muß. Die Anwendung von Viertelzeit-Regel (§ 48 II) oder der vor der Ministerrede beschlossenen Kontingentierung (§ 48 I) ist, falls die damit in Lauf gesetzten Fraktionsredezeiten — gemessen an der Ministerrede — zu kurz bemessen sind, ebenso verfassungswidrig wie ein neuer Redezeitbeschluß mit unzureichenden Zeitquoten. Die Flexibilität der GO-Regeln erlaubt es dagegen nicht, auch von der Geschäftsordnung näher ausgestaltete Verfassungsgrundsätze — um einen solchen handelt es sich bei dem Satz von der Parität der Wechselrede — „flexibel" auszulegen und „Ungleichmäßigkeiten" „in Kauf zu nehmen", die die Verfassung untersagt[138].

Das BVerfG geht den umgekehrten Weg. Es legt die Regeln der Verfassung flexibel aus, während es Wortlaut und Lückenhaftigkeit des § 48 GOBT trotz seiner ausdrücklich erwähnten Flexibilität als gegeben hinnimmt und alle von ihm nicht expressis verbis erfaßten Sachverhalte lediglich der ultima ratio des Mißbrauchsverbots unterstellt. Dabei wird verkannt, daß es zwischen Verfassungsverletzung und Mißbrauch im Grunde keinen Unterschied gibt. Die Regeln der Geschäftsordnung stehen der geschriebenen Verfassung im Range nach, deren Verletzung

---

den und abgegrenzt wird (ebd. S. 117 ff., 120 ff.), hat zuletzt *Steiger* dem geschriebenen und ungeschriebenen „eigenerzeugten Parlamentsrecht" als „inneres(m) Organisationsrecht" des Staates („eigenerzeugtes internes Organrecht") nicht nur allgemein Rechtssatzcharakter (*Steiger*, S. 37 ff.), sondern auch Verfassungsrang zugesprochen (ebd. S. 44). Als „materielles" Verfassungsrecht sei das Parlamentsrecht zwar der (geschriebenen) Verfassung, nicht aber dem Gesetz untergeordnet. Die Geschäftsordnungs- und Gesetzgebungskompetenzen des Bundestages nach Art. 40 I 2 und 77 GG stünden „gleichrangig nebeneinander", mit der Folge, daß GO-Fragen nur in den vom GG ausdrücklich der Gesetzgebung zugewiesenen Bereichen durch Gesetz geregelt werden dürften (ebd. S. 44 f.). Ähnlich offenbar, jedenfalls im Ergebnis, *H.-P. Schneider*, S. 234 f., 244 („Unterverfassungsrecht").

[138] Da die Opposition nicht zur „Gegenrede" verpflichtet ist — Gleiches gilt für die „Rede" der Koalition —, also statt von ihrem Rederecht auch von ihrem Recht, zu schweigen oder gar die Mehrheitsmeinung zu unterstützen, Gebrauch machen kann — dazu etwa der Abgeordnete *Mommer* (SPD) in der Debatte vom 27. 3. 1969 (BT-StB V/225, S. 12376) —, ist freilich gegen unwidersprochen gebliebene Abweichungen von der durch Verfassung und Geschäftsordnung festgelegten Redeordnung nichts einzuwenden. Eine bloß mehrheitlich gemäß § 127 GOBT beschlossene Abweichung vom Grundsatz der paritätischen Wechselrede verbietet hingegen Art. 42 I 1 GG. Diese Vorschrift setzt die kontradiktorische Debatte als Regel voraus und hält ihr für den Konfliktsfall eine verfassungskräftig gewährleistete Chance offen, verordnet sie aber nicht. Der Bundestag kann im Einzelfall bei allseitigem Einverständnis auch ohne „Debatte" zur Abstimmung schreiten. Daß hingegen Art. 42 I 1 GG einer generellen Begrenzung der Debatte durch GO-Vorschrift selbst dann (enge) Grenzen zieht, wenn sie einstimmig beschlossen würde, liegt auf der Hand. Zur Praxis der Abweichung von der Geschäftsordnung s. *K. F. Arndt*, S. 97 ff. und oben vor Anm. I/55.

stets „mißbräuchlich“ ist[139], ohne daß es dabei auf den guten oder bösen Glauben des handelnden Organs ankäme. Unter diesem Blickwinkel ist es aufschlußreich, daß der Mißbrauchsvorbehalt der Redezeit-Entscheidung neuerdings sogar zur Stützung der (vereinbarten) Zeitgleichheit von Koalition und Opposition im Rahmen einer kontingentierten Debatte nach Art. 39 I GOBT herangezogen wird[140].

Die Argumentation des BVerfG erinnert an eine ähnliche Argumentation des RStGH, der sich im preußischen Wahlrechtsstreit, um den Bruch mit der — verbal bestätigten — „strengen“ Auslegung des Prinzips der Wahlrechtsgleichheit in seiner früheren Rechtsprechung zu verschleiern, auf den Standpunkt stellte, der Regelungsauftrag des Art. 22 II WRV, das „Nähere“ im Reichswahlgesetz zu regeln, ermächtige den Gesetzgeber, „grundlegende“ Verfassungsvorschriften durch einfaches Gesetz „näher auszugestalten“. Diese Ermächtigung gebe ihm eine „gewisse Freiheit in der Entschließung“, einen „gewissen Spielraum bei der Durchführung auch der großen Wahlgrundsätze“, was es ihm erlaube, einen einzelnen von ihnen im Interesse der übrigen „nötigenfalls einzuengen“. Diese Gestaltungsfreiheit des Gesetzgebers bilde selbst im Falle einer (im Streitfall angenommenen) „Abweichung vom Grundsatz der Wahlgleichheit“ eine „ausreichende Grundlage“. Die „Strenge“, die dem Prinzip der Wahlgleichheit „an sich“ innewohne, gebiete indes, daß sich derartige „Abstufungen“ in „engen Grenzen“ hielten und durch ein „wirklich dringendes Bedürfnis“ gerechtfertigt seien[141].

Der 1. Senat des BVerfG vertrat im Anschluß an diese Entscheidung des RStGH die Meinung, durch den entsprechenden Regelungsauftrag des Art. 38 III GG werde dem Bundesgesetzgeber „bei der Konkretisierung der verfassungsrechtlich festgelegten Wahlgrundsätze notwendig ein weiter Ermessensspielraum gewährt“, der namentlich auch sachgerechte Differenzierungen decke. Das Gericht könne nur die „Überschreitung der Grenzen dieses Ermessens“, also höchstens den evidenten Ermessensmißbrauch rügen[142].

Hier zeigt sich der Zusammenhang mit dem Mißbrauchsverbot des Redezeit-Urteils. Daß dabei aus dem „engen“ Spielraum des Ermessens in der Entscheidung des RStGH beim BVerfG unter der Hand ein „weiter“ wird, ist nur ein — bezeichnender — lapsus linguae, der an der Sache selbst nichts ändert. Den genannten Fällen ist die Verunsicherung konstanter Verfassungsprinzipien durch die Berufung auf die Gestaltungsfreiheit des Parlaments bzw. des „Gesetzgebers“ gemeinsam, der sie im Grunde untergeordnet, mithin zur Disposition gestellt werden. Die Hilfs-

139 BVerfGE 1, 144 (148 f.); *E. Klein*, S. 206; wohl auch *Vonderbeck*, S. 557.

140 *Bücker*, Erl. I 1 d, e zu § 39 GOBT.

141 L/S IV, S. 131 (138 f.).

142 BVerfGE 3, 19 (25); 3, 383 (394); 5, 77 (81).

erwägung des BVerfG im Redezeitfall macht die Hauptbegründung überflüssig. Denn selbst wenn das Gericht in dem beanstandeten Parlamentsbeschluß eine Verletzung der Redefreiheit des einzelnen Abgeordneten (Art. 38 I 2, 46 I GG), der Gleichheit der Fraktionen (Art. 21 GG) bzw. des Prinzip der Parität von Rede und Gegenrede (Art. 42 I 1 GG) gesehen hätte, hätte es — wie seinerzeit der RStGH hinsichtlich der Wahlgleichheit — diesen Verfassungsverstoß dennoch durch die „weitgehende Freiheit" des Parlaments in der Gestaltung seiner inneren Ordnung (Art. 40 I 2 GG) als ausreichend gerechtfertigt angesehen. Die „gewisse Flexibilität" der Geschäftsordnung soll der Meinung des Gerichts zufolge „unter Umständen" — beispielsweise im Redezeitfall — auch „ungleichmäßige" Auswirkungen ihrer (restriktiv ausgelegten) Regeln gestatten, die „für sich" und „an sich" verfassungswidrig wären[143].

Diese — zu Unrecht auf die Gestaltungsfreiheit von Gesetzgeber und Parlament gestützte — Argumentation ist eine petitio principii. Die zum Angelpunkt gemachte Gestaltungsfreiheit besteht selbstverständlich nur innerhalb der Grenzen, die ihr die „Verfassung", nicht irgendein von der Verfassung unabhängig gedachtes staatspolitisches „Bedürfnis" oder „Mißbrauchs"-Verbot zieht. Letztere gehören als unbestimmte („flexible") Begriffe zu den „vagen Kategorien", in deren Bannkreis klare und konstante Verfassungsprinzipien, namentlich das Paritätsprinzip, unter der Hand inhaltlich verändert, verkürzt, verdunkelt und pervertiert zu werden drohen. Wo Staatsräson und Mißbrauchsvorbehalt zu entscheidenden Kriterien der Rechtskontrolle gemacht werden, gibt es keine „evidente" Verfassungsverletzung mehr, sondern nur noch die rational nicht überprüfbare Dezision des Gerichts, die auf den „Einzelfall", die „konkrete Gesamtsituation"[144], beschränkt bleibt, mithin keinerlei wegweisende rechtliche Bedeutung hat[145]. Das Gericht wird — so verstanden — aus einer *rechtlichen* Kontrollinstanz zu einer konkurrierenden *politischen* Entscheidungsinstanz. Aus Rechtsfragen werden Machtfragen, und es bleibt die Frage, ob und wieweit das Gericht auf diesem Wege fortschreiten kann, ohne seine Legitimationsbasis zu gefährden.

---

[143] BVerfGE 10, 19 f.; ähnlich für die Gestaltung des Wahlrechts RStGH L/S IV, S. 138.

[144] Zu diesem Begriff und seiner Funktion s. *Lipphardt*, S. 420, 431 ff.

[145] Zum Thema Verfassungsgerichtsbarkeit, Situationsjurisprudenz und Staatsräson s. *Klein* I, S. 8, 18, 28 f., 32 ff.; *Schneider* II, S. 392; *Wittig*, S. 146 ff.; *Lipphardt*, S. 99 f., 108 f., 280 ff., 317, 338 f., 358 f., 382. Zur „Mißbrauchs"-Argumentation s. *Müller* III, S. 28 ff., IV, S. 46.

III. Tradition und Gewaltenteilungslehre im Lichte des Grundgesetzes

Adolf Arndt hat das Urteil des BVerfG einer scharfen Kritik unterzogen. Ihm liege die „unselige Ideologie" des „Autoritären" zugrunde. Die reale Teilung des Parlaments in „regierende Mehrheit und opponierende Minderheit", der „Kontrast aus der für den jeweiligen Regierungswillen maßgeblichen Mehrheitsgruppe und der ihr entgegenstehenden, opponierenden Minderheitsgruppe" dürfe nicht ideologisch eingeebnet, sondern müsse „gleichrangig" gestaltet werden. Das Redezeit-Urteil identifiziere statt dessen „die Mehrheit mit dem Ganzen" und stelle das von ihr getragene und von ihren politischen Führern gebildete Kabinett „als ein Ganzes für sich dem Bundestag insgesamt gegenüber", mit der Folge, „daß die politischen Führer der Mehrheit im Parlament unbeschränkt reden dürften, während die von ihnen geleitete Mehrheit eine Redezeitbegrenzung für die Minderheit festsetzen könne". Eine so verselbständigte Bundesregierung wende sich trotz ihrer formaldemokratischen Entstehung ins „Autoritäre". Ein politisches System mit dieser „Diskriminierung der Opposition" sei kein „demokratisches" mehr, da es den „Kontrast zwischen einer Mehrheitsregierung, die Parteiregierung der Mehrheit ist, ... und der ihr mit politisch gleichem Rang gegenüberstehenden Opposition" einebne und so die Exekutive das „Übergewicht" gewinne[1].

[1] *Arndt* III, S. 19 f.; ebenso *Arndt* II, S. 432, 435, 436 f., V, S. 14 f. — freilich in einem gewissen Widerspruch zu früheren Überlegungen, die bewußt vom britischen Vorbild abrückten: vgl. *Arndt* I, S. 82 f. Kritisch haben sich zum Redezeit-Urteil ferner geäußert *Grube*, S. 76 f.; *Lohmann*, S. 27, 38, 61, 88; *Loewenberg*, S. 367, 468 und passim; *Ridder* II, S. 337 f.; *Gehrig* I, S. 272 ff., II, S. 637; *Wollmann*, S. 169, 178 ff., 224 f., 226 f.; *Szmula* I, S. 144, 156, III, S. 23, 26; *Grosser*, S. 521 f.; *Hereth* II, S. 31; *Witte-Wegmann* I, S. 104 f., 108 f., II, S. 869 f.; *Blischke*, S. 66 f.; *Schönfeld*, S. 182, 190 ff.; *Oberreuter*, S. 274, 282, 289; *Kißler*, S. 342 f.; *Starck* II, S. 58 (zur Frage des Redeprivilegs der Regierung); *H.-P. Schneider*, S. 215, 216 f., 218 f., 227, 231, der freilich (im Blick auf die Judikatur zur Parteiengleichheit) der Entscheidung eher eine „befürwortende" als eine ablehnende Haltung des BVerfG gegenüber dem „Recht der Opposition auf Chancengleichheit mit der Regierung" entnimmt (ebd. S. 219, 231, 398 f.); ähnlich wohl auch *Bücker*, S. 375 und *K. F. Arndt*, S. 79. Trotz ihrer gegenteiligen Grundansicht weichen *Lörken*, *Zirker* und *Tschermak* einer Auseinandersetzung mit dem Redezeit-Urteil aus: Nach *Zirker*, S. 68 ff., der die Gleichheit von Regierung(smehrheit) und Opposition fordert, hat das BVerfG diese Frage zwar angeschnitten, aber nicht entschieden, ja angeblich „völlig offen(ge)lassen" (ebd. S. 69, 72); *Lörken* beschränkt sich auf eine unkritische Wiedergabe der vom Gericht bestätigten Redezeitpraxis (*Lörken*, S. 94 ff.), obwohl er das Gleichgewicht von Mehrheit und Minderheit für entscheidend

Andere[2] haben dagegen — zum Teil unter ausdrücklicher Berufung auf das Redezeit-Urteil — der Unterscheidung und Trennung von Regierung und Mehrheitsparteien das Wort geredet und die „Machtprämien", die diesen etwa durch „Regierungssendungen" zu kontroversen Fragen oder durch werbende sonstige „Öffentlichkeitsarbeit der Regierung", die lediglich die Propaganda der Regierungsparteien vom „Staat" her verstärkt bzw. entlastet, erwachsen, damit zu erklären und zu rechtfertigen gesucht, daß die Regierung „anderen Bindungen und Verantwortlichkeiten" unterläge als die Koalitionsparteien[3]. Die Bevorzugung des Regierungslagers gegenüber der Opposition sei nur eine die (angeblich) gestörte Gleichgewichtslage wiederherstellende Kompensation für die mit dem „Tragen von Regierungsverantwortung" notwendig verbundene „Gefahr politischen Machtverlustes"[4]. Wie das mehrheitsdemokratische System die „Prämie des Machtbesitzes" nur dulde, wenn und soweit sie „allgemein kompensiert wird ... durch die ‚Abnutzung der Macht'", so stelle umgekehrt erst eine die Mehrheit privilegierende Öffentlichkeitsarbeit der Regierung — genauer: die in ihr liegende „finanzielle Besserstellung" — „das durch die Regierungsverantwortlichkeit der jeweiligen Mehrheitsparteien gefährdete Gleichgewicht (sc. der Parteien) in zulässiger Weise soweit wieder her, daß Stabilität und Möglichkeit eines Machtwechsels gleichmäßig gewährleistet werden". Der „speziellen Angriffssituation" müsse „besondere Verteidigungsbereitschaft entsprechen". Die Verstärkung der regierungsamtlichen Aufklärungsarbeit ist „also nicht nur gerechtfertigt, sondern zwingend erforderlich,

---

hält (ebd. S. 62 f.); ähnlich zwiespältig *Tschermak*, S. 199 ff. (s. o. Anm. II/113). Wenig überzeugend ist schließlich die Kritik *Steigers* (S. 99 f.), der nur für die Regierungs- und Kontrollfunktion des Parlaments dem Gegensatz von Regierung(smehrheit) und Opposition normative Bedeutung beimißt, für die Gesetzgebung aber de iure und de facto am Dualismus von Regierung und Gesamtparlament als einem unverzichtbaren Teil „der gewachsenen und wirksamen deutschen ‚Politischen Kultur'" (ebd. S. 86 f.) festhalten will (ebd. S. 84 ff., 89 f., 93 f., 97 einerseits, S. 83 f., 86, 94 ff. andererseits). Dieser Widerspruch entwertet das Plädoyer für die kontradiktorische Rednerfolge (S. 94 ff.) wie für die Ausgleichung der Ministerreden (S. 96, 97 f., 99 f.). Die Frage des Verteilungsschlüssels bei Festsetzung von Fraktionsredezeiten bleibt daher nicht zufällig unerörtert (S. 99).

[2] Vgl. *Leisner* I, S. 152 ff.; *Henke*, S. 250; *Jülich*, S. 85, 131 f.; *E. Klein*, S. 201 f.; *Hauenschild*, S. 178 f. *Achterberg* III, S. 703 f. spricht der Parlamentsopposition jeden verfassungs- und parlamentsrechtlichen Stellenwert ab, sieht zwischen ihr und der Regierungsmehrheit „keinen prinzipiellen Unterschied", stellt folglich Mehrheit und Minderheit im Sinne des „klassischen Dualismus" als Gesamtparlament der Regierung gegenüber (ebd. S. 704) und leugnet — ungeachtet seiner sonstigen Kritik an der vielfach angenommenen „apriorischen Natur" der „Funktionentrennung zwischen Legislative und Exekutive" (*Achterberg* IV, S. 845, 846) — die Ministerkompatibilität unter dem GG (s. u. Anm. 12). Die vom BVerfG bestätigte Redezeitpraxis gibt ihm mithin keinen Anlaß zur Kritik: *Achterberg* II, S. 74 f.

[3] *Henke*, S. 250; ähnlich *Leisner* I, S. 158 f.

[4] So *Leisner* I, S. 154, 155 f., auf den sich *Henke* (S. 250 Anm. 46) und Leisners Schüler *Jerschke* (S. 155) zustimmend berufen.

wenn anders nicht der Erfolg der vom GG versuchten Stärkung der Exekutive (sic!) völlig ausbleiben soll"[5]. Diese Orientierung am Bismarckschen Obrigkeitsstaat führt — konsequent zu Ende gedacht — zu der Auffassung, daß die „Regierung" durch entsprechende „Regierungsaufklärung" auch ihren eigenen Wahlkampf führen bzw. den sie stützenden „staatstragenden" Parteien von „Staats" wegen Schützenhilfe leisten darf und soll. In der „Verteidigung der Regierungspolitik" könne ihr auch und gerade im Wahljahr „keine Zurückhaltung angesonnen werden", da sie andernfalls „entscheidend gegenüber der Opposition an Boden (verliert)"[6].

Daß diese Überlegungen, die das bis in die Gegenwart fortwirkende Parlamentarismus-Verständnis der konstitutionellen Theorie widerspiegeln, „einigermaßen gesicherter deutscher Tradition" entsprechen[7], soll dabei nicht geleugnet werden. Doch ist es gerade die Frage, ob sich diese Tradition unter dem GG noch als tragfähig erweist. Die Vorstellung, daß die Regierung im Parlament — aber auch im Rundfunk, bei der Öffentlichkeitsarbeit und im Wahlkampf — de iure und de facto ein von der Mehrheit zu trennender selbständiger Faktor sei, „Gegengewicht" und „Gegenspieler" des Gesamtparlaments, mithin auch der Regierungsparteien, ist seit dem Ende der konstitutionellen Monarchie ebenso fragwürdig geworden wie die ihr korrespondierende „klassische" Gewaltenteilungslehre. Diese kann dem GG schon deshalb nicht zugrunde liegen[8], weil es — wie schon die WRV — das „parlamentarische Regierungssystem" vorschreibt (Art. 63, 67 GG) und damit von der „Ver-

[5] *Leisner* I, S. 154 f., 157, 158 f. — Kritisch zu Leisner *Bäumlin*, S. 239 f.; *Scheuner* VI, S. 920; *Hamann/Lenz*, Erl. A 1 zu Art. 5 GG (S. 182 f.); *Ridder* I, S. 402 ff.; III, S. 68, 70; *Uhlitz*, S. 12 f.; *Lipphardt*, S. 112, 286; vor allem *Kempen*, S. 125 ff., 254 f.

[6] So in der Tat *Leisner* I, S. 163; dazu *Lipphardt*, S. 109 f., 285 f.

[7] So *Leisner* I, S. 163; hier ist, jedenfalls zum Teil, auch *Steigers* „Politische Kultur" beheimatet (s. Anm. 1); zu dieser wie zur Notwendigkeit der Aufgabe sinnentleerter Traditionen etwa *Ellwein* I, 237 f., 239 f., 248 f., bes. S. 269. Zu den historischen Vorbelastungen des herrschenden deutschen Oppositions- und Parlamentarismusverständnisses vgl. etwa *Grosser*, S. 517 ff. und *Fraenkel* I, S. 16 ff., 20 ff.; *Ritter* I, S. 31 ff.

[8] Dies gegen *Jülich*, S. 84, 131, der — einer verbreiteten Ansicht folgend — zu Unrecht die „Gewaltenteilung" zwischen Mehrheit und Minderheit nur der „Verfassungswirklichkeit" zuordnet, während das GG „‚die Opposition' als verfassungsrechtliche Institution" nicht kenne. Hier wird indes künstlich eine „Kluft" (S. 84) zwischen der (unterstellten) „klassischen Gewaltenteilung" des Verfassungsrechts und der „parlamentarischen Gewaltenteilung" der „Verfassungswirklichkeit des parlamentarischen Systems" konstruiert, die das Verhältnis der „parlamentarischen" Gewaltenteilung des GG und der mitunter an der „klassischen" orientierten systemwidrigen Praxis geradezu auf den Kopf stellt.

Wie für Jülich ist auch für *Leibholz* II, S. 298 ff., *Achterberg* III, S. 704 und *Gehrig* I, S. 251 ff., 257 ff., 272 ff. die Frage nach dem Verhältnis von Regierung und Parlament eine Frage des Verfassungsrechts, die nach dem Verhältnis von Mehrheit und Minderheit hingegen eine solche der Verfassungswirklichkeit; ähnlich *Ellwein* I, S. 48 f., 248 f., 264, 274; *Fraenkel* III, S. 227, 239, 243;

schmelzung" der „Spitze der Exekutive" (Regierung) mit der „Legislative" (Parlament) ausgeht[9]. Zudem ist die Gleichsetzung von Legislative und Parlament ungenau. Die im VII. Abschnitt des GG geregelte „Gesetzgebung des Bundes" ist — versteht man darunter nicht lediglich den „Gesetzesbeschluß" (Art. 77 GG) — nicht allein Sache des Bundestages. An ihr wirken nach der Verfassung auch Bundesregierung und Bundesrat, mithin die Spitzen der Bundes- und Landesexekutiven, sowie der Bundespräsident mit, der nach der konstitutionellen Theorie ebenfalls der Exekutive zuzurechnen ist (Art. 76, 77, 80, 82 GG). Gesetzgebung und Vollziehung sind nach dem GG also nicht ausschließlich je *einem* „besonderen Organ" zugewiesen (Art. 20 II 2 GG). Allein die „rechtsprechende Gewalt" ist kraft ausdrücklicher Verfassungsbestimmung ausschließlich „den Richtern anvertraut", mithin den Gerichten vorbehalten (Art. 92 GG). Regierung und Parlament faßt das GG hingegen zu einer einheitlichen „Staatsleitung" zusammen[10]. Damit bricht es mit der traditionellen Dreiteilungslehre und versteht unter den klassischen „Gewalten" Legislative und Exekutive lediglich noch verschiedene „Funktionen" staatlichen Handelns, die sich gegenseitig überschneiden (Art. 20 II 2 GG).

---

ferner *Mommer* (Anm. V/51); *Frank*, S. 82 ff., 90 ff., 102, 105 ff.; *Dobiey*, S. 120 ff.; *Gerlich*, S. 8, 176, 229 f., 311; *Kewenig* III, S. 30 f. Kritisch hierzu *Zirker*, S. 70 ff.; *Oberreuter*, S. 266 f., 270 f. und *H.-P. Schneider*, S. 13 ff. Vgl. auch die grundlegende Kritik *F. Müllers* an der hergebrachten Entgegensetzung von Recht und Wirklichkeit in der juristischen Hermeneutik: *F. Müller* I, S. 77 ff., 114 ff., 168 ff., IV, S. 52 ff., 109, 176.

[9] So namentlich *Scheuner* V, S. 260; *ders.* II, S. 634, 635 f.: „Zusammenspiel von Kabinett und Mehrheitsfraktionen", „Verschmelzung und Durchdringung von Regierung und Parlament". Die rhetorische Frage *Scheuners* (ebd. S. 635), ob sich „im Grunde nur mehr Regierung und Parlamentsmehrheit auf der einen, die Opposition auf der anderen gegenüber(stehen)", ist von *Friesenhahn* II, S. 35 zutreffend als Bejahung gedeutet worden (anders *Jülich*, S. 85). Vgl. ferner *Scheuner* III, S. 643: Der „Unterschied von Regierung und Parlament" trete im parlamentarischen System zurück, „da Kabinett und Parlamentsmehrheit sich decken". Die maßgebende Wirkung des Gewaltenteilungsprinzips werde u. a. „durch den Gegensatz Regierung und Opposition" im Sinne eines „Gleichgewichts" der Kräfte erreicht; *ders.* VIII, S. 397: Entsprechend der „monistischen Grundstruktur" des parlamentarischen Regierungssystems seien „Regierung und Mehrheitspartei (oder Regierungskoalition) aneinandergeschlossen. Der eigentliche Gegensatz liegt eher zwischen Regierung und Opposition". Wenngleich diese These nicht durchgängig gelte, sei doch „die Einsicht, daß im politischen Kernbereich das parlamentarische System über eine Gewalteilung im Sinne einer Funktionsdifferenzierung hinausdrängt, ... von grundlegender Wichtigkeit"; *ders.* X, S. 424: Bei festen und stabilen Mehrheiten bilde sich ein Regime heraus, „in dem die Regierungspartei oder -koalition sich eng mit der Regierung verbindet und das Gegenüber des Parlaments nicht zum Ausdruck bringt. Dies zu tun fällt vielmehr der Opposition zu. Der eigentliche Gegensatz innerhalb des Systems liegt mithin in dem Gegenspiel Regierung — Opposition". Darüber hinaus vgl. noch *Scheuner* I, S. 280 f., IV, S. 231 f., 240, 244, VI, S. 916 f., VII, S. 388 f., 390, 396, 400 f., 404, VIII, S. 380 f., 393, 395, 396 f., IX, S. 146, 147, 148, 153, 156, X, S. 422 f., 424, 429, 431, 432 f., 440, XI, S. 435, 436 f., 437, 438, 440.

[10] *Scheuner* V, S. 260; ihm folgend namentlich *Steinmüller*, S. 175.

Von der klassischen „Gewaltenteilung" ist nur noch bedingt eine „Mäßigung" der Staatsgewalt (Macht) zu erwarten. Ihre bleibende Bedeutung erschließt sich heute allein differenzierterer Sicht[11], die vor allem den Dualismus in das Parlament selbst verlegt, also nicht mehr Legislative und Exekutive als Gegensätze begreift, deren Verhältnis vom Prinzip der Gegnerfreiheit, d. h. der Inkompatibilität von (Minister-) Amt und Mandat[12], bestimmt wird, sondern die Trennungslinie zwi-

---

[11] Bedeutung und Problematik des Gewaltenteilungsprinzips werden für die Gegenwart unterschiedlich beurteilt. Daß indes die „klassische" Theorie der Korrektur bedarf, wird kaum mehr ernsthaft bestritten. Vgl. im einzelnen *Kägi* I, II; *W. Weber* II; *Peters* I; *P. Schneider; Leisner* II; *Klein* II, S. 3 ff.; *Draht; Hesse* I, S. 20, II, S. 90, 95, III, S. 194 ff.; *Loewenstein* III, S. 31 ff., 422 f.; *Friesenhahn* II, S. 37 ff.; *Herzog*, S. 228 ff.; *C. Schmitt*, S. 182 ff.; *Gehrig* I, S. 207 ff.; *Grube*, S. 58 ff.; *Bäumlin*, S. 227; *Scheuner* II, S. 635 f., VIII, S. 397; *Morscher*, S. 95 ff., 188, 217 ff.; *Sternberger* II; *H.-P. Schneider*, S. 128 ff.; *Veen*, S. 19 ff.; *Sellmann*, S. 24 f., 47 ff.; *Kassimatis*, S. 62 ff., 152; *Kißler*, S. 341 ff.; *Frotscher*, S. 215 ff.; *Frank*, S. 81 ff.; *Kewenig* II, S. 16 ff., III, S. 28 ff.; *Doehring*, S. 189 ff.; *Steffani* I, bes. S. 267 ff.; *Gerlich*, S. 4 ff.; *Fraenkel* III, S. 119, 122, 227, 232, 239; *Steinmüller*, S. 189 ff.; Materialien, S. 11 Rdn. 25; Enquete-Kommission, S. 21, 45, 46 f., 48.

[12] Vgl. Art. 9 S. 2 RV 1871: „Niemand kann gleichzeitig Mitglied des Bundesrates und des Reichstages sein." Diese Bestimmung regelte bzw. bewirkte namentlich die Inkompatibilität zwischen Reichstagsmandat und den Ämtern des Reichskanzlers bzw. der Staatssekretäre, die als preußische Bevollmächtigte Mitglieder des Bundesrates waren (*Huber*, S. 829 f.). Gegen diese Bestimmung wandten sich daher die Befürworter einer Parlamentarisierung der Reichsleitung (vor allem *M. Weber* I, II, III, S. 342 ff. — gegen *Kaufmann*, S. 71 ff.). Dazu aus heutiger Sicht etwa *Scheuner* VII, S. 389; *Fraenkel*, III, S. 241 und *Schmidt-Jortzig*, S. 136 f., der freilich die Inkompatibilität zwischen Kanzler- bzw. leitendem Reichsamt und Reichstagsmandat primär auf Art. 21 II RV 1871 stützt. Diese Vorschrift führte indes gerade nicht die allgemeine Beamteninkompatibilität ein (a. A. offenbar *Steiger*, S. 205), sondern sollte die Unabhängigkeit der beamteten Reichstagsabgeordneten gegenüber bürokratischer Ämterpatronage durch eine auf den Zeitpunkt der Amtsübernahme bzw. der Beförderung beschränkte Teil-Inkompatibilität sicherstellen (dazu *Ritter* III, S. 35 f.; *W. Weber* I, S. 208, 224 f., 230). Zur prinzipiellen Unvereinbarkeit der Ministerkompatibilität mit dem konstitutionellen Dualismus und zu ihrer Parlamentarisierungstendenz im 19. Jahrhundert s. *Schönfeld*, S. 22, 24.

Die Ministerkompatibilität liegt in der Konsequenz des parlamentarischen Systems. Sie ist in den dieses System konstituierenden Verfassungsbestimmungen — Art. 54 WRV, Art. 63, 67, 69 II GG — mitgeschrieben: So schon *M. Weber* I, S. 222, III, S. 340 f., 342 und heute namentlich *v. Beyme*, S. 41, 571; *Loewenstein* III, S. 84, 113, 193; *Loewenberg*, S. 317, 293 ff.; *Oberreuter*, S. 268; *Ellwein* I, S. 29 ff., II, 314; *Sturm*, S. 91 ff.; *Lippert*, S. 36; *K. Schmid*, S. 90, 94; *Friesenhahn* II, S. 34 f.; *Arndt* IV; *Maunz/Dürig/Herzog*, Rdn. 1 zu Art. 66 GG; *Hesse* III, S. 199; *Meyer* II, S. 86, 88; *Fraenkel* III, S. 120, 240; *H.-P. Schneider*, S. 266; *Witte-Wegmann* I, S. 89, 102, 106; *Peters* I, S. 12 f.; *Scheuner* X, S. 428; *Steiger*, S. 322 ff. — Gegenteiliger Ansicht sind — unter Berufung auf die klassische Gewaltenteilung — *W. Weber* I, S. 171 ff., bes. S. 177, 183 ff. (für die WRV) und *Achterberg* I, S. 349, 357 f. (für das GG); auch *v. Mangoldt*, S. 54 neigt ihr zu. Für *Doehring*, S. 194 ist die „Doppelfunktion" von Abgeordnetenmandat und Ministeramt „weder nach dem Grundgesetz geboten noch problemlos", weil dem Grundgedanken der Gewaltenteilung widersprechend — trotz der auch von ihm anerkannten „Einheit" zwischen Regierung und Parlamentsschen dem Parlament als Regierungsmehrheit und dem Parlament als Oppositionsminderheit als den rechtlich und tatsächlich tragenden „Gewalten" des vom GG konstituierten politischen Systems zieht, die sich als gleichrangige Gegenspieler mit der „realen", weil rechtlich gleichen Chance des Rollenwechsels die Waage halten[13]. Das Parlament ist in sich

mehrheit (s. Anm. 13). Nach *Schmidt-Jortzig,* S. 129 ff. ist das parlamentarische System freilich mit und ohne Ministerkompatibilität denkbar. Die Systemwidrigkeit der Ministerkompatibilität erlaubt es bei Schweigen der Verfassung indes nicht, die Rechtslage als „offen" anzusehen (a. A. *Schmidt-Jortzig,* S. 132). Auch für *Schmidt-Jortzig* entspringt die „gewohnheitsrechtliche Verfassungsregel", daß unter dem GG ein Minister zugleich Abgeordneter sein kann, letztlich dem „parlamentarischen Regierungssystem" (ebd. S. 133), wenngleich er sie vordergründig nur auf die Weimarer und Bonner Praxis stützt (ebd. S. 136 ff.).

[13] In diesem Sinne namentlich *Sternberger* I, S. 308 ff., II, S. 35 ff., III, S. 12 ff.; *Landshut,* S. 218 ff.; *Schäfer,* S. 10, 25, 34, 73 f., 80 f., 214, 302 f.; *Wollmann,* S. 5, 13 f., 152, 169, 180, 227; *H.-P. Schneider,* S. 12 f., 39, 86, 219, 231, 238, 240, 242 f., 298, 363, 398 f., 410; *Hesse* I, S. 21 f., III, S. 56, 58, 64 f., 70 f., 200 f., 238 f.; *Peters* II, S. 425, 432 f.; *Steinmüller,* S. 175, 184, 185 ff.; *Fraenkel* II, S. 164, 165, 166; III, S. 227, 230, 238, 239, 242 f.; *Frank,* S. 82 f., 113, 301; *Kewenig* II, S. 27; III, S. 30 f.; *Dobiey,* S. 120 ff.; *Doehring,* S. 147 f., 156, 194, 205; *Oberreuter,* S. 266, 269, 273, 277 f., 282 f., 284; *Steffani* I, S. 271, 273; II, S. 128 f.; *Kißler,* S. 130, 136 f., 141, 147, 157, 159 f., 339 ff., 382; *Schönfeld,* S. 76 f., 192; Materialien, S. 11 f. Rdn. 26; Enquete-Kommission, S. 18, 21, 48; *Stein,* S. 28 ff., 50, 68 f., 71; *Ellwein* I, S. 43, 242, 246 f.; *Lohmann,* S. 27 f., 88 f.; *Partsch,* S. 199 f.; *Ehmke,* S. 32, 44 f.; *Arndt* II, S. 432, 434, 435, 436, III, S. 19 f.; *Hennis* III, S. 150, 154, IV, S. 204, 215, 217 f., 220, 224, 226 f., 227 f., 234 f.; *Veen,* S. 31 f.; *Sellmann,* S. 56 ff., 63 ff.; *Hereth* II, S. 23, 25 f., 29, 30 ff., 44, 48, 52, 62 ff., 66; *Zirker,* S. 69 ff.; *Lörken,* S. 61 ff.; *Grube,* S. 15 ff., 20, 22 ff., 47 ff., 58 ff., 75 ff.; *Tschermak,* S. 200 ff.; *Gehrig* I, S. 85 ff., 178 ff., 207 ff., 251 ff., dessen mechanisch vereinfachende Übertragung der traditionellen Gewaltenteilungslehre auf das dualistische Wechselspiel von Regierung(smehrheit) und Opposition freilich *H.-P. Schneider,* S. 130 ff. und *Scheuner* XI, S. 435 mit Recht kritisiert haben. Sie geht Hand in Hand mit der oben (Anm. 8) erörterten Gegenüberstellung von Verfassungsrecht und Verfassungswirklichkeit, die gelegentlich beziehungslos nebeneinandergestellt werden — so etwa *Morschers* „klassischer" und „neuer Dualismus" (*Morscher,* S. 217 ff.) — gelegentlich aber auch einer „doppelgleisigen Argumentation" (*H.-P. Schneider*) zugeführt werden — wie etwa bei *Leibholz* II, S. 298 f., III, S. 161 ff., 166 f. (einerseits), II, S. 299 f. (andererseits); kritisch zu Leibholz *H.-P. Schneider,* S. 142 f.

Von einem partiellen Dualismus zwischen Regierung(smehrheit) und Opposition geht *Steiger,* S. 82 ff., 96 f., 99 f. aus, bei grundsätzlichem Festhalten am Dualismus von Regierung und (Gesamt-)Parlament im übrigen und nachdrücklicher Ablehnung des englischen Modells (ebd. S. 16 f., 84 ff.). *Klein* II, S. 6 f., 11 sieht im parlamentarischen Regierungssystem mit seinem Dualismus zwischen regierender Mehrheit und Opposition ganz allgemein einen Gewichtsverlust des Parlaments und eine Schmälerung des Gewaltenteilungsprinzips. Ähnlich *G. Schmid,* der deshalb den „gewaltenvereinenden" britischen Parlamentarismus mit seiner, wie *Schmid* meint, letztlich wirkungslosen Opposition (*Schmid,* S. 13, 27 f., 33 f., 80 f., 237 f., 245, 247) zugunsten des (als Ziel angesteuerten) „Gleichgewichts" zwischen Exekutive und Legislative im „gewaltenteiligen" amerikanischen und schweizerischen Regierungssystem ablehnt (ebd. S. 153 ff., 248 f., 270 f.). *Frotscher,* der den Dualismus von Exekutive und Legislative mit dem Untergang der Monarchie als beendet ansieht (*Frotscher,* S. 199) und daher der Regierung einen eigenständigen Bereich neben der Volksvertretung abspricht (ebd. S. 213, 224), ordnet dennoch die

nicht so homogen, daß es sich als solches der Regierung gegenüberstellen ließe. Der Widerspruch in Form des realen Gegensatzes von konstanter (nichtfluktuierender) Mehrheit und Minderheit gehört vielmehr — wie das Mehrheitsprinzip selbst[14] — zu seinem Wesen, ohne die Möglichkeit einvernehmlichen Zusammenwirkens auszuschließen.

Schon 1919 hat *Rudolf Smend*[15] auf das „gerade für den Regelfall der parlamentarischen Staatsform so bezeichnend(e)" „dialektische Moment", „den Gegensatz von Regierung und Opposition", hingewiesen und dessen Zerstörung durch die allgemeine „Proportionalisierung" der politischen Sphäre (Wahl, Parlamentsverhandlung, Regierungsbildung) als entschiedene Einbuße für den verfassungsmäßigen Lebensprozeß beklagt. Unter dem GG hat *Scheuner* 1952 in der R. Smend gewidmeten Festschrift ausgeführt[16], die „heutige Bedeutung der Gewaltenteilung" werde gekennzeichnet durch das „Verteilungsprinzip" nach britischem Muster. „Kabinett und Parlamentsmehrheit" gingen im parlamentarischen System eine „enge Verbindung" ein, „in der die Exekutive die Führung hat". „Das Gegengewicht liegt hier vor allem bei der Opposition".

Selbst *Friesenhahn,* der sich verbaliter noch zur „Selbständigkeit der Regierung" bekennt und wie das BVerfG von einem „Widerstreit", einer essentiellen „Spannung zwischen Regierung und Parlament" spricht, die beide „ihr eigenes Gewicht und ihre besondere Funktion bei der For-

---

Regierung der von der Legislative weiterhin getrennten Exekutive zu (S. 223). Allein diese Trennung entspreche der „verfassungsrechtlichen" Gewaltenteilung und dürfe nicht zugunsten einer „politologischen" Gewaltenteilung aufgegeben werden (ebd. S. 219, 221 ff.). Der auf das parlamentarische Regierungssystem des GG gestützte, also gleichfalls „verfassungsrechtliche" Einwand gegen diese Argumentation wird nicht thematisiert. *Peters* betont einerseits zwar die durch das parlamentarische Regierungssystem bedingte „enge Verbindung" von Regierung und Parlamentsmehrheit, die die Opposition anstelle des Gesamtparlaments zum „entscheidenden Gegenspieler der Regierung" mache (*Peters* II, S. 425, 432 f.), sieht andererseits aber auch die Minderheit gegenüber Mehrheit und Regierung in einer „doppelte(n) Frontstellung", mit der Möglichkeit, die eine als Verbündete gegen die andere zu gewinnen (ebd. S. 430, 433 f.). *Gerlich* versteht den Gegensatz zwischen Regierung und Opposition als nicht vollständige „Überlagerung" des traditionellen Dualismus von Parlament und Regierung (*Gerlich,* S. 7 f., 43, 51 f., 176 f., 185 f., 219, 229 f., 252 f., 297 f., 311). Auch *Kewenig* III, S. 30 f. will neuerdings an der Gegenüberstellung von Gesamtparlament und Regierung grundsätzlich festhalten, wenngleich er andererseits von der „verfassungsrechtlich verankerte(n) Vorrangstellung des Parlaments" und einer einheitlichen „Regierungsverantwortung" ausgeht, „die Parlamentsmehrheit und Exekutive gemeinsam tragen" (ebd. S. 31). Für die staatliche Parteienfinanzierung war *Kewenig* I, S. 835 noch uneingeschränkt von der auch verfassungsrechtlich entscheidenden Gegenüberstellung von Regierungsmehrheit und Oppositionsminderheit ausgegangen: Der geldgebende „Staat" sei „gleichbedeutend mit der Regierungsmehrheit im Parlament". Für den planenden Staat gilt schwerlich etwas anderes.

[14] Dazu grundlegend *Scheuner* XII.

[15] *Smend,* S. 66.

[16] *Scheuner* I, S. 280.

mung des Gesamtwillens" hätten[17], betont in ungleich stärkerem Maße die „Abhängigkeit" der Regierung, wenn er ihre „Verankerung im Parlament" für „erforderlich" hält[18]. Folglich sieht er auch die Mitgliedschaft der Minister im Parlament als „notwendig" an[19], sieht „Parlament und Regierung ... in ständiger Durchdringung und gegenseitiger Abhängigkeit" und findet gerade in „dieser fortdauernden Zusammenarbeit", dem „Zusammenspiel von Regierung und der sie tragenden Parlamentsmehrheit", die Gewähr für eine „gute ‚Staatsführung'"[20]. Dementsprechend bezeichnet er es als „Normalfall", „daß das Parlament die Politik akzeptiert, die von der Regierung erarbeitet worden ist"[21], und stellt abschließend fest: „Die Staatsleitung ... steht Regierung und Parlament gewissermaßen zur gesamten Hand zu"[22], während „die Kontrollmittel, die ursprünglich dem Parlament gegen die von ihm unabhängige Exekutive gegeben worden waren, ... heute weitgehend zu Waffen der Opposition gegen die Regierung geworden (sind)". Das mache es „erforderlich", die „Kontrollmittel des Parlaments" stärker als bisher als „Minderheitsrecht" auszugestalten[23]. — Danach ist aber die These von der „Selbständigkeit der Regierung", von dem fortdauernden „Spannungsverhältnis zwischen Parlament und Regierung"[24], ebenso erschüttert wie die Feststellung: „beide Linien" — nämlich „die Spannung zwischen Parlament und Regierung" einerseits, „das Zusammenspiel von Regierung und der sie tragenden Parlamentsmehrheit" andererseits — „laufen nebeneinander"[25], in sich widersprüchlich ist. Auch im Redezeit-Urteil des BVerfG, an dem *Friesenhahn* als Richter mitgewirkt hat, zeigt sich dieser Widerspruch, wenn auch mit umgekehrter Gewichtung[26].

„Der politisch entscheidende Dualismus der neuen deutschen Verfassungsordnung bestimmt also weniger die Position des Bundestages in diesem Gefüge als vielmehr seine innere Struktur[27]."

---

[17] *Friesenhahn* II, S. 27, 33, 35, 52. „Der Parteimann in der Regierung wird notwendig manches anders sehen als der reine Parlamentarier" (ebd. S. 35).

[18] Ebd. S. 33 f.

[19] Ebd. S. 34 f.

[20] Ebd. S. 36, 27.

[21] Ebd. S. 36.

[22] Ebd. S. 38; ihm folgend *Kewenig* III, S. 29, 30, 32; Enquete-Kommission, S. 46 f.

[23] *Friesenhahn* II, S. 27.

[24] Ebd. S. 27, 33, 52.

[25] Ebd. S. 27.

[26] BVerfGE 10, 19. Ähnlich *Leibholz* II, S. 298 ff., der an der Urteilsfindung als Richter ebenfalls mitgewirkt hat. Kritisch zu Friesenhahn *Sternberger* III, S. 15.

[27] *Lohmann*, S. 28.

IV. Recht der Opposition auf Chancengleichheit

1. Grundlage und inhaltliche Problematik

Ist damit der Satz vom „Spannungsverhältnis" zwischen Regierung und Gesamtparlament und der Mehrheitsunabhängigkeit des Regierungsstandpunktes als ein an der Situation des Kaiserreiches orientiertes (Miß-)Verständnis des parlamentarischen Regierungssystems aufgedeckt, mithin der Redezeit-Entscheidung das tragende Fundament entzogen, so fragt es sich doch, welche Konsequenzen aus der Anrechnungs- bzw. Ausgleichspflicht für Ministerreden gezogen werden müssen, genauer: wie in einem Vielparteienparlament das Prinzip der Wechselparität von Mehrheit und Minderheit mit der Fraktionenparität in Einklang zu bringen ist. Da sich Fraktionen- und Wechselparität nur im Zweiparteienparlament wirklich decken, wird die Frage des Verteilungsschlüssels bei kontingentierter Redezeit im Vielparteienparlament gerade dann zum Problem, wenn man mit *Arndt*[1] — zusätzlich zur Redner- und Fraktionenparität (oder an ihrer Stelle?)[2] — ein „Recht der Opposition auf Chancengleichheit mit der Regierung"[3] und der sie tragenden Koalition bejaht.

Hier zeigt sich der Doppelcharakter des Prinzips streng formaler Chancengleichheit: Als Grundlage der Gewaltenteilung soll es die „reale Chance des Machtwechsels" im Parlament (und damit in der Regierung) zwar nicht de facto bewirken, aber doch de iure offenhalten, indem es die Gleichwertigkeit und Gleichrangigkeit der oppositionellen Alternative(n) sicherstellt[4]. Als Grundbedingung eines freien und offenen Lebensprozesses soll es die freiheitssichernde Relativität aller Standpunkte durch strikte Parität der sie vertretenden Gruppen gewährleisten[5].

---

[1] *Arndt* II, S. 432, 434, 435, 436, III, S. 19 f.; s. auch unten zu Anm. V/63.

[2] Nach *Tschermak*, S. 201 muß zur Vermeidung einer Relativierung der Fraktionenparität durch das Redevorrecht der Regierung für die kontingentierte Parlamentsdebatte von der Frontstellung Regierung(smehrheit) — Opposition ausgegangen werden. Insoweit „verlagert" sich damit seiner Ansicht nach „die Frage der Chancengleichheit der Fraktionen" auf „die Frage nach der Chancengleichheit der Opposition mit der Regierungsmehrheit und der Regierung selbst". In diesem Sinne fordert auch *Oberreuter*, S. 274, 284 „Redezeitparität" zwischen Opposition und Regierungsparteien, unter konsequenter Absage an die Fraktionenparität (ebd. S. 276). Zur Chancengleichheit der Opposition mit der Regierung allgemein ebd. S. 278, 281, 286; *Hereth* I, S. 47 f., 140, 145; *H.-P. Schneider*, S. 12 f., 39, 246, 270, 298, 362 f.; vgl. auch unten Anm. 10.

[3] BVerfGE 10, 8, 16.

[4] *Lipphardt*, S. 77 ff.

Die unscharfe Ineinssetzung seiner beiden Bedeutungsschichten verleitet dazu, von dem nicht einmal mehr in England[6], geschweige denn in der BRD (wo das Wählerverhalten seiner bisher noch stets gespottet hat) „rein" verwirklichten Modell eines alternierenden Zweiparteiensystems auszugehen und damit — nur in umgekehrter Richtung — in denselben Fehler zu verfallen wie das BVerfG mit seiner Orientierung am Bismarckreich. Die Orientierung am „reinen" (will sagen: „fiktiven") Zweiparteiensystems ist geradezu gefährlich, da sie im Vielparteienstaat und -parlament auch de iure zur Unterscheidung von Hegemonial- und Trabantenparteien im Regierungs- bzw. Oppositionslager nötigt[7]. Die Folge ist, daß nur den beiden stärksten Parteien jeder Seite als den Hauptrepräsentanten von Mehrheit und Minderheit das Recht auf gegenseitige Chancengleichheit zuerkannt wird. Unter den Bedingungen einer „großen Koalition" wird die am Machtwechsel orientierte Chancengleichheit auf ein Prinzip der Parität der Koalitionspartner reduziert und damit ad absurdum geführt.

Ein so verstandenes Prinzip der gleichen Chance führt im Vielparteiensystem zwangsläufig zu einem System zweistufiger Parteienparität. Es verliert seinen Sinn nicht nur im Falle einer großen Koalition bzw. einer Allparteienregierung, sondern auch dann, wenn es, wie in Weimar, mehr als zwei „große" Parteien gibt. Ein auf zwei ungefähr gleich starke, zahlenmäßig alle übrigen Parteien auf Dauer weit überragende und im Parlament stets als Gegenspieler agierende große Massenparteien zugeschnittenes Prinzip der gleichen Chance läuft Gefahr, die „normale Situation" zu verfehlen, die in Deutschland erfahrungsgemäß gerade nicht dadurch gekennzeichnet ist, daß sich die Regierung und ihre „Schutztruppen" in der Ausübung der Macht „verbrauchen" und dann von der „Opposition" abgelöst werden. Dies dürfte zwar weniger daran liegen, daß es keine grundsätzlichen Parteiziele, keine grundsätzlichen Differenzen und damit auch keine echten Alternativen mehr gibt[8], als vielmehr an dem am Stammwähler als Ideal festhaltenden, von den Parteien gepflegten Wählerbewußtsein, das den Wechselwähler als moralische Verirrung, als Ausnahmeerscheinung versteht und sich darin

[5] Ebd. S. 39 ff.

[6] Nach *Karl* (lies: Carlo) *Schmid*, S. 94 beruht das englische Parlamentsverfassungsrecht „heute auf der Fiktion ..., daß es nur zwei Parteien geben kann, nämlich die Partei derer, die an der Regierung sind, und die Partei jener anderen, die die heute Regierenden von der Regierungsbank weghaben wollen"; hierzu auch *Ritter* I, S. 11 ff.

[7] In diesem Sinne unterscheidet *Eschenburg* I S. 538 ff. „Haupt- und Nebenparteien".

[8] So *Forsthoff* I, S. 108 (dazu *Friesenhahn* II, S. 26); vgl. auch *Forsthoff* II, S. 11, 16 ff. Zum „Versickern" und zur „Objektlosigkeit" heutiger Opposition siehe *Kirchheimer* I, S. 140 ff., II, S. 66 ff.; *Hesse* I, S. 22, III, S. 67; *H.-P.Schneider*, S. 37 ff., 140 ff., 165 ff., der sich gegen den darin zum Ausdruck kommenden „Oppositionspessimismus" wendet (ebd., S. 80, 153 f.); kritisch auch *Grube*, S. 238 ff. und (neuestens) *Hennis* IV, S. 226 f.

durch den Umstand bestätigt findet, daß ein von „Protestwählern" ausgelöster „Erdrutsch" seltener der verfassungstreuen Opposition zugute kommt als der „Opposition aus Prinzip". Wo es, wie in der Bundesrepublik, auf Grund eines im wesentlichen konstanten Wählerverhaltens auf Bundesebene 20 Jahre lang geborene Regierungs- und Oppositionsparteien zu geben schien, wo für die führende Regierungspartei noch 1965 „die Alternative bis auf weiteres kaum Regierung oder Opposition, sondern eher Regierung oder Koalition"[9] lautete, für die führende Oppositionspartei mithin lediglich Opposition oder große Koalition, ist die „reale Chance des Machtwechsels" und damit die gleiche Chance der Minderheit, zur Mehrheit zu werden, keineswegs selbstverständlich und das auf diesen Wechsel als conditio sine qua non zugeschnittene Prinzip der Chancengleichheit mehr eine Hypothese, wenn nicht eine Fiktion, die den Wähler sieht, wie er sein soll, nicht wie er ist. Daß hier durch den überraschenden Wechsel auf Grund der Bundestagswahl von 1969 im Wählerbewußtsein schon ein entscheidender Wandel eingetreten wäre, wird man kaum sagen können, zumal in den Bundesländern nach wie vor von einer „realen" Chance des Machtwechsels weithin nicht die Rede sein kann. Künstliche Oppositionsprämien, wie sie gelegentlich zur Herbeiführung „realer" Machtwechselchancen für unumgänglich gehalten werden, lassen sich nicht nur nicht auf das streng formale Prinzip der politischen Chancengleichheit stützen[10], sondern verletzen es[11]. Das Prin-

[9] So *Wildenmann/Kaltefleiter*, S. 77.

[10] a. A. namentlich *H.-P. Schneider*, S. 41, 75, 114, 161, 218 f., 237, 238, 240, 246, 249, 250, 265, 276 f., 281 ff., 287, 290, 293, 294, 298, 363, 368 f., 384, 385, 400 ff., 410 f.; vgl. bes. S. 298, wo u. a. im Zusammenhang mit „Bonus"-Regelungen für die Opposition von „diesen für den Oppositionsstatus schlechthin fundamentalen Normenkomplexen der politischen ‚Oppositionsfreiheit' und der machtchancenmäßigen ‚Oppositionsgleichheit' " die Rede ist; auf S. 385 wird dem „Prinzip der formalen Chancengleichheit" die „reale Potentialität der Machtalternanz" zur Seite gestellt, die in gleicher Weise, wenn nicht letztlich allein für die Funktionsfähigkeit des demokratischen Verfahrens „fundamentale Bedeutung" gewinne; denn erst die „Institutionalisierung von konkreten Machtwechselchancen auf allen Ebenen des demokratischen Prozesses" bringe eine „über die Herstellung nur ‚formaler' Chancengleichheit vor der öffentlichen Gewalt hinausgehende normative Absicherung und Förderung realer Machtwechsel", durch die „die materiale Chancengleichheit zwischen Majorität und Minorität bei absolutem Machtungleichgewicht erst annähernd überhaupt begründet" werde. Ähnlich *Hereth* I, S. 55, 147; *Frank*, S. 293 ff.; *Uhlitz*, S. 14; *Oberreuter*, S. 273 ff., 283 f., 285; bezeichnend dessen Feststellung (ebd. S. 276), in den bisherigen (unzulänglichen) Bemühungen um eine Parlamentsreform bleibe die Opposition Gefangene des Paritätsprinzips und lasse damit — nicht immer zu ihrem Vorteil — das Proporzprinzip hinter sich; ähnlich schon *H.-P. Schneider*, S. 246.

[11] Dazu *Lipphardt*, S. 17 f., 33, 42, 50, 81 f., 112; vgl. auch *Hesse* III, S. 65: Die Verfassung könne „immer nur die *Möglichkeit* eines Wechsels der politischen Führungsgruppen gewährleisten, nicht die tatsächliche Existenz einer hinreichend starken, auf dem Boden der Verfassung stehenden Opposition, die ein solches System alternativer Regierung voraussetzt und die Bedingung seiner Wirkungen ist." In diesem Sinne gelegentlich auch *H.-P. Schneider*, etwa S. 273 ff., zwiespältig S. 363, 384, 385. Vom Recht her läßt sich nur (streng for-

zip duldet ausgleichende Kompensationen sowenig wie Abstufungen. Durch sie würde es bestenfalls auf das differenzierende Willkürverbot des Art. 3 I GG reduziert.

Findet die gewaltenteilende Funktion des Prinzips in der Verfassungswirklichkeit nicht die erhoffte und vorausgesetzte Resonanz, so wird Sinn und Geltung der Parteien- und Fraktionenparität dadurch dennoch nicht in Frage gestellt. Anders als im Wahlrecht, bei der Wahlwerbung oder der Wählerpflege zwischen den Wahlen erhält aber das Prinzip der Chancengleichheit aller Fraktionen und Parteien im parlamentarischen Geschäftsgang, namentlich im Falle einer Redner- und Zeitkontingentierung, einen neuen Akzent durch das Prinzip von Rede und Gegenrede (Art. 42 I 1 GG) und das Mehrheitsprinzip (Art. 42 II 1 GG), die es auf die Ebene des Dualismus von Mehrheit und Minderheit heben, auch wenn diese sich jeweils aus verschiedenen Gruppen zusammensetzen, auch wenn die Minderheit de facto keine Aussicht haben sollte, zur Mehrheit zu werden. Denn einmal kommt es auf das Offenhalten der Alternative an und diese reduziert sich unter dem auch im Vielparteienparlament geltenden Mehrheitsprinzip zwangsläufig auf Befürwortung oder Ablehnung des Regierungsstandpunkts, die beide bis zur Abstimmung Anspruch auf gleichrangige und gleichwertige Berücksichtigung haben[11a]. Zum anderen kommt es hier wesentlich auf das Für und Wider im Ergebnis an, mag auch die Begründung innerhalb des jeweiligen Lagers unterschiedlich sein.

Während auf seiten der Opposition die Ablehnung des Regierungsstandpunkts unter Umständen auf so viele unterschiedliche Motive wie Gruppen gestützt ist, sind die Fraktionsredner des Regierungslagers in aller Regel austauschbar. Gegen die Abtretung von Redezeit innerhalb des den gleichen Standpunkt verfechtenden Lagers ist, weil es dabei stets um Rede und Gegenrede, Unterstützung und Ablehnung des Regierungsstandpunktes geht, im Prinzip nichts einzuwenden. Dem Prinzip der paritätischen Wechselrede kommt es nicht darauf an, auf wieviele Gruppen sich Zustimmung und Widerspruch verteilen und wie sie von diesen jeweils begründet werden, sondern allein darauf, ob das eine oder das andere der Fall ist. Das Mehrheitsprinzip gruppiert Befürworter und Gegner des Regierungsstandpunktes lediglich nach Mehrheit und Minderheit, selbst wenn diese Gruppierungen in sich heterogen sein sollten. Es entspricht daher dem Prinzip der paritätischen Wechselrede, Mehrheit und Minderheit, Rede und Gegenrede mit jeweils der Hälfte

---

male) „Chancengleichheit von Majorität und Minorität im Verfahren" (*H.-P. Schneider*, S. 384) sicherstellen und begründen. In diesem Sinne auch *Achterberg* III, S. 704: Minderheitenschutz müsse auf „Verfahrensfragen" beschränkt bleiben; ähnlich *Kewenig* III, S. 30 f.

[11a] Den Zusammenhang zwischen Mehrheitsprinzip und dem demokratischen Gebot politischer Gleichheit sowie der Offenheit politischer Entscheidungen betont *Scheuner* XII, S. 46, 50, 58 f.

der festgesetzten Gesamtredezeit auszustatten und Ministerreden entweder auf die Redezeit der Koalition anzurechnen[12] oder die Redezeit der Minderheit so zu verlängern, daß die Zeitparität zwischen Mehrheit und Minderheit wiederhergestellt ist[13].

Die Parität von Mehrheit und Minderheit bei Rede und Gegenrede hängt auch nicht davon ab, ob die Regierung bzw. die Opposition zahlenmäßig stark oder schwach im Parlament vertreten ist, ob sie von einer oder mehreren Parteien gebildet wird und ob schließlich die Minderheit in concreto die „reale Chance" hat, zur Mehrheit zu werden. Sie setzt freilich ein Abgehen von dem „eingebürgerten" Proporzschlüssel voraus und deckt sich mit der Fraktionenparität nur im Falle des Zweiparteienparlaments. Sobald die Opposition aus mehr als einer Partei besteht und die ihr angehörenden Gruppen untereinander zerstritten sind, stellt sich die Frage des Verteilungsschlüssels für diesen Bereich erneut, während sie bei Regierungs- und Oppositionskoalitionen wegen der prinzipiellen Austauschbarkeit der Fraktions- und Regierungssprecher innerhalb des gleichen Lagers so gut wie keine Rolle spielt. Da die Proporzregel hier generell verworfen wurde, bleibt nur die paritätische Aufteilung der gesamten Oppositionsredezeit auf die verschiedenen Oppositionsgruppen[14]. Die These, daß jede Oppositionspartei bzw. -fraktion für sich Gleichstellung mit den Regierungsparteien und ihren Ministern fordern könne, diese also einer mehrfachen Opposition mit entsprechend mehrfacher Redezeit ausgesetzt sind, wird sich hingegen vom Boden der Parität von Rede und Gegenrede schwerlich begründen lassen. Lehnt man diese Art der Gleichstellung ab, bleibt allein der Maßstab der Fraktionenparität, wobei die Ministerreden auf die Redezeit derjenigen Fraktionen und Parteien anzurechnen sind, denen die betreffenden Minister angehören, bzw. sich die Redezeit der oppositionellen Fraktionen um denjenigen Teil der durch Ministerreden verbrauchten Redezeit verlängert, der ihrer Zahl entspricht. Für die Reden der Bundesratsvertreter (Art. 43 II 2 GG) müßte Entsprechendes gelten, wobei dann allerdings die Rede eines der Opposition angehörenden Sprechers gegebenenfalls auch einmal umgekehrt die Redezeit der Regierungsfraktionen verlängern könnte[15]. Damit wäre dann im Blick auf Reden der Regierung und

[12] So die vereinbarte Redezeitregelung für die 171. bis 173. Sitzung des 6. Bundestages; dazu *Blischke*, S. 66 f. und oben Abschnitt I 4 b.

[13] So *Tschermak*, S. 202. § 114 I 4 BayGO a. F., demzufolge „nach Möglichkeit ... den Parteien der Staatsregierung und der Opposition die gleiche Redezeit zuzubilligen" war, ließ die Frage offen; in die BayGO 1974 wurde die Regelung nicht übernommen.

[14] So auch *Tschermak*, S. 202.

[15] Vgl. die Regelung für die 171./173. BT-Sitzung vom Februar 1972: *Blischke*, S. 66 f. Auf den Aspekt der „Chancengleichheit zwischen Regierungs- und Oppositionsländern" macht namentlich *H.-P. Schneider*, S. 219, 231 aufmerksam. Zur Redebefugnis des Bundesrates s. *Schönfeld*, S. 203 ff. und *Vonderbeck*. Zu Unrecht wendet sich *Schönfeld*, S. 207 gegen die Anrechenbarkeit der

des Bundesrats sowohl dem Prinzip der Fraktionenparität (wenigstens innerhalb des Regierungs- und Oppositionslagers) als auch dem Prinzip der paritätischen Wechselrede Rechnung getragen. Im Falle einer in sich zerstrittenen Opposition bleibt diese Regelung indes fragwürdig. Hier sollte man zur reinen Redner- und Fraktionenparität zurückkehren, die beide, wie gezeigt wurde, mit dem Prinzip der paritätischen Wechselrede vereinbar sind und in die sich auch nach Art. 43 II 2 GG gehaltene Reden einfügen ließen.

Für welchen der genannten Verteilungsschlüssel auch immer man sich entscheiden will, im Vielparteienparlament muß das Recht der Opposition auf Chancengleichheit mit der Regierung jedenfalls differenzierter gesehen und hinsichtlich seines Geltungsbereichs enger begrenzt werden, als es nach dem ihm zugrunde gelegten Schema des reinen Zweiparteienparlaments bisher der Fall war. Daß indes der Satz von der „Opposition als Gegengewicht zur Regierung" und der sie tragenden Parlamentsmehrheit ein „Zweiparteiensystem" voraussetze, die politische Wirklichkeit wechselnder Koalitionsregierungen wie Mehrparteienopposition es hingegen ausschließe, „‚Opposition' als institutionalisierte Einheit der Regierung gegenüberzustellen"[16], wird schon durch die rechtlich und tatsächlich notwendige Scheidung und Gruppierung des Parlaments nach regierender Mehrheit und opponierender Minderheit widerlegt, ohne die es weder eine echte Debatte noch eine echte Abstimmung und damit keine parlamentarische Demokratie gäbe. Mehrheit und Minderheit sind nicht mehr von Abstimmung zu Abstimmung wechselnde Größen, die nur im Augenblick der letzten (entscheidenden) Abstimmung existent würden, sondern wie die Parteifraktionen, aus denen sie sich zusammensetzen, feste Gebilde, ständige Einrichtungen des Parlaments, denen das Attribut der „verfassungsrechtlichen Institution" ebensowenig abgesprochen werden kann wie den Fraktionen[17].

2. Prozessuale Konsequenzen

Für das verfassungsgerichtliche Verfahren unproblematisch sind Redner- und Fraktionenparität. Hier können die betroffenen Abgeordneten und Fraktionen vor dem BVerfG unstreitig im Wege des Organstreits

---

Bundesratsreden je nach dem parteipolitischen Standort des Redners bzw. seiner Regierung. Seine Ansicht beruht auf der anfechtbaren Prämisse, Redner des Bundesrates dürften im Bundestag nur den Mehrheitsstandpunkt des Bundesrates vertreten (ebd. S. 205; ähnlich *Bücker*, S. 422), der — anders als derjenige der Regierung — (angeblich) nicht parteipolitisch motiviert sei. Wie hier — jedenfalls im Ergebnis — *Hereth* I, S. 55; *Vonderbeck*, S. 556 f.; s. auch oben (zu) Anm. II/92.

[16] *Jülich*, S. 84; kritisch dazu *H.-P. Schneider*, S. 14 ff.

[17] In diesem Sinne namentlich *H.-P. Schneider*, S. 14 ff., 29 f., 31 ff., 41 ff., 80 ff., 87 ff., 117 ff., 155 f., 160 ff., 180 ff., 354 ff., 360 ff., 397 ff.; a. A. etwa *Jülich*, S. 83; *Achterberg* III, S. 703 f.

ihr Recht suchen[18], wobei freilich wegen des Grundrechtsbezuges der parlamentarischen Redefreiheit die Möglichkeit einer Verfassungsbeschwerde nicht von vornherein ausgeschlossen werden sollte.

Das BVerfG selbst hat Fragen des Abgeordnetenstatus — in concreto stets Fragen der Abgeordnetengleichheit — auf Antrag des Betroffenen teils im Organstreit, teils im Verfassungsbeschwerdeverfahren geprüft, ohne daß diese unterschiedliche prozessuale Behandlung vom materiellrechtlich einheitlichen Gegenstand her gerechtfertigt gewesen wäre[19]. Dabei handelt es sich nicht lediglich um „Friktionen"[19a], sondern um Widersprüche. Ähnlich widersprüchlich handhabt das Gericht bei der Frage der Parteiengleichheit die Zulassung politischer Parteien teils zum Organstreit, teils zur Verfassungsbeschwerde[20]. Die Abgeordnetengleichheit ist jedoch sowenig teilbar wie die Parteiengleichheit[21]. Wie diese Bestandteil der Parteienfreiheit, mithin ausschließlich in Art. 21 I GG verfassungsrechtlich verankert ist, findet jene ihre Grundlage in der Freiheit und Unabhängigkeit des Abgeordneten, mithin in Art. 38 I 2 GG. Gleiches Wahlrecht (Art. 38 I 1 GG) und allgemeiner Gleichheitssatz (Art. 3 I GG) haben demgegenüber mit der Abgeordnetengleichheit sowenig zu tun wie mit der Parität der Parteien und Fraktionen[22].

Daß die Fraktionen als „andere Beteiligte" im Sinne des Art. 93 I Nr. 1 GG bzw. als „Teile" des obersten Bundesorgans „Bundestag" im Sinne

---

[18] Vgl. BVerfGE 2, 143 (159 ff.); zu dieser Entscheidung *Bachof*, S. 114 ff.

[19] Vgl. BVerfGE 2, 143 (164 ff.); 4, 144 (147 ff.); 6, 445 (448 f.); 10, 4 (10 f.); 32, 157 (162 f.); 38, 326 (335 f.); 40, 296 (308 ff.). Zu „Organstatus" und Organklage des Abgeordneten: *Badura*, Rdn. 56 zu Art. 38 GG; *Giese*, S. 105 f.

[19a] *Häberle* III, S. 540.

[20] Dazu *Lipphardt*, S. 213 ff., 465 ff.; *Weiler*, S. 526 ff.; *Henke*, S. 280 ff.; *Frowein*, S. 81, 83 f.; *Goessl*, S. 224 ff.; *Erdmann*, S. 207 ff.

[21] Zur „prozeßrechtlichen Grauzone" in mandatsbezogenen Streitfällen s. *Weiler*, S. 532 f.

[22] Siehe oben nach Anmerkung II/45; a. A. für die Parteien: etwa *H.-J. Rinck*, S. 685 ff. (Art. 3 I GG); *Frowein*, S. 81 ff., 98 ff. und *Meyer*, S. 124 ff., 129 ff., 134 ff., 144 ff. (Art. 38 I 1, 28 I 2 GG); für den Abgeordneten: *Häberle* III, S. 538 f. (Art. 3 I GG); *Arndt/Schweitzer*, S. 82 ff. (Art. 38 I 1 GG!). Das BVerfG, das zunächst „sachgerechte" Differenzierungen zwischen Abgeordneten ähnlich wie (später) bei den Parteien uneingeschränkt zugelassen hatte, mithin auch die Abgeordnetengleichheit als Anwendungsfall des Art. 3 I GG verstand — vgl. BVerfGE 4, 144 (148, 155 f. — dazu kritisch *Giese*, S. 107 f.); 10, 4 (13 ff., 16, 19 f.); 32, 157 (165 ff. und 170 ff. [Sondervotum]) —, betont neuerdings das aus dem „egalitären Gleichheitssatz" der „privilegienfeindliche(n) Demokratie" hergeleitete „Gebot der formalen Gleichbehandlung der Abgeordneten", von dem nur aus „zwingendem Grunde" abgewichen werden dürfe: BVerfGE 40, 296 (317 f., 322, 323, 324, 325, 326). Vgl. auch die der letzten Entscheidung vorausgehende Teilentscheidung BVerfGE 38, 326, wo es um die Frage ging, ob der „freie Zugang zum Mandat", der die Zugangsgleichheit einschließt und voraussetzt, durch das Gebot des freien Mandats (Art. 38 I 2 GG), durch die Gleichheit der Wahl (Art. 38 I 1, 28 I 2 GG) oder/und durch Art. 3 I GG gesichert ist (ebd. S. 335, 336 ff., 340 und 342 f. [Sondervotum]).

des § 63 BVerfGG im Organstreit parteifähig sind, wird heute nicht mehr in Zweifel gezogen[23]. Unter der WRV war dies trotz umfassender Zulassung der (Landtags-)Fraktionen zum Organstreit vor dem RStGH noch anders[24]. Ihre Parteifähigkeit im Verfassungsstreit wurde damals namentlich von *Friesenhahn* bestritten[25]. *Jerusalem* deutete die Fraktionsklage in eine „Verfassungsbeschwerde" um[26]. Mit ihr sollte zwar lediglich der extensiven Interpretation des Begriffs der Verfassungsstreitigkeit durch den RStGH Rechnung getragen werden, was indes ihre prinzipielle Vergleichbarkeit mit der heutigen Verfassungsbeschwerde nicht ausschließt. Daß Fraktionen auch heute vom Verfassungsbeschwerdeverfahren nicht völlig ausgeschlossen sein können, mag das Beispiel der Fraktionssendungen im Rundfunk belegen. Gegen den Ausschluß von diesen oder gegen eine gleichheitswidrige Sendezeitvergabe kann die betroffene Fraktion — wie eine politische Partei im vergleichbaren Fall der Partei- und Wahlsendungen — schon mangels Parteifähigkeit des Antragsgegners nicht im Organstreit klagen. Hier bleibt nur der Rechtsweg zu den Verwaltungsgerichten und anschließend die Verfassungsbeschwerde. Gleiches müßte, folgt man der Judikatur des BVerfG zur Wahlkampfkostenerstattung[27], für die Verweigerung der Fraktionszuschüsse aus dem Staatshaushalt durch den Parlamentspräsidenten als „Verwaltungsbehörde" gelten[28].

Wenn es richtig ist, daß im Rahmen eines Verfassungsbeschwerdeverfahrens (auch) Fragen des (früheren oder künftigen) organschaftlichen Abgeordnetenstatus des Beschwerdeführers geklärt werden können[29], muß es umgekehrt auch möglich sein, im Rahmen eines Organstreits Grundrechtsverletzungen zu rügen. Das verfahrensrechtliche Gewand sagt damit nur bedingt etwas über den organschaftlichen oder grundrechtlichen Charakter der geltend gemachten Rechte aus. Reichen die politischen Grundrechte der Meinungs- und Redefreiheit wie der streng formal zu verstehenden demokratischen Gleichbehandlung in das Parlament hinein, stehen sie auch den Abgeordneten und den Fraktionen als

[23] Vgl. BVerfGE 1, 208 (223); 2, 143 (153, 160); 20, 56 (104); *H. W. Rinck*, S. 44 ff., 84 f.; *Lechner*, S. 98 f., 100, 294; *Hesse* III, S. 267; *Weiler*, S. 531; *H.-P. Schneider*, S. 222; *Wollmann*, S. 219 f., 222 f.; *Gehrig* I, S. 299 f.; *Zirker*, S. 133 ff.; *Lörken*, S. 125 ff.; *Kassimatis*, S. 126, 197 f., 200; *Schweitzer*, S. 87; *Goessl*, S. 123, 156 f., 160 f.; *Erdmann*, S. 186, 226 f.; *Bernau*, S. 193, 195; *Geiger*, S. 209 f., 212 (Erl. 4 b zu § 63, 3 zu § 64 BVerfGG); *Bachof*, S. 116, 119; *Henke*, S. 276 f., 286.

[24] Dazu etwa *H. W. Rinck*, S. 33 ff.

[25] *Friesenhahn* I, S. 536 f.

[26] *Jerusalem*, S. 120, 121 ff., bes. S. 124 f.; vgl. auch *Hartmann*, S. 33 ff.

[27] BVerfGE 27, 152 (157 f.); 28, 97 (102 f.).

[28] Vgl. die vom nds. StGH entschiedenen Organstreitfälle OVGE 17, 504 ff., 508 ff.

[29] So BVerfGE 40, 296 (308 ff.).

„Grundrechte“ zu, wird ihr Grundrechtscharakter nicht dadurch in Frage gestellt, daß sie nach derzeitiger Auffassung im Gewand eines Organstreits geltend gemacht werden müssen. In der Anerkennung eines für Bürger und Parteien, Abgeordnete und Fraktionen einheitlichen „Verfassungsgrundsatzes“ und „Grundrechts“ der allgemeinen Oppositionsfreiheit und -gleichheit[30] liegt indes im Kern auch die Forderung nach ihrer einheitlichen prozessualen Behandlung im verfassungsgerichtlichen Verfahren, d. h. die Zulassung nicht nur von Bürgern und Parteien, sondern auch von Abgeordneten und Fraktionen zur Verfassungsbeschwerde, beschlossen, mag es sich dabei gegenwärtig auch noch um „eine über den derzeitigen Stand der Verfassungsrechtsprechung ... weit hinausgreifende verfassungspolitische Erwägung“ handeln[31].

Ob darüber hinaus auch Mehrheit und Minderheit als solche „eigene Rechte“ besitzen, die den beteiligten Fraktionen gleichsam „zur gesamten Hand“ zustehen, ob man das „Recht der Opposition auf Chancengleichheit mit der Regierung“ als Recht des ganzen Parlaments begreift, das von „Teilen“ dieses Organs geltend gemacht wird, oder ob es sich dabei um eine Regel des objektiven Verfassungsrechts handelt, die für die einzelnen Fraktionen eigene Rechte und Pflichten erzeugt, ist eine Frage, die an der Existenz des Verfassungssatzes als solchen nichts ändert und daher praktisch weniger in materiellrechtlicher als in prozessualer Hinsicht von Bedeutung ist[32].

Das BVerfG läßt einen Organstreit zwischen Parlamentsmehrheit und Parlamentsminderheit (Opposition) als solchen nicht zu. In einer frühen Entscheidung[33] hat es die These vertreten, „Mehrheit und Minderheit“ seien keine „selbständigen Gebilde“, sondern „nur politische Kräfte innerhalb der parlamentarischen Körperschaft“ und in dieser Eigenschaft „rechtlich nicht formiert“[34]. Sie seien „Gruppierungen von Mitgliedern (sc. des Parlaments), die sich nur von Fall zu Fall zusammenfinden, um gestaltend auf den Geschäftsgang Einfluß zu nehmen[35]. Es könne folglich nur von einer „konkreten Mehrheit“ bzw. Minderheit gesprochen werden, die „erst in der Schlußabstimmung zutage tritt“. Vor der Abstimmung und losgelöst von ihr stehe nicht einmal fest, „wer überhaupt diese

[30] Dazu *H.-P. Schneider*, bes. S. 11 ff., 34 ff., 200 ff., 299 ff.

[31] So *H.-P. Schneider*, S. 222.

[32] Das verkennt *Jülich*, wenn er — unter unzulässiger Gleichsetzung des „Rechtes *auf* Opposition“ mit dem „Recht *der* Opposition“ (auf Chancengleichheit) — davon ausgeht, daß dieses „Recht“ nicht der Gesamtheit der Minderheitsparteien als solcher, sondern „jeder Partei und jedem Abgeordneten“ zustehe (*Jülich*, S. 83 [Herv. v. Verf.]; dazu kritisch *H.-P. Schneider*, S. 11 ff.).

[33] BVerfGE 2, 143.

[34] Ebd. S. 161.

[35] Ebd. S. 160.

Mehrheit (sc. bzw. Minderheit) ist“[36]. Es gebe mithin keine Mehrheit bzw. Minderheit des Bundestages, „die als parteifähiges Gebilde zur Vertretung *eigener* Rechte das BVerfG anrufen könnte“. Auch als parteifähiges Gebilde zur Wahrnehmung von *Rechten des Bundestages* scheide diese „ad hoc“ gebildete „konkrete Mehrheit“ bzw. „konkrete Abstimmungsminderheit“ aus, „da sie losgelöst von der Beschlußfassung, und in diesem Akt dann mit dem Bundestag identisch, überhaupt nicht existiert“[37].

Diesen „verfahrensrechtlichen“ Überlegungen liegt zweifellos das Identitätsdogma des Rousseau'schen Demokratiebegriffs zugrunde, demzufolge der Regierungs- und Mehrheitswille mit dem Gemeinwillen gleichzusetzen ist und die dissentierende Minderheit sich nur über ihren „wahren“ Willen irrt. Nur vom Boden der volenté générale aus läßt sich davon sprechen, daß „bei dem Prozeß der Willensbildung ... (sc. Mehrheit und Minderheit) ununterscheidbar in den einheitlichen Beschluß des Parlaments als solchen ein(gehen)“[38], oder davon, daß Mehrheit und Minderheit bei dem Gesetzesbeschluß, „einem Rechtsakt des Bundestages“, durch ihre Stimmabgabe in gleicher Weise mitwirken und, „weil sie insofern gar nicht losgelöst von dem Bundestag gedacht werden können, sondern seinen Willen mitbilden“, in dieser Tätigkeit weder ein Recht des Bundestages noch ein Recht der Mehrheit bzw. Minderheit als solcher verletzen können[39]. Mit anderen Worten: Die dissentierende Minderheit ist für den Gesetzesbeschluß in gleicher Weise verantwortlich wie die Mehrheit.

Auf der Verbands- und Oppositionsfeindlichkeit des Rousseau'schen Demokratieverständnisses fußt auch die rechtliche Bewertung von Mehrheit und Minderheit als fluktuierenden, von Fall zu Fall sich neu konstituierenden Größen, als gäbe es im Parlament keine festen Fraktionen und Koalitionen, die sich auf Dauer nach Pro und Contra gruppieren.

Schon auf diese verfahrensrechtlichen Überlegungen trifft zu, was *Arndt* kritisch zum Redezeit-Urteil angemerkt hat[40]. Das BVerfG ist denn auch nicht konsequent geblieben. Es hat nämlich nicht nur die Fraktionen als parteifähige Gebilde anerkannt, die durch ständige Gruppierung nach Mehrheit und Minderheit, also gerade nicht „von Fall zu Fall“, die „parlamentarische Arbeit“ im parlamentarischen Regierungssystem überhaupt erst ermöglichen[41], sondern auch — im Zusammenhang mit Art. 79 I GG — die Möglichkeit einer „Rechtslage der qualifizierten Minderheit“ ins Auge gefaßt, die „schon vor der Schlußabstimmung existent

[36] Ebd. S. 162.

[37] Ebd. S. 163.

[38] Ebd. S. 162; dazu kritisch *Arndt* II, S. 434 f.

[39] BVerfGE 2, 143 (168 f.).

[40] Siehe oben Anm. III/1.

[41] BVerfGE 2, 143 (160).

werden" und der ein „eigenes, durch das GG verliehenes Recht" zugebilligt werden könne, das sie als „parteifähiges Gebilde" schon bei „Gefährdung dieses ihres Rechts" im Organstreit geltend machen könne[42]. Schließlich hat das BVerfG in der gleichen Entscheidung ausdrücklich davon gesprochen, daß es „*das Recht der Opposition* (sei), außer ihren politischen auch ihre verfassungsrechtlichen Bedenken geltend zu machen", ja nicht nur ihr „Recht", „sondern im parlamentarisch-demokratischen Staat geradezu ihre Pflicht"[43]. Wenn es aber ein derartiges „Recht" bzw. eine derartige „Pflicht" der Opposition als solcher gibt, muß es auch möglich sein, beides im Organstreit geltend zu machen. Von dem „Recht der Opposition auf Chancengleichheit mit der Regierung(smehrheit)" gilt dann aber nichts anderes.

Die Richtigkeit des Satzes, daß die im GG mit eigenen Rechten ausgestatteten „qualifizierten Minderheiten" nicht schlechthin, sondern nur zur Geltendmachung gerade dieser Rechte Organklage erheben können[44], wird dadurch nicht in Frage gestellt. Ob die Antragsteller im Redezeitfall darüber hinaus auch als qualifizierte Minderheit nach § 106 GOBT 1951/1970 auftreten konnten, hat das BVerfG freilich ausdrücklich offengelassen und auch die Frage seiner behaupteten Verletzung nicht weiter geprüft[45].

Als parteifähig und sachlegitimiert sieht das Gericht — neben anderen obersten Bundesorganen, einzelnen Abgeordneten und politischen Parteien — nur (und darauf kommt es hier an) das Gesamtparlament und die einzelnen Fraktionen an. Fraktionen sollen im Organstreit freilich nur zur Geltendmachung der (Minderheits-)Rechte des Gesamtparlaments gegenüber anderen obersten Bundesorganen befugt sein[46]. Es fragt sich indes, ob nicht auch das GG selbst die Fraktionen mit „eigenen" Rechten ausgestattet hat. Hatte das BVerfG ursprünglich in den Fraktionen lediglich von der Geschäftsordnung eingerichtete und mit eigenen Rechten ausgestattete „Teile" und „ständige Gliederungen" des Parlaments gesehen[47], sieht es in ihnen seit der Redezeit-Entscheidung — im Rückblick auf die frühere Judikatur und in Parallele zu den politischen Parteien — „notwendige Einrichtungen des ‚Verfassungslebens', nämlich der durch Verfassung und Geschäftsordnung geregelten Tätigkeit des Bundes-

[42] Ebd. S. 164.

[43] Ebd. S. 170 (Herv. v. Verf.).

[44] Ebd. S. 160, 165 f.

[45] BVerfGE 10, 4 (9, 10, 11).

[46] So namentlich BVerfGE 2, 143 (160, 165); *Lechner*, S. 294; *Wollmann*, S. 219, 222; *Friesenhahn* III, S. 39, 41. Im übrigen vgl. BVerfGE 1, 144 (153); 1, 208 (223, 229); 1, 351 (359 f.); 1, 372 (378); 2, 143 (159 ff., insbes. S. 160, 163, 166 f.); 2, 347 (365 f.); 3, 12 (15, 17 f.); 10, 4 (14); 20, 56 (104 f.); 27, 44 (50 ff.); 38, 258 (273 f., 277).

[47] BVerfGE 1, 223, 359, 378; 2, 160, 365; vgl. auch BVerfGE 38, 273.

tags"[48], bei der den Fraktionen „im Rahmen ihrer Aufgabe, die Meinungsbildung und Beschlußfassung vorzubereiten und zu erleichtern", eine „unentbehrliche Funktion" zukomme[49]. „Mit der Anerkennung der Parteien in Art. 21 erkennt das Grundgesetz auch sie an", regelt mithin — in Verbindung mit Art. 38 I, 40 I 2 und 93 I Nr. 1 GG — ihre „Stellung und Aufgaben" wie bei den Parteien im Kern selbst[50].

Sieht man die Fraktionen mit dem BVerfG als durch die Verfassung ebenso verbürgt an wie die politischen Parteien, läßt sich die Auffassung, jenen stünden im Gegensatz zu diesen über die Geschäftsordnung hinaus keine ihnen durch die Verfassung übertragenen „eigenen" Rechte zu, nicht länger aufrechterhalten. Der vom Gericht 1953 aufgestellte Satz: „Die durch die Geschäftsordnung eingerichteten ständigen Gliederungen des Bundestages ... besitzen Parteifähigkeit nicht um ihrer selbst willen, sondern nur zur Vertretung der Rechte des Bundestages"[51], ist falsch. Das hat *Rinck*[52], der das Gericht freilich zu Unrecht für den umformulierten Satz: „Die Fraktionen besitzen die Parteifähigkeit aber nicht nur um ihrer selbst willen, sondern auch zur Vertretung der Rechte des Bundestages"[53], als Zeugen anruft, im Ergebnis zu Recht festgestellt.

1969 wird die frühere Einschränkung denn auch aufgegeben: Das Recht zur Wahl des Ministerpräsidenten eines Bundeslandes gehört nämlich nach Ansicht des BVerfG nicht nur zum verfassungsrechtlichen Status der Abgeordneten, sondern steht auch „von Verfassungs wegen" den Fraktionen zu, obwohl sie in der Verfassung nicht erwähnt sind[54]. Denn diese Wahl bedarf der Vorbereitung, bei der die — von der Verfassung vorausgesetzte — Mitwirkung der Fraktionen „unentbehrlich" ist. Ihnen kommt von Verfassungs wegen das Wahlvorschlagsrecht zu. Dieses Recht

[48] BVerfGE 10, 14; 20, 104.

[49] BVerfGE 27, 51; 38, 277.

[50] So BVerfGE 10, 14; *H.-P. Schneider*, S. 28, 316 f., 361 f.; in gleichem Sinne etwa *H. W. Rinck*, S. 14 f., 18 ff., 53; *Tschermak*, S. 105 f., 125 f., 129 f.; *Hesse* III, S. 234; *Kl. F. Arndt*, S. 76, 78; *W. Schmidt*, S. 495; *Dellmann*, S. 154, 156; *Steiger*, S. 116 f.; *Badura*, Rdn. 1, 71, 78 zu Art. 38 GG; *Arndt/Schweitzer*, S. 77 f.; a. A. *Hauenschild*, S. 147 f., 171 f.; *Goessl*, S. 160 f.; wohl auch *Henke*, S. 146, 147 f., 149 f., der in den Fraktionen lediglich „eine parlamentsrechtlich zu beurteilende Erscheinung" sieht (ebd., S. 150), und *Moecke*, der sie lediglich als Gebilde der „Verfassungswirklichkeit" bzw. der Geschäftsordnung versteht (*Moecke* I, S. 279, 281, II S. 570, III, S. 165, 169 f.); ähnlich *Kißler*, S. 347; zweifelnd *Linck*, S. 693. Von den politischen Parteien, mithin auch von Art. 21 GG werden die Fraktionen in BVerfGE 20, 56 (104 f.) distanziert. Das GG erwähnt sie jetzt wenigstens im Rahmen der Notstandsverfassung: Die Zusammensetzung des Gemeinsamen Ausschusses bestimmt sich „entsprechend dem Stärkeverhältnis der Fraktionen" (Art. 53 a I GG).

[51] BVerfGE 2, 143 (165).

[52] *H. W. Rinck*, S. 51 f.

[53] Ebd. S. 51.

[54] BVerfGE 27, 44 (52).

jeder Fraktion als solcher ist somit „ein eigenes, ihr nicht etwa nur durch die Geschäftsordnung, sondern durch die Landesverfassung übertragenes Recht“[55].

Gleiches gilt für das Initiativrecht der Fraktionen: Gesetzesvorlagen „aus der Mitte des Bundestages“ (Art. 76 I GG) müssen gemäß § 97 I GOBT 1951/70 von soviel Abgeordneten unterzeichnet sein, „wie einer Fraktionsstärke entspricht“. Bei Vorlagen ihrer Fraktion — auch und gerade sie meint die Geschäftsordnung — genügt nach Parlamentsbrauch die Unterschrift des Fraktionsvorsitzenden[56]. Hierzu hat das BVerfG auf eine — stillschweigend als zulässig erachtete — Fraktionsklage hin festgestellt, daß das parlamentarische Initiativrecht des Art. 76 I GG „nicht dem Bundestag, sondern den Abgeordneten in einer zahlenmäßig bestimmten Gruppierung“ zustehe. Im Falle seiner Einschränkung beschränke das Parlament daher „nicht sein eigenes Recht, sondern das einer mit eigenen Rechten ausgestatteten Gruppe“, will sagen: der Fraktion[57]. Nichts anderes gilt schließlich für die Debattenrechte der Fraktionen, namentlich für das hier in Rede stehende Recht auf paritätische Fraktionsredezeiten.

Im Organstreit kann darüber hinaus für Fraktionen nicht gelten, was das BVerfG für die Klage einer qualifizierten Minderheit von Abgeordneten als Grundsatz aufgestellt hat, daß nämlich „die Aktivlegitimation der im Grundgesetz mit eigenen Rechten ausgestatteten Teile des Bundestages auf die Geltendmachung eigener Rechte zu beschränken“ sei[58]. Da Fraktionen als „ständig vorhandene Gliederungen“ des Parlaments[59] im Zeitpunkt der Rechtsausübung wie der Klage bereits bestehen, sind sie mit fluktuierenden und daher beliebigen „Bruchteile(n) der Mitgliederzahl des Bundestages“, die sich zu diesem Zweck erst als Minderheit konstituieren müssen, nicht vergleichbar. Fraktionen können mithin nicht nur ihre im GG verbürgten eigenen Rechte, sondern darüber hinaus auch die Rechte des Parlaments selbst vor dem BVerfG geltend machen[60].

Von hier aus ist es nur noch ein Schritt, jeder Fraktion das Recht zuzugestehen, in Prozeßstandschaft für den Bundestag (als Organ der Minder-

[55] Ebd. S. 51.

[56] *Ritzel/Koch*, Erl. 4 b zu § 97 GOBT; *Lechner/Hülshoff*, 3. Aufl., S. 232. Die vom GO-Ausschuß im Februar 1976 vorgeschlagene Neufassung der GOBT trägt diesem Brauch Rechnung, indem sie neben einer der Fraktionsmindeststärke entsprechenden Anzahl von Abgeordneten ausdrücklich auch „eine Fraktion“ als „antragsberechtigt“ bezeichnet (§ 84 I GOBT-Entwurf 1976); Empfehlungen II, S. 22, III, S. 26 f.

[57] BVerfGE 1, 144 (153); dazu *Schäfer*, S. 76; *Lörken*, S. 128; *Friesenhahn* III, S. 41, *Kassimatis*, S. 125 f.; *Reifenberg*, S. 100 f.

[58] BVerfGE 2, 143 (165): kritisch hierzu *Erdmann*, S. 227 und — jedenfalls zur Begründung — *Bachof*, S. 119.

[59] BVerfGE 2, S. 160.

[60] Dazu ebd. S. 165.

heit) gegen diesen (als Organ der Mehrheit) „Rechte der Opposition" im Wege des Organstreits geltend und damit im Gewande eines Organstreits zwischen Fraktion und Parlament in Wahrheit einen Organstreit zwischen Opposition und Regierungsmehrheit anhängig zu machen[61]. Präzedenzfall ist die Entscheidung des BVerfG vom 6. 2. 1952[62] zum Initiativrecht der Opposition nach Art. 76 I GG. Danach bedeuten die Worte „aus der Mitte des Bundestages" in Art. 76 GG nicht, „daß der Bundestag *als solcher* ein Initiativrecht hat", eine sachliche Beschränkung desselben könne folglich nicht „als bloße ‚Selbstbeschränkung' des Bundestages gerechtfertigt werden". Das Initiativrecht stehe vielmehr einer „mit eigenen Rechten ausgestatteten Gruppe" von Abgeordneten zu[63]. Was unter der Bezeichnung „Gruppe" zu verstehen ist, läßt das Gericht allerdings offen und spricht im übrigen nur abstrakt vom „Antragsteller"[64]. Daß es sich bei dem Initiativrecht „aus der Mitte des Bundestages" nach Art. 76 I GG in erster Linie um ein Recht der Minderheit(sfraktionen) handelt, ergibt sich aus der Überlegung, daß das Initiativrecht der Mehrheitsfraktionen angesichts des Initiativrechts der von ihr getragenen Regierung eine überflüssige Befugnis ist, deren Ausübung denn auch in erster Linie eine Frage der Optik oder Taktik ist, während das Initiativrecht für die Opposition Voraussetzung ihrer Wirksamkeit ist.

Die Einheit von Regierung und Mehrheit gilt selbst für Art. 113 GG alter und neuer Fassung. Als notwendige Bestandteile der Mehrheit tragen Regierung und Regierungsparteien in jedem Falle die Verantwortung. Die parlamentarische Regierung darf und wird es in aller Regel auch nicht dazu kommen lassen, daß sie gegenüber einem Beschluß der sie tragenden Mehrheit von dem Veto des Art. 113 GG Gebrauch macht, da dieses nicht etwa ihre Standfestigkeit, sondern gerade ihre Vertrauensschwäche offenbaren würde. Es ist daher bezeichnend, daß man der im Grunde systemfremden Bestimmung des Art. 113 GG, die angeblich eine „Gewichtsverteilung zwischen Bundestag und Bundesregierung" festlegt, durch eine die Gefahr des Vetos von vornherein ausschließende und damit die „Gewichtsverteilung" ad absurdum führende GO-Regelung zu begegnen suchte[65].

Unter diesem Blickwinkel hat man auch die Erwägung des Gerichts zu sehen, Art. 76 I GG gewähre der Bundesregierung, den Mitgliedern des Bundestages und dem Bundesrat ein „gleichwertiges Initiativrecht". Die-

---

[61] In diesem Sinne *Reifenberg*, S. 80 f.; *Bernau*, S. 196; *Peters* II, S. 436; dazu auch *Bachof*, S. 117, 120 f.

[62] BVerfGE 1, 144.

[63] Ebd. S. 153.

[64] Ebd. S. 154, 155, 159, 160.

[65] Ebd. S. 157 f.; zur Unwirksamkeit dieser „neuen Variante der Gewaltenbalancierung" vgl. *Hesse* III, S. 258.

ses „Prinzip der Gleichwertigkeit" werde „entscheidend verletzt, wenn die gleichzeitige Einbringung eines Ausgleichsantrages *nur für Anträge von Mitgliedern des Bundestages* gefordert wird". Mit dieser Beschränkung des Initiativrechts seiner eigenen Mitglieder habe der Bundestag daher „die im GG festgelegte Gleichwertigkeit beseitigt"[66]. — Mit dem „Prinzip der Gleichwertigkeit" ist im Grunde nichts anderes gemeint als das Prinzip der Gleichwertigkeit und Gleichrangigkeit von Mehrheit und Minderheit, Regierung und Opposition. Das wird zusätzlich unterstrichen durch die Feststellung des Gerichts, „daß die meisten Initiativanträge (sc. aus der Mitte des Bundestages) in erster Linie der Verwirklichung eines politischen Programms dienen"[67], was ja nur als Kontrastprogramm zum Regierungskurs sinnvoll ist und als solches eben nicht von der regierungstreuen Mehrheit, sondern von der opponierenden Minderheit entwickelt und verteidigt wird.

Gerade bei diesem, dem Redezeitfall rechtssystematisch gleich gelagerten Verfassungsstreit um eine Parallelfrage der Geschäftsordnung wurde deutlich, daß Parlamentsmehrheit und Parlamentsminderheit höchst reale und konstante Gegensatz-Gruppierungen sind, die von der Verfassung mit eigenen Rechten, namentlich mit dem Recht auf Parität ausgestattet, mithin rechtlich relevante und vor dem BVerfG parteifähige Gebilde sind; daß die „Eigenständigkeit" der Regierung im Grunde nicht mehr und nicht weniger besagt, als daß die Regierung die als Führungsgarnitur exponierte Spitze der sie bildenden und tragenden Regierungsmehrheit im Parlament ist, mit der ihre Handlungsfähigkeit und damit ihre Existenz — trotz des „konstruktiven" Mißtrauensvotums (Art. 67 GG) — in Wahrheit steht und fällt[68].

Die Einheit von Regierung und Parlament(smehrheit) kommt verfahrensrechtlich im übrigen dadurch zum Ausdruck, daß sie sich — weil ihre rechtlichen Interessen wesentlich „gleichgerichtet" sind — gegenseitig beitreten oder von vornherein zusammen verklagt werden können, selbst dort, wo die Parlamentsopposition scheinbar lediglich von einem der beiden Verfassungsorgane in ihren Rechten beeinträchtigt wird[69].

---

[66] BVerfGE 1, 144 (161 f.).

[67] Ebd. S. 160 f.

[68] Vgl. auch BVerfGE 1, 360: „Wenn auch § 64 (sc. BVerfGG) es einer Fraktion ermöglicht, Rechte des Bundestages vor dem BVerfG zu verfolgen, so kann es doch dem Bundestag als solchem, der seine Beschlüsse mit Mehrheit faßt, nicht verwehrt werden, sich am Verfahren (sc. auf seiten der beklagten Bundesregierung) zu beteiligen und den Standpunkt der Mehrheit zu vertreten." Im Widerspruch dazu BVerfGE 1, 115 (116): „Als Vertreter des Bundestages (sc. im Organstreit Fraktion/Parlament) nimmt der Präsident vor dem BVerfG die Anliegen des Bundestages als Gesamtheit, nicht die Anliegen einer Mehrheit wahr". Siehe ferner BVerfGE 1, 379 f.

[69] Vgl. BVerfGE 20, 18 (25, 26); 20, 119 (123); 1, 208 (230 f.); 3, 12 (15 f.); 4. 31 (36); ferner BVerfGE 1, 372; 2, 347; 10, 4; 27, 44.

V. Die Bedeutung parlamentarischer Redezeitmodelle für die Öffentlichkeitsarbeit der Regierung

Rundfunksendezeiten für Regierung und Fraktionen

Es liegt auf der Hand, daß die Frage der Chancengleichheit zwischen Regierung und Opposition, zwischen Mehrheits- und Minderheitsfraktionen bzw. -parteien wie die sie leugnende Gegenüberstellung von Regierung und Gesamtparlament, Staat und Volk oder Gesellschaft ganz allgemein für die Öffentlichkeitsarbeit der Regierung eine zentrale Rolle spielen — und zwar nicht nur dort, wo es sich um (verbotene) „Propaganda" handelt, sondern auch dort, wo es ausschließlich um (gebotene) „Information" geht. Denn auch diese hat einen für die Regierungsmehrheit werbenden Effekt und bedarf um der Neutralität des Staates und der Offenheit des politischen Lebensprozesses willen der Kontrolle und der Kritik durch die „Opposition", nicht anders als im Parlament. Dies ist aber hier wie dort — ohne Rücksicht auf das Forum, das die Regierung für ihre Öffentlichkeitsarbeit wählt — sinnvoll nur unter den Bedingungen von Rede und Gegenrede möglich, d. h. bei paritätischer Gegenüberstellung voneinander abweichender Standpunkte. Die aus dem Staatshaushalt finanzierte oder durch unentgeltliche Inanspruchnahme öffentlicher Einrichtungen ermöglichte Öffentlichkeitsarbeit der Regierung bedarf danach grundsätzlich ebenso des Ausgleichs durch eine gleichermaßen geförderte Öffentlichkeitsarbeit der Opposition wie die Ministerrede im Parlament. Das gilt für die Tätigkeit des Bundespresseamts[1] ebenso wie für die vor Wahlen besonders intensive „Rechenschaftslegung" der Regierung(smehrheit) über das in der letzten Wahlperiode Geleistete[2], für amtliche Informa-

[1] Vgl. *Leisner* I, bes. S. 132 ff., 148 ff. (dazu kritisch *Ridder* I; *Hamann/Lenz*, S. 182 f.); *G. Sänger*, S. 119 ff.; *Kaps/Küffner*, S. 77 ff., 80 ff.; *Kempen*, S. 49 ff., 252 ff.; *Jerschke*, S. 151 ff.; *Leihe*, S. 446 ff.; *Ridder* III, S. 64 ff.; *Eschenburg* I, S. 747 ff.; *H.-P. Schneider*, S. 249, 254. Zu dem während der Großen Koalition (1968) gefaßten und am Widerstand des Parlaments zerbrochenen Plan, eine „Bundeszentrale für Öffentlichkeitsarbeit" zu errichten, s. *Ridder* III, S. 64; *Hämmerlein* I, S. 193 ff.; *Kempen*, S. 77 ff. Zur Öffentlichkeitsarbeit der Regierung bzw. der Exekutive allgemein: *Häberle* II, S. 30 ff.; *Kempen; Hämmerlein* I, II; *Leisner* I; *Ridder* III; *Uhlitz; Czajka*, S. 162 ff.

[2] Zur „amtlichen Wahlbeeinflussung", die neuerdings zu Recht unter dem Aspekt der verfassungsrechtlichen Grenzen „amtlicher Öffentlichkeitsarbeit" und nicht mehr unter dem Stichwort „Wahlfreiheit" erörtert wird, das indes nach wie vor die Wahlprüfungspraxis beherrscht, vgl. etwa *Leisner* I, S. 152 ff.;

tionsanzeigen in der Presse[3] ebenso wie für amtliche Informationssendungen in Hörfunk und Fernsehen[4], für die Verteilung amtlichen Informationsmaterials[5] ebenso wie für die Gestaltung von „Staatszeitungen“[6].

Hierbei ist es jedoch von entscheidender Bedeutung, daß außerhalb des Parlaments die für dieses in Verfassung und Geschäftsordnung niedergelegten Verfahrensgarantien, wenn nicht überhaupt fehlen, so doch erheblich an Kontur verlieren. Hinzu kommt, daß außerhalb des Parlaments Kontrolle und Kritik der Öffentlichkeitsarbeit der Regierung nicht das Vorrecht der parlamentarischen Opposition, ihrer Fraktionen und Parteien ist. Diese treten hier nicht wie im Parlament allein der Regierung und den Mehrheitsparteien gegenüber. An dem Prozeß der außerparlamentarischen öffentlichen bzw. politischen Meinungs- und Willensbildung nehmen sie nur neben anderen Meinungsgruppen, namentlich neben den im Parlament (noch) nicht vertretenen Parteien teil, denen gegenüber sie von Rechts wegen nicht privilegiert sind. Aus diesen und anderen Gründen sind der außerparlamentarischen Öffentlichkeitsarbeit der Regierung von Verfassungs wegen enge Grenzen gezogen[7]. Die Öffentlichkeitsarbeit der Regierung ist mithin nicht nur strikt auf „Informationen“ beschränkt[8], ihr Schwerpunkt muß vielmehr darüber hinaus

---

Leihe, S. 447; *Seifert*, S. 384 f., 414 ff.; *G. Schneider*, S. 6, 12 f., 16 f., 25 f., 57, 66 ff., 105 ff., 109 f., 114, 115, 117 f., 160; *Faber*, S. 159 ff.; *Häberle* II, S. 31; *Lipphardt*, S. 109 f., 285 f., 299; *v. Heyl*, S. 18 f., dessen Arbeit sich im übrigen nur den „privaten Wahlbeeinflussungen“ zuwendet; *Schreiber*, S. 121 ff., der zwischen privater und amtlicher Wahlbeeinflussung keinen wesentlichen Unterschied macht.

[3] Dazu *H.-P. Schneider*, S. 254 f.; *Ellwein* II, S. 143; *Faber*, S. 161; *Kempen*, S. 64 ff.; *Hegels*, S. 95.

[4] Vgl. *Jülich*, S. 45 f., 130 ff.; *Henke*, S. 249 f.; *Lenz*, S. 342 f.; *Kempen*, S. 44, 46.

[5] Vgl. *Dübber* I, S. 32 ff., II, S. 45 ff.; *Ellwein* II, S. 143; *Ridder* III, S. 67 f.; *Schleth*, S. 170 ff.; *Jerschke*, S. 120, 154 ff. Vgl. auch den Broschüren-Fall, der kürzlich den nordrhein-westfälischen Landesrechnungshof beschäftigt hat: dazu die Berichte von *L. Bewerunge*, FAZ Nr. 40/76 (17. 2.), S. 2; 41/76 (18. 2.), S. 5; 48/76 (26. 2.), S. 4; 51/76 (1. 3.), S. 2; *Eschenburg* II.

[6] Dazu *Czajka*, S. 166 ff.; *Leihe*, S. 446 f.; *Häberle* II, S. 31 f.

[7] Hierzu etwa *Lenz*, S. 342 f.; *Faber*, S. 159 f.; *Ridder* III, S. 61, 64 ff.; *Hamann/Lenz*, S. 182 f.; vor allem *Kempen*, S. 103 ff., 200 ff., 252 ff.

[8] Nach BVerfGE 20, 56 (100) „ist unbedenklich die sogenannte Öffentlichkeitsarbeit von Regierung und gesetzgebenden Körperschaften, soweit sie — bezogen auf ihre Organtätigkeit — der Öffentlichkeit ihre Politik, ihre Maßnahmen und Vorhaben sowie die künftig zu lösenden Fragen darlegen und erläutern“. Darunter soll, wie das BVerfG in anderem Zusammenhang ausgeführt hat, beispielsweise auch die „Pflicht“ der Regierung (BVerfGE 13, 123 [125 f.]; 40, 287 [293]) fallen, in regelmäßigen Verfassungsschutzberichten nicht verbotene Parteien „mit verfassungsfeindlicher Zielsetzung und Betätigung“, die die Regierung im Sinne des Art. 21 II GG für „verfassungswidrig“ hält (BVerfGE 40, 287 [292 f.]), im Rahmen ihrer Öffentlichkeitsarbeit — „zum Zwecke, die Öffentlichkeit über die Lagebeurteilung des Bundesinnenministeriums zu informieren“ (ebd. S. 293) — durch sachlich gehaltene „negative Wert-

wieder in das Parlament zurückverlagert werden[9]. Nur das Parlament ist mit adäquaten Verfahrensgarantien ausgestattet, die durch keine noch so kompensatorisch wirksame finanzielle und sonstige staatliche Ausstattung der Öffentlichkeitsarbeit der parlamentarischen und außerparlamentarischen Opposition aufgewogen werden kann und darf[10].

Auf die Frage der Abgrenzung von in diesem Sinne zulässiger Öffentlichkeitsarbeit der Regierung ist hier nicht weiter einzugehen. Insoweit kann auf die Arbeit von *Kempen* verwiesen werden, der freilich die Öffentlichkeitsarbeit der Selbstverwaltungskörperschaften des öffentlichen Rechts zu Unrecht vom Neutralitäts- und Paritätsgebot der Verfassung ausnimmt[11]. Daß bei der — in engen Grenzen zulässigen, ja gebotenen — Öffentlichkeitsarbeit der Regierung häufig die jeweiligen parlamentarischen Rednerfolge- und Redezeitmodelle Pate gestanden haben, erklärt sich vorwiegend wohl aus der Parallelität des Problemfeldes und seiner Strukturen. Dies gilt in besonderem Maß für den Rundfunk. Hier lassen sich am Beispiel des nach wie vor umstrittenen Verhältnisses von Regierungs- und Fraktionssendungen in Hörfunk und Fernsehen die Analogien zur Parlamentsdebatte deutlicher als anderswo nachweisen. Davon soll im folgenden die Rede sein.

Daß die Parteisendezeitpraxis der Rundfunkanstalten seit langem der parlamentarischen Redezeitpraxis analoge Lösungen aufweist[12], ist letztlich auf das Vorbild der kontingentierten Debatte zurückzuführen. In der Weimarer Zeit folgte der Rundfunk ebenfalls der Redezeitpraxis des Reichstags. Die Fraktionenparität beherrschte damals die Partei- und

---

urteile" (ebd.) „politisch zu bekämpfen" (BVerfGE 39, 334 [357, 360]; 40, 287 [291, 292]). Grundlose Verdächtigungen nicht verbotener Parteien untersage jedoch das Willkürverbot, nämlich „wenn diese Maßnahme bei verständiger Würdigung der das Grundgesetz beherrschenden Gedanken nicht mehr verständlich wäre und sich daher der Schluß aufdrängte, daß sie auf sachfremden Erwägungen beruhte" (BVerfGE 40, 293). Politisch wertende Öffentlichkeitsarbeit ist danach nicht einmal mehr der streng formalen politischen Chancengleichheit unterstellt, geschweige denn überhaupt verboten, sondern nur noch dann untersagt, wenn sie evident unsachlich ist.

Die Trennung von Werbung (Propaganda) und Information und die strikte Beschränkung amtlicher Öffentlichkeitsarbeit auf letztere betonen *Ridder* III, S. 61, 64 ff.; *Lenz*, S. 342 f.; *Kempen*, S. 252 ff., 257 ff., 265 ff.; *Häberle* II, S. 30 f.; undeutlich hingegen *Häberle* I, S. 69.

9 Dazu namentlich *Kempen*, S. 184 ff., 259 f.

10 In diesem Sinne *Kempen*, S. 262 ff. — gegen *Uhlitz*, S. 13 f. Wie Kempen schon *Ellwein* I, S. 246 f. Kompensation hält im Rahmen der Parteiengleichheit für möglich *Starck* I, S. 76 f., wenn er die abgestufte Wahlkampffinanzierung durch paritätische Sendezeiten ausgleichen will. Zur Unvereinbarkeit von Komsationsgedanken und Paritätsprinzip *Lipphardt*, S. 18, 33, 42, 50, 112 und passim.

11 *Kempen*, S. 104, 266.

12 Vgl. die Darstellung bei *Jülich*, S. 46 ff.; *Hegels*, S. 108, 129 ff.; *Lipphardt*, S. 364 ff., insbes. S. 393, 422, 428 f., 431.

Wahlsendungen wie heute der Fraktionenproporz[13]. Selbst der Ausschluß kleiner Parteien vom Rundfunk bzw. ihre Beschränkung auf eine „angemessene“ Mindestredezeit, sozusagen ihren „Pflichtteil“[14], findet eine Erklärung in dem Umstand, daß es „Fraktionsredezeiten“ begrifflich eben nur für „Fraktionen“ und nicht für „Splittergruppen“ geben konnte, für die mithin eine Sonderregelung notwendig wurde, damit sie überhaupt zu Wort kamen[15].

Es ist freilich sehr die Frage, ob — überhaupt oder von einer nach objektiven Maßstäben schwer bestimmbaren Grenze ab — die Festsetzung einer Mindestmitgliederzahl für die Anerkennung als Fraktion und die damit notwendig verbundene Diskriminierung parlamentarischer Splittergruppen nicht bereits gegen das Prinzip der Gleichheit aller Parteien im Parlament (= Fraktionen) verstößt[16]. In der Unterscheidung von Fraktions-„Parteien“ und fraktionslosen „Gruppen“ wurzelt auch die Doktrin, die den Parteibegriff den „Großträgern“ des politischen Willens vorbehalten will[17]. Auf diesem Wege läßt sich dann in letzter Konsequenz Partei- und Fraktionsstatus — trotz des fortbestehenden (partei-)politischen Gruppenpluralismus — mühelos auf die beiden größten Rivalen beschränken und so unter der Hand ein Zweiparteiensystem institutionalisieren, bei dem alle übrigen „Wahlvorbereitungsorganisationen“ aus dem Schutz des Art. 21 GG und schließlich mit Hilfe entsprechender Wahlrechtskautelen auch aus dem Parlament hinausmanövriert werden[18]. Die Parteienfreiheit des Art. 21 GG würde damit freilich zum Privileg der Mächtigen — eine Fehldeutung, die bereits mit dem verbreiteten Irrtum einsetzt, Rathaus-, Interessen- und Extremparteien fielen nicht unter den Parteibegriff des Art. 21 GG[19].

Bei der durchgehenden Parallelität der Behandlung aktueller Streitfragen in Rundfunk und Parlament ist es nicht verwunderlich, daß die auf Art. 43 II 2 GG, §§ 39, 48 GOBT basierende parlamentarische Redezeitpraxis der fünfziger Jahre und das sie besiegelnde Redezeit-Urteil des BVerfG in der Gestaltung werbewirksamer „Regierungssendungen“ ihre

---

[13] Vgl. *Bausch*, S. 174 f., 178 f.; *Pohle*, S. 90, 107 f.; *Jülich*, S. 33 f. Zur Proporzpraxis heute s. Anm. 12.

[14] Dazu *Lipphardt*, S. 251 f., 366 ff., 438 ff., 451 ff.

[15] Dazu oben Abschnitt I 2.

[16] In diesem Sinne namentlich *W. Schmidt*, S. 485 ff., 490 ff.; *Dellmann*, S. 155 f.; *Schreiber*, S. 129; a. A. *Linck*, S. 693 f.; *Hauenschild*, S. 13 f., 39 f., 171 ff.; *Arndt/Schweitzer*, S. 79. An die 5%-Klausel des Wahlrechts knüpfen an *Tschermak*, S. 165 f. und *H. W. Rinck*, S. 18; ebenso jetzt § 10 I GOBT 1970. An der früheren Regelung (15 Abgeordnete) will *K. F. Arndt*, S. 79 festhalten.

[17] Vgl. *Lipphardt*, S. 673.

[18] Ähnlich *Dellmann*, S. 156.

[19] Dazu *Lipphardt*, S. 647 ff.

Entsprechung gefunden haben, wie andererseits die Opposition auch hier stets (wenn auch meist erfolglos) die Gleichstellung mit der Regierung gefordert hat.

Charakteristisch für die auf der Hand liegende Analogie ist eine diesbezügliche mündliche Anfrage des Abgeordneten *Rasner* (CDU) und ihre Beantwortung durch Innenminister *Höcherl* (CSU) in der Fragestunde des Bundestages vom 23. 10. 1964[20]. Aus Anlaß des Streites um das „redaktionell" gestaltete und wenige Tage zuvor vom Deutschen Fernsehen ausgestrahlte Erhard-Interview „Ein Jahr Erhard", das wegen seiner ungewollten Propagandawirkung nachträglich durch eine entsprechende Sendung mit dem Fraktionsvorsitzenden der SPD (Erler) „ausgeglichen" wurde, während man den Regierungsparteien (CDU/CSU, FDP) entsprechende Sendungen verweigerte[21], wollte der Abgeordnete *Rasner* wissen, ob „die Bundesregierung den Bundestag für ihr korrespondierendes Verfassungsorgan" halte oder „wie die SPD" glaube, „die Opposition sei das Pendant der Regierung".

Höcherl zitierte als Antwort den entscheidenden Passus aus dem Redezeit-Urteil[22] und zog daraus den allgemeinen Schluß: „Also das Pendant ist das Parlament". Auf die weitere Frage *Rasners*, ob die Regierung dann auch der Meinung sei, daß der Rundfunk verfassungswidrig handle, „wenn er in von ihm redaktionell gestalteten und zu verantwortenden Sendungen nur einer Fraktion des Deutschen Bundestages, der SPD-Fraktion, die Möglichkeit gibt, die Politik des letzten Jahres zu untersuchen und zu interpretieren, den Fraktionen der CDU/CSU und FDP die gleiche Chance jedoch verweigert", antwortete der Minister, „auch eigengestaltete und redaktionelle Beiträge (müßten) von dem Grundsatz der Fairneß und der Gleichbehandlung beherrscht sein", auch für sie gälten „die Gesichtspunkte der Chancengleichheit und Objektivität". Soweit der Rundfunk daher mit der Erler-Sendung eine „einseitige Darstellung" gebe, habe er „die Verpflichtung zum Ausgleich"[23]. Auf den Einwand des Abgeordneten *Heinemann* (SPD), das Redezeit-Urteil habe es nur mit dem Parlament, nicht mit dem Rundfunk zu tun und könne schon gar nicht mit den redaktionell gestalteten Sendungen verglichen werden, erwiderte *Höcherl*, in diesem Urteil seien aber „wie so oft, doch recht vorteilhaft für uns ... allgemeine Ausführungen gemacht worden, die sich in diesem Zusammenhang durchaus verwerten lassen". Der Redezeitfall

---

[20] BT-Drs. IV/2635 (neu), Frage Nr. IV 4; BT-StB IV/141, S. 7057 f.

[21] Zu den Gründen und Hintergründen dieser Kontroverse vgl. namentlich FK 12 (1964) Nr. 43 v. 22. 10. 1964, S. 1 ff., 17; Nr. 44 v. 29. 10. 1964, S. 1 ff.; epd/KuF 1964 Nr. 43 v. 24. 10. 1964, S. 1 f.; FAZ v. 26. 10. 1964, S. 2 (Das Pendant der Regierung); ferner die Nachweise bei *Jülich*, S. 46 Anm. 56.

[22] BVerfGE 10, 4 (19).

[23] BT-StB IV/141, S. 7057 f., 7060.

sei nur „der Anlaß zum Urteil" gewesen, während die Entscheidungsgründe „auch den Gegenstand betreffen, der heute hier angesprochen worden ist"[24].

In der Tat läßt sich auf das Redezeit-Urteil für die Vertretung des Regierungsstandpunktes im Rundfunk die These stützen, die Ausführungen eines Kabinettsmitgliedes seien — gleichviel, ob sie im Rahmen einer redaktionellen Sendung gemacht werden oder nicht — mehr und etwas grundsätzlich anderes als die Vertretung des Mehrheitsstandpunktes und unterlägen daher dem Paritätsprinzip ebensowenig wie die Ministerreden im Parlament, so daß als ausgleichspflichtige Begünstigung der Opposition erscheint, was in Wahrheit bereits selbst dem „Ausgleich" dient.

In diesem Sinne führte *Höcherl* aus: Alle regierungsamtlichen „Verlautbarungen" genössen im Rundfunkrecht einen „Sonderstatus"[25], folglich bestehe nur dann eine Ausgleichspflicht des Rundfunks auf der Grundlage „absoluter Gleichberechtigung", wenn der Regierungssprecher in seiner „Funktion" als „Parteimann" spreche, was sich ausschließlich „nach dem Inhalt der Aussage" richte, nicht nach ihrer äußeren Form[26]. Immerhin hielt *Höcherl* es in dem gleichzeitig zur Sprache gebrachten Fall der regelmäßigen „Schuhdrück-Sendung" des Berliner Regierenden Bürgermeisters im SFB für „angemessen", „auch der Opposition eine Sendezeit einzuräumen"[27], während im Falle der Erhard/Erler-Sendung das BPA zu Recht bemüht gewesen sei, „für einen fairen Ausgleich, eine Gleichbehandlung und objektive Berichterstattung zu sorgen". Dieser Ausgleich sei schon deshalb notwendig geworden, weil die Bundesregierung, wie *Höcherl* dem Abgeordneten *Benda* (CDU) bestätigte, in jener Sendung nicht die Möglichkeit hatte, „ihre eigene Meinung uneingeschränkt, sondern nur gefiltert durch eine redaktionelle Bearbeitung der betreffenden Rundfunkanstalt zum Ausdruck zu bringen"[28], wobei — wenn auch in das Gewand eines Konditionalsatzes gekleidet — unterstellt wurde, daß die ebenfalls redaktionell gestaltete, erst Tage nach der Debatte ausgestrahlte (inhaltlich also noch gar nicht bekannte) Erler-Sendung a priori eine „einseitige Darstellung" beinhalte[29]. Den Einwand, daß der Rundfunk mit dieser Sendung dem Erhard-Interview lediglich „die Meinung der Opposition ... gegenüberstellen wollte", ließ *Höcherl* nicht gelten. Diese Absicht ändere nichts an der Notwendigkeit, bei einseitiger Darstellung seitens der Opposition „für Gleichstellung zu sorgen,

---

[24] Ebd. S. 7058.
[25] Ebd. S. 7056.
[26] Ebd. S. 7055 f.
[27] Ebd. S. 7056.
[28] Ebd. S. 7059.
[29] Ebd. S. 7058 f.

damit auch noch andere Gesichtspunkte zum Tragen kommen und eine objektive Unterrichtung der Öffentlichkeit möglich ist"[30]. Mit anderen Worten: „Die Gesichtspunkte der Chancengleichheit und der Objektivität" gelten nicht für die Vertretung des Regierungsstandpunktes, ohne daß es darauf ankäme, ob es sich dabei um eine „redaktionelle" oder um eine förmliche „Regierungssendung" handelt. Ihr Geltungsbereich beschränkt sich vielmehr, folgt man dem Minister, auf die — angeblich inkommensurable — Ebene der Parlamentsparteien, wo sie anzuwenden sind, als ob es keine (redaktionell gestaltete) Regierungssendung gegeben hätte. Das ist das absurde Ergebnis der Auseinanderreißung und Gegenüberstellung von Regierung und Parlament wie der fiktiven Ineinssetzung von Mehrheit und Minderheit.

Einige Tage nach der Debatte begrüßte die Bundesregierung die Verschiebung der Erler-Sendung bis nach den am 25. 10. 1964 durchgeführten Kommunalwahlen in Hessen, Rheinland-Pfalz und Saarland. Damit sei jedoch das „grundsätzliche Problem" nicht gelöst. Die Regierung gehe „weiter davon aus, daß auch den übrigen Parteien des Deutschen Bundestages die Möglichkeit gegeben wird, zu diesem Thema zu Wort zu kommen. Nur damit würde dem verfassungsrechtlichen Grundsatz entsprochen, daß das gesamte Parlament der Partner der Regierung ist"[31]. Mit anderen Worten: Chancengleichheit zwischen Regierung und Gesamtparlament, nicht zwischen Regierungsmehrheit und Oppositionsminderheit[32].

Die gleiche Streitfrage war schon im 3. Bundestag — im Rahmen der Auseinandersetzungen um die Schaffung eines Bundesrundfunkgesetzes (BRfG v. 29. 11. 1960)[33] — diskutiert und gegen die Opposition entschieden worden. In der amtlichen Begründung zum Regierungsentwurf des Gesetzes[34], das ursprünglich als Rahmengesetz für alle Rundfunkanstalten gedacht war, wurde das „Verlautbarungsrecht" der Bundesregierung (§ 4 des Entwurfs, jetzt § 26 BRfG) dahin umschrieben, dieses Recht bestehe „nur für Verlautbarungen im Rahmen der Regierungstätigkeit, nicht dagegen für parteipolitische Auseinandersetzungen"[35]. Aufschlußreicher ist die während der Beratung — im Hinblick auf die Gefahr einer extensiven Interpretation des Verlautbarungsrechts — entstandene Kon-

---

[30] Ebd. S. 7058.

[31] Bulletin 1964, 1464.

[32] Auf den Streitfall sind eingegangen *Jülich*, S. 46; *H.-P. Schneider*, S. 251 f.; *Seifert*, S. 358 f.; *Hereth* I, S. 49, 163; über vergleichbare Streitfälle aus Anlaß von „Regierungssendungen" berichten *Jülich*, S. 45 f.; *Henke*, S. 249 f.; *Zirker*, S. 69 f.

[33] BGBl. I S. 862.

[34] BT-Drs. III/1434 vom 26. 11. 1959.

[35] Ebd. S. 17.

troverse zwischen CDU und SPD. Schon im Ausschußbericht hieß es dazu, eine Minderheit habe die Auffassung vertreten, dem Verlautbarungsrecht der Regierung müsse „jeweils ein gleiches Verlautbarungsrecht der Opposition gegenübergestellt werden". Die Mehrheit habe sich dagegen auf den Standpunkt gestellt, daß die Regierung das Recht haben müsse, „neben Gesetzen und Verlautbarungen auch ‚Mitteilungen von öffentlichem Interesse'" — wie die Ausschußfassung vorübergehend lautete — „bekanntzugeben. Kontroverse Meinungen zwischen den Parteien können nach § 5 Abs. 2 (sc. jetzt § 27 II) dargelegt und diskutiert werden"[36].

Im Plenum beantragte die SPD-Fraktion vergebens, die geplante Regelung des Verlautbarungsrechts um folgenden Absatz zu erweitern: „Sprechen Angehörige der Regierung oder ihre Beauftragten im Rahmen der den Regierungen zur Verfügung gestellten Sendezeiten zu Fragen, die Gegenstand des politischen Meinungsstreites zwischen den Parteien sind, so haben die in § 5 bezeichneten Parteien" — jetzt § 27 II BRfG: „Parteien, die im Bundestag oder in einer gesetzgebenden Körperschaft eines Landes vertreten sind" —, „die einen davon abweichenden Standpunkt vertreten, das Recht auf entsprechende Sendezeit zur Darlegung ihrer Stellungnahme"[37]. Zur Begründung führte der Abgeordnete *Blachstein* (SPD) aus, die unklare Fassung des Verlautbarungsrechts („Kautschukformulierung") ermögliche es der Regierung, aus dem Rundfunk ein „Instrument der permanenten Regierungspropaganda" zu machen. Gegen amtliche Bekanntmachungen und amtliche Mitteilungen sei nichts einzuwenden. Sobald aber die Regierung im Rahmen ihrer Öffentlichkeitsarbeit im Rundfunk spreche — auch dieses Recht werde ihr nicht bestritten —, dürfe dies nicht geschehen, ohne daß „die übrigen demokratischen Kräfte die gleiche Möglichkeit haben." Die Regierung könne das Recht, ihre Meinung im Rundfunk zu vertreten, „nicht als Sonderrecht, nicht als Privileg, nicht als Vorrecht" beanspruchen, sondern nur so, „daß eine ausgeglichene Information der Öffentlichkeit gewährleistet ist, indem alle demokratischen Kräfte in gleicher Weise ihre Meinungen vertreten können". „Wir glauben, daß die Opposition im Bund oder in den Ländern im Rundfunk die gleichen Chancen und die gleichen Möglichkeiten haben muß wie die Regierung[38]." Der Abgeordnete *Kühn* (SPD) zog daraus den Schluß: „Sprechen Minister zu im Parteienstreit stehenden Fragen in kontroverser Weise, dann müssen sie auf die Redezeiten zurückgreifen, die im Rahmen des § 5 (sc. jetzt § 27) den Parteien zur Verfügung gestellt werden[39]."

[36] BT-Drs. III/1956, S. 2.

[37] Umdruck Nr. 688, BT-StB III/121, S. 7035 C.

[38] BT-StB III/121, S. 7010 f.

[39] Ebd. S. 7012 f.

Für die Regierungsparteien erklärte der Abgeordnete *Weber* (CDU) im Rechtsausschuß, gegen die im BRfG gemachte Unterscheidung von Regierungs- und Parteisendungen (§§ 4, 5 des Entwurfs, jetzt §§ 26, 27 BRfG) bestünden keine verfassungsrechtlichen Bedenken, „zumal das BVerfG in dem Redezeitstreit ausgesprochen habe, daß die Redezeiten der Regierung auf die allgemeinen Redezeiten nicht anzurechnen seien"[40]. Diesen Standpunkt erläuterte der Abgeordnete *Heck* (CDU) im Plenum: Wir hätten in der BRD nicht — wie in England — „*die* Regierungspartei und *die* Oppositionspartei", sondern „Regierung und Parlament, und im Parlament ... Regierungsparteien und Oppositionsparteien". Die Mehrheitsparteien seien daher „grundsätzlich" der Auffassung, daß es falsch sei, wenn wir „die Oppositionsparteien praktisch in die gleiche Situation versetzen würden wie die Regierung". Unsere „Verhältnisse" lägen vielmehr so, „daß die Regierung auf der einen Seite und das Parlament auf der anderen Seite steht und daß die Parteien, die im Parlament vertreten sind, ihrer Größe nach — wie das bisher praktiziert worden ist — gleiche Rechte haben müssen"[41].

Der Forderung der Opposition, eine Regelung nach englischem Vorbild zu schaffen, die sicherstelle, „daß die beiden Seiten, die Regierung und die Opposition, fair und gleichgewichtig um die Zustimmung des Volkes ringen können, nicht nur unmittelbar vor den Wahlen in den den Parteien zur Verfügung gestellten Sendezeiten, sondern über die ganze Legislaturperiode hinweg", weil „aus dieser Gleichgewichtigkeit ... heraus allein Demokratie funktionieren kann"[42], — dieser Forderung wurde entgegengehalten, daß die „Verhältnisse in Großbritannien" wegen des dortigen Zweiparteiensystems „anders" lägen und mit den unseren nicht verglichen werden könnten[43]. Im Rechtsausschuß trug der Abgeordnete *Wittrock* (SPD) den Standpunkt der Opposition in dieser Frage vor: Die unterschiedliche Behandlung von Regierung und Parteien verletze Art. 5 GG, der die „gleiche Möglichkeit zur Meinungsäußerung" gebiete. Im „Parteienstaat" könne es kein im Vergleich zu den Parteien „stärkeres Recht" der Regierung auf Sendezeit geben. Die Unterscheidung von Regierungs- und Parteisendungen zeige „eine obrigkeitliche Sicht, wonach nur die Regierung den Staat repräsentiere"[44].

Ähnliche Äußerungen waren schon zwei Jahre vorher gefallen: „Wir sind dafür, daß im Rundfunk und im Fernsehen keine Staatsorganisatio-

---

[40] Ausschuß-Protokoll Nr. III/104, S. 18.

[41] BT-StB III/121, S. 7015 f.

[42] Ebd. S. 7013.

[43] Ebd. S. 7015.

[44] Ausschuß-Protokoll Nr. III/104, S. 13, 17 f.; ähnlich auch die übrigen Sprecher der Opposition: vgl. Ausschuß-Protokoll III/105, S. 4, 6 (*Arndt*); BT-StB III/15, S. 688, 710, III/121, S. 7010 f., 7012 f.

nen geschaffen werden und keine Dominierungen durch Parteien oder Gruppen, sondern die *Gleichwertigkeit* und die *Gleichrangigkeit von Regierung und Opposition*, wie sie in einem demokratischen Staat besteht, in den Anstalten, die Rundfunk und Fernsehen betreiben, gewährleistet werden. Wir wollen weder einen Staatsfunk noch einen Bundesfunk noch einen Regierungsfunk“[45]. Es sei notwendig, „für den deutschen Rundfunk eine Ordnung für die Austragung politischer Streitfälle zuformulieren, und zwar auf der Grundlage, daß eine solche Diskussion zu erfolgen hat nach dem Prinzip, daß gleiche Zeitquoten zur Verfügung gestellt werden für die beiden Konzeptionen, die gegeneinander im Streite stehen, nicht aber, daß man mit quantitativen Zeitmanipulationen versucht, qualifizierte Niederlagen im Parlament im Rundfunk wieder auszubügeln“[46].

Der Streit um eine (kurz vor den Landtagswahlen in Bayern) am 23. 11. 1962 vom Deutschen Fernsehen (ARD) ausgestrahlte „Regierungserklärung“ des Bundeskanzlers zur Spiegelaffäre[47] führte am 27. 11. 1962 zu einer „Absprache“ der ARD mit den Fraktionsparteien des Bundestages (CDU/CSU, SPD, FDP) über die Behandlung von Regierungssendungen im Deutschen Fernsehen (ARD-Programm). Ihr Wortlaut wurde zunächst geheimgehalten, später nur zum Teil veröffentlicht. Obwohl sie zunächst „versuchsweise“ auf ein Jahr befristet war und von der SPD 1964 ausdrücklich „gekündigt“ wurde, verfuhr das Deutsche Fernsehen praktisch auch später danach. Das 1964 bekanntgewordene Kernstück der Regelung lautet[48]:

„Hat der Regierungschef oder ein von ihm beauftragter Minister Gelegenheit zu einer Erklärung im Fernsehen erhalten und handelt es sich dabei um eine Darstellung kontroverser Fragen, die zwischen Regierung und Parlament diskutiert werden, stellt das Fernsehen am nächsten oder übernächsten Tag den im Bundestag vertretenen Fraktionen eine Sendezeit zur Darstellung ihrer Meinung zur Verfügung. Dabei soll folgendermaßen verfahren werden:

1. In der Regel sollen die verschiedenen Meinungen in einer Diskussion unter Leitung eines Vertreters des Fernsehens zum Ausdruck kommen. Das Deutsche Fernsehen stellt dafür etwa den doppelten Umfang der Sendezeit, die die Regierung beansprucht hat, wenigstens aber 15 Minuten zur Verfügung. Diese Regelung soll journalistische und prozedurale Gesichtspunkte in Einklang

---

[45] So der Abg. *Blachstein* (SPD), BT-StB III/15, S. 710 B.

[46] So der Abg. *Kühn* (SPD), ebd. S. 688 B.

[47] Dazu *Jülich,* S. 46; die Regierungserklärung ist abgedruckt in Bulletin 1962, 1845 f.

[48] Zitiert nach ZV + ZV 61 (1964), S. 2012 (H. 45) und epd/KuF Nr. 43/1964, S. 2 f.; der ersten Quelle zufolge datiert die Absprache vom 19. 12. 1962. Aus ihr zitierte im 5. Bundestag (Juni 1966) der Abg. *Schäfer* (SPD), um den Antrag der SPD-Fraktion, das Kontradiktionsrecht der Opposition nach Ministerreden in der Geschäftsordnung zu verankern, zu begründen (BT-StB V/48, S. 2320 B; s. oben nach Anm. I/146). — Zur Vorgeschichte der Absprache von 1962 vgl. afd 8 (1962), Nr. 67, S. 453, 457.

bringen. Sie soll gewährleisten, daß das Für und Wider in paritätischer und fernsehgerechter Form zum Ausdruck gebracht wird. Der Diskussionsleiter wird das Wort zunächst dem Vertreter des kontroversen Standpunktes zu einer kurzen zusammenfassenden Darstellung geben. Die Form der Sendung setzt bei den Teilnehmern das Bemühen um Kürze und Prägnanz voraus. Der Diskussionsleiter wird sich bemühen, in der zur Verfügung stehenden Zeit nicht nur jedem Teilnehmer einmal Gelegenheit zur Darstellung seiner wesentlichen Argumente zu geben, sondern auch zu einer Erwiderung auf wesentliche Gegenmeinungen.

2. Sollte in Ausnahmefällen eine der Fraktionen nicht mit der Diskussion einverstanden sein und eine Gelegenheit zur Einzeldarstellung verlangen, dann erhalten alle Fraktionen des Bundestages am gleichen Tag nacheinander eine Sendezeit von gleicher Länge."

Nach der dieser Absprache zugrundeliegenden Vorstellung — sie gehört seit dem Bismarckreich zum eisernen Bestand des deutschen Parlamentarismus(-Zerr-)bildes — ist die Regierung nicht Teil und Ausschuß der Regierungsmehrheit, sondern tritt als selbständiger politischer Faktor dem einheitlich gedachten Parlament als systemnotwendiger „Gegenspieler" dualistisch gegenüber — eine Vorstellung, die auch in der parlamentarischen Redeordnung ihren Niederschlag gefunden hat[49]. Daß jedoch das Lebensprinzip des Parlamentarismus der Dualismus zwischen Regierungskoalition und Oppositionsparteien ist und diese moderne Gewaltenteilung auf die Unparteilichkeit des Rundfunks nicht ohne Einfluß bleiben kann, hat *Konrad Adenauer* schon 1953 gesehen, wenn er auch nicht immer danach gehandelt haben mag. „Die Monopolstellung der Rundfunkanstalten erfordert ... eine völlige politische Unparteilichkeit", erklärte er damals vor dem Bundestag und zog daraus den Schluß: „Die Rundfunksender dürfen weder eine Partei bevorzugen, noch dürfen sie im Verhältnis zwischen Regierungskoalition und Opposition Partei ergreifen"[50]. Das aber würden sie, wollten sie die Regierungssendungen nicht auf die Sendezeit der Koalitionsparteien anrechnen und damit dem Paritätsprinzip entziehen.

Anfang Oktober 1964 wurde die Absprache von der SPD „gekündigt", die schon vor der Erhard/Erler-Kontroverse eine Neuregelung anstrebte, durch die die Meinung der Opposition besser zur Geltung komme. Zwar ließe sich nicht bestreiten, wie *Mommer* (SPD) der Kritik *Rasners* (CDU), die SPD wolle als „eigentlicher Gegenpol zur Regierung gelten", während diese Aufgabe dem Parlament als Ganzem zukomme, entgegenhielt, „daß

[49] Vgl. BVerfGE 10, 4 ff. und oben Abschnitt I 4 (bes. nach Anm. I/173). Vgl. dazu noch § 82 IV BW-GO 1972: „Ergreift der Ministerpräsident im Verlauf einer Aussprache das Wort, so muß anschließend den Vorsitzenden der Oppositionsfraktionen auf ihr Verlangen das Wort erteilt werden. Wird von diesem Recht Gebrauch gemacht, so können danach auch die Vorsitzenden der anderen Fraktionen das Wort verlangen."

[50] BT-StB I/269, S. 13248 D.

der Bundestag das eigentliche Pendant zur Regierung darstelle, in der Öffentlichkeit erschienen die Regierung und die Vertreter der Regierungsfraktionen in Wirklichkeit aber als eine Einheit". Es müsse „zwischen der Verfassungswirklichkeit und dem Verfassungsrecht" unterschieden werden[51] — eine Argumentation, die die normative Kraft des Faktischen über die normative Kraft der Verfassung stellt und im Ergebnis nur deshalb richtig ist, weil sie das Verhältnis von oppositionsparitätischem Verfassungsrecht und oppositionsdiskriminierender, mithin verfassungswidriger Verfassungswirklichkeit geradezu auf den Kopf stellt.

Die „verhängnisvollen Traditionen", die sich bei uns auf dem Boden einer etatistischen Staatsauffassung in Generationen gebildet haben, derzufolge „die Opposition ... nicht genauso wie die Regierung eine notwendig zur Demokratie gehörende Kraft, sondern etwas Zweitrangiges" ist[52], setzten sich auch in der Sendezeitfrage durch. Auch das Schrifttum ist in dieser Frage — mit Ausnahme *Arndts* — dem Redezeit-Urteil des BVerfG gefolgt[53], obwohl durch seine analoge Anwendung auf den rechtssystematisch gleichgelagerten Fall der Gegenrede zu Regierungssendungen in Hörfunk und Fernsehen die ideologischen Prämissen des BVerfG doch wohl eher in Frage gestellt als bestätigt werden.

Jülich[54], der der Opposition als solcher das Recht auf Chancengleichheit mit der Regierung abspricht, andererseits aber die Vertretung des Regierungsstandpunktes im Rundfunk als „Überschreitung des Verlautbarungsrechts" ansieht, will dieser „Überschreitung" auf dem Umweg der Annahme einer Verletzung der Chancengleichheit der einzelnen Oppositionspartei „durch eine mittelbare Begünstigung der Regierungspartei(en)" abhelfen, „mit der Folge, daß die benachteiligte Oppositionspartei einen Anspruch auf Gewährung von Sendezeit hat". Indes soll diesem Anspruch dann Genüge getan sein, wenn der Rundfunk nach einer kontroversen Regierungssendung „den Parlamentsparteien" Gelegenheit zur „Erwiderung" gibt, ja, der Rundfunk habe sogar die Wahl, ob er den Parteien eigene Sendezeiten zur Verfügung stellen oder die Ausgleichssendungen selbst redaktionell gestalten wolle.

Leisner[55] will die Grundsätze des Redezeit-Urteils ganz allgemein auf die „Regierungsaufklärung" anwenden. Obwohl er nicht so scharf zwischen Regierung und Parlamentsmehrheit trennt, kommt er über das „Axiom" der funktionellen Unterprivilegierung der Regierungsmehr-

---

[51] Vgl. Die Welt Nr. 240 v. 14. 10. 1964, S. 2; dazu oben Anm. III/8.

[52] So der Abg. *Kühn* (SPD), BT-StB III/121, S. 7013.

[53] Vgl. *Henke*, S. 249 f. (m. Nachw.).

[54] *Jülich*, S. 131 f.

[55] *Leisner* I, S. 158.

heit[56] zu dem überraschenden Ergebnis, daß alle diese zusätzlichen (natürlichen und künstlichen) Machtprämien erst den notwendigen Ausgleich für die größere (natürliche) Anziehungskraft der Opposition brächten, ohne den die Mehrheit dieser gegenüber „entscheidend“ an Boden verlieren müßte[57].

Hier zeigt sich mit dankenswerter Offenheit der wahre Kern der Lehre von der Wesensverschiedenheit von Parlamentsmehrheit und Regierung: Es geht ihr einzig und allein um die formal-rechtliche Untermauerung an sich verfassungswidriger, weil imparitätischer, zu dem natürlichen Vorteil des Machtbesitzes hinzutretender „Machtprämien“ des Regierungslagers. Die „Gleichgewichtigkeit“ von Regierung und Opposition ist die Grundlage des parlamentarischen Regierungssystems wie der Demokratie überhaupt. Wo sie nicht gegeben und gewährleistet ist, kann beides nicht funktionieren[58]. Der Hinweis auf die anders gelagerten „Verhältnisse in Großbritannien“ verschleiert im Grunde nur die Unvereinbarkeit von traditionellem Parlamentarismus-Verständnis und heutigem Verfassungsrecht in der BRD.

Nachdem die kleine Parlamentsreform von 1969 unter anderem auch in der Redeordnung des Bundestages eine gewisse Aufwertung der Opposition gebracht hatte, war die Anpassung der Sendezeitpraxis der Rundfunkanstalten nur noch eine Frage der Zeit. Nachdem sich die BT-Fraktionen im Januar 1974 auf eine neue Regelung geeinigt hatten[59], verabschiedeten die ADR-Intendanten am 30./31. 1. 1974[60] folgende, den Wünschen der BT-Fraktionen Rechnung tragende „Richtlinie für das Verfahren bei Fernseh-Erklärungen der Bundesregierung und für Erklärungen der Bundestagsfraktionen im ARD-Gemeinschaftsprogramm“[61]: „Die Intendanten der in der ARD zusammengeschlossenen Rundfunkanstalten beauftragen den Programmdirektor DFS in München in Zukunft mit der Wahrnehmung der Aufgaben, die im Zusammenhang mit dem Wunsch der Bundesregierung entstehen, über das Gemeinschaftsprogramm der ARD eine offizielle Erklärung zu verbreiten. Das gilt auch für entsprechende Wünsche der Bundestagsfraktionen. Dabei soll nach folgender Richtlinie verfahren werden:

1. Bei einer Erklärung der Bundesregierung, die Themen berührt, die zwischen Bundesregierung und den Fraktionen des Bundestages kontrovers diskutiert werden, gewährt die ARD den Bundestagsfraktionen im Rahmen des

---

[56] Ebd. S. 54 f.

[57] Ebd. S. 163.

[58] So der Abg. *Kühn*, BT-StB III/121, S. 7013.

[59] Vgl. die im Heidelberger Tageblatt/Mannheimer Morgen Nr. 10 v. 12./13. 1. 1974 abgedruckte dpa-Meldung.

[60] Vgl. die Rundfunk-Chronik, RuF 22 (1974), S. 243.

[61] Abgedruckt in: Media Perspektiven 2/74, S. 88 f.

Möglichen am nächsten oder übernächsten Tag Sendezeiten für die Äußerung ihrer Meinung zum Thema der Erklärung, wenn dies von einer Bundestagsfraktion gewünscht wird; dies gilt nicht bei amtlichen Verlautbarungen der Bundesregierung im Sinne eilbedürftiger Bekanntmachungen in Not-, Katastrophenfällen etc.

Erklärungen der Fraktionen können in einer Folge von Einzelerklärungen (a) oder — bei Einverständnis aller Bundestagsfraktionen — im Rahmen einer Diskussion (b) publiziert werden.

a) Wenn die Stellungnahmen der Bundestagsfraktionen in einer Folge von Einzelerklärungen veröffentlicht werden, stellt die ARD hierfür Sendezeit zur Verfügung, die auf die Bundestagsfraktionen wie folgt aufgeteilt wird:

4 : 3 : 3 (40 % der Sendezeit sind für die Oppositionsfraktionen vorgesehen, 60 % für die Koalitionsfraktionen).

Bei Änderungen der Fraktionsverhältnisse müssen neue Überlegungen angestellt werden.

Die Gesamtsendezeit soll in der Regel dem Doppelten der für die Erklärungen der Regierung benötigten Zeit entsprechen, jedoch jeder Bundestagsfraktion mindestens drei Minuten Redezeit ermöglichen. Der Programmdirektor des Deutschen Fernsehens entscheidet über die Reihenfolge der Erklärungen; in der Regel soll zunächst die Erklärung einer in Opposition stehenden Fraktion ausgestrahlt werden (in Anlehnung an § 33 Geschäftsordnung Bundestag).

b) Wenn alle Bundestagsfraktionen ihre Auffassungen im Rahmen einer Diskussion darlegen wollen, wird die ARD hierfür eine Gesamtsendezeit bis zu 30 Minuten zur Verfügung stellen. Die Form der Sendung setzt bei allen Teilnehmern das Bemühen um Kürze und Prägnanz voraus. Der Diskussionsleiter, den die ARD jeweils benennen wird, wird das Wort zunächst dem Vertreter einer Oppositionsmeinung zu einer kurzen zusammenfassenden Darstellung geben, die nicht länger als die Erklärung der Bundesregierung dauern soll. Der Diskussionsleiter wird sich bemühen, in der zur Verfügung stehenden Zeit nicht nur jedem Teilnehmer einmal Gelegenheit zu einer Darstellung seiner wesentlichen Argumente, sondern auch zu einer Erwiderung auf wesentliche Gegenmeinungen zu geben. Diese Regelung soll journalistische und prozedurale Gesichtspunkte in Einklang bringen. Sie soll gewährleisten, daß das Für und Wider in paritätischer und fernsehgerechter Form zum Ausdruck gebracht wird.

2. Der Antrag der Bundesregierung auf Sendezeit für eine Erklärung sowie der Antrag einer Fraktion mit dem Anspruch auf eine Gegenerklärung soll über den Leiter des Studios Bonn beim Programmdirektor des Deutschen Fernsehens angemeldet werden."

Daß mit dieser Regelung der geforderten Parität von Regierungsmehrheit und Opposition Genüge getan wäre, wird man kaum sagen können. Die Lösung, die im Grunde an dem Gegenüber von Regierung und Gesamtparlament festhält, greift auf Modelle der kleinen Parlamentsreform zurück[62]. Sie kann schwerlich eine „Reform" genannt werden.

---

[62] Vgl. dazu die Reform der „aktuellen Stunde" und ihre Bewertung (s. oben nach Anm. I/173). Möglicherweise hatte die Absprache von 1962 (s. oben zu

Am entschiedensten hat, wie im Parlament, so auch für den Rundfunk von Anfang an *Adolf Arndt* die Parität von Regierung(smehrheit) und Opposition(sminderheit) gefordert, und zwar nicht nur bei Regierungssendungen, bei denen diese Forderung allein einen Sinn hat, sondern schlechthin für alle Parteisendungen in und außerhalb des Wahlkampfes. In seinem Schriftsatz zum Sendezeitstreit BVerfGE 14, 121 führt er aus, das in Art. 21 GG verankerte Mehrparteienprinzip sei auf die „Intention" hin angelegt, „eine Spannung von Regierung und Opposition sowie einen demokratisch bewirkten Wechsel von Mehrheit und Minderheit zu ermöglichen". Erst im „Wechsel von Mehrheit und Minderheit" werde Demokratie Wirklichkeit. Die Schutzzusage des Art. 21 GG sei den Parteien nicht um ihrer selbst willen gewährt, sondern im Hinblick auf ihre „Rolle", ihre „Funktionen im Wechselspiel zwischen Regierung und Opposition, Mehrheit und Minderheit". Entsprechend diene die Chancengleichheit der Parteien lediglich dazu, „den Minderheitsparteien die gleiche Chance einzuräumen, zur Mehrheit zu werden, wie die Mehrheit sie hat, Mehrheit zu bleiben". Habe die Mehrheit die Aufgabe, die Regierung zu bilden und zu verteidigen, so hätten die „Minderheitsparteien" die Pflicht, „durch Opposition die Regierung kritisch zu überwachen" und ihren Entscheidungen gegebenenfalls entgegenzutreten sowie sich darauf vorzubereiten, selbst Mehrheit zu werden und die Regierung zu bilden. Der „eigentliche, aus staatspolitischen Gründen des demokratischen Regimes rechtserhebliche Wettkampf" finde daher auch nicht zwischen den Parteien als solchen („um ihrer selbst willen") statt, sondern „zwischen Regierung und Opposition, zwischen Mehrheit und Minderheit". Aus der rechtlichen Sicht der Verfassung sei selbst der „Wahlkampf" in seinem „Wesen" ein „Wettstreit" zwischen Regierung und Opposition, Mehrheit und Minderheit.

Die Parteien seien mit ihren Parlamentsfraktionen „nur Baustein der Mehrheit und der Minderheit", in deren Verhältnis sie „einzuordnen" seien. Ihre (unterschiedliche) „Bedeutung" sei „entscheidend durch ihre Rolle in der Regierung oder in der Opposition gekennzeichnet". Im Wettstreit von Mehrheit und Minderheit komme es darauf an, „daß die Minderheitsmeinungen eine *reale* Chance erhalten". Diese werde aber sowohl durch den „konkreten Proporz" der Parteien wie durch ihre „abstrakte Parität" vereitelt. Nur das Verhältnis von Mehrheit und Minderheit lasse sich „ohne Willkür formalisieren, indem Regierungsmehrheit und oppositionelle Minderheit als gleichbedeutende Einheiten mit Chan-

---

Anm. 48) ihrerseits bei dieser „Reform" Pate gestanden, so wie der Verteilungsschlüssel der Absprache von 1974 den 1976 vom GO-Ausschuß für kontingentierte Debatten vorgeschlagenen Schlüssel — 60 : 40 im Verhältnis von Koalition und Opposition (s. o. zu Anm. I/183) — präjudiziert haben dürfte (1974 ohne, 1976 mit Einbeziehung der Regierung). Vgl. ferner oben Anm. 48.

cengleichheit gegenübergestellt werden". Setze sich eine dieser „Einheiten" aus mehreren Parteien zusammen, so werde man „deren Anteil an der Chance der Einheit proportional abstufen können". Dem richtig verstandenen Grundsatz der Chancengleichheit gehe es also um „eine reale Parität zwischen regierender Mehrheit und oppositioneller Minderheit", während eine formale Gleichbehandlung aller Parteien ohne Rücksicht auf ihre „Funktionen" im Wechselspiel zwischen Mehrheit und Minderheit „gegen das demokratische Prinzip und gegen das Mehrparteienprinzip" verstoße, „weil sie bei dem Vorhandensein von drei oder mehr Parteien entweder die reale Chance der bisherigen Regierungsmehrheit oder die der bisherigen oppositionellen Minderheit unangemessen und willkürlich beeinträchtigen müßte". Erst die „Parität" und „reale Gleichheit der Chancen" zwischen Regierung und Opposition halte die Möglichkeit „offen", „daß eine bisherige Mehrheit von der bisherigen Minderheit abgelöst wird"[63].

Die so herausgearbeiteten Grundsätze wendet *Arndt* sodann unterschiedslos auf alle parteipolitischen Rundfunksendungen an, seien es Regierungs-, Wahl- oder sonstige Informations- und Propagandasendungen der Parteien. Sorge der Rundfunk hier nicht, wie es seine Pflicht sei, für die Parität zwischen Regierung und Opposition, Mehrheit und Minderheit, gehe er vielmehr von einer „rein formalen Parteiengleichheit" aus — für die Orientierung am „Proporz" gilt Entsprechendes —, so bedeute dies eine „unzulässige Parteinahme" des Rundfunks zugunsten der einen oder anderen Seite, je nachdem welche die größere Parteienzahl aufweist. Beispielsweise würden in einem System mit drei Parlamentsparteien die Chancen der Rundfunkwerbung derjenigen Einheit (Regierung oder Opposition) „verdoppelt", die aus zwei Parteien besteht, während die Chancen der von einer einzigen Partei gestellten Gegenseite „halbiert" würden — nach *Arndt* ein „Ergebnis offenbarer Willkürlichkeit"[64].

Das trifft indes nur für die paritätische Gestaltung von Regierungssendungen zu. Im übrigen gilt das genaue Gegenteil. Hier zeigt sich, daß die gewaltenteilende dualistische Wechselparität zwischen Regierung und Opposition, Parlamentsmehrheit und -minderheit nur für den Bereich des Parlaments, namentlich für die Parlamentsdebatte und ihre Übertragung im Rundfunk Gültigkeit hat, nicht dagegen für den gesamten politischen Meinungs- und Willensbildungsprozeß außerhalb des Parlaments, insbesondere nicht für die Rundfunkwerbung der Parteien vor und nach der Wahl. Was für die Redeordnung im Parlament und die nach ihrem Vorbild gestalteten Regierungssendungen rechtens ist, ist für den

[63] *Arndt*, VI, S. 18 - 26.

[64] Ebd. S. 20 f.

außerparlamentarischen Wettkampf der Parteien, der zwar den parlamentarischen Widerstreit und Wechsel von Regierung und Opposition ermöglichen soll, aber nicht mit ihm identisch ist, sinnlos und verfassungswidrig[65].

Das Prinzip der alternierenden Wechselparität muß streng auf den Bereich des Parlaments und die (nur in engen Grenzen zulässigen) Regierungssendungen beschränkt bleiben, die den im Parlament gehaltenen Ministerreden so nahestehen, daß sie eine analoge Behandlung gestatten und gebieten. Für den Wahlkampf und das Parteiengespräch außerhalb des Parlaments gilt dagegen das Prinzip strikter Parteienparität[66]. Die Frage, ob es zulässig ist, die Parlamentsdebatte unter fraktions- bzw. wechselparitätischer Berücksichtigung nur der Parlamentsparteien im Rundfunk fortzusetzen, wird man grundsätzlich verneinen müssen.

[65] Wie problematisch der Vorschlag Arndts ist, zeigt das Beispiel Frankreichs, wo 1966 die Wahlsendezeit in Hörfunk und Fernsehen zur Hälfte der Regierungspartei, zur anderen Hälfte den zahlreichen Oppositionsparteien zugeteilt wurde; dazu *Hegels*, S. 109 f., 116 f.; Die Zeit Nr. 47 v. 18. 11. 1966, S. 2.

[66] Dazu *Lipphardt*, S. 80 f., 381, 392 f., 406 ff.; *Seifert*, S. 358 f., 389.

Ergebnis

Die Diskussion um Mängel und Vorzüge parlamentarischer Redeordnungen wurde in Deutschland seit den Tagen der Paulskirche vornehmlich, wenn auch mit unterschiedlicher Intensität, um die beiden zusammenhängenden Fragen der Rednerfolge und der Redezeitbemessung bei kontingentierter Debatte geführt. Bei ihrer — sich im Laufe der Zeit wandelnden — Beantwortung spielte sowohl der Proporzgedanke als auch die Abgeordneten- und Fraktionenparität eine entscheidende Rolle. Unter dem Gewicht der am Fraktionenproporz orientierten Rednerfolge-Vereinbarungen des Seniorenkonvents bzw. des Ältestenrats der Reichstage des Kaiserreichs und der Weimarer Republik, die der Parlamentspräsident stets respektierte, war das ursprünglich auch in deutschen Parlamenten anerkannte und praktizierte Wechselredeprinzip mehr und mehr verkümmert. Erst die vom 5. Bundestag beschlossene „kleine Parlamentsreform" hat ihm — der seit dem Redezeitstreit von 1958 wachsenden Forderung nach Chancengleichheit von Regierung und Opposition, Mehrheit und Minderheit im parlamentarischen Geschäftsgang folgend — wieder Geltung zu schaffen gesucht und durch seine Erstreckung auf die Redezeitfrage den notwendigen Paritätsbezug des Wechselredeprinzips bestätigt. Damit ist dem „lebendigen Dialog", der „echten Diskussion", der „Dialektik" zwischen Rede und Gegenrede vom Recht her nunmehr auch ausdrücklich eine Chance eröffnet worden, die das Parlament nicht nur im Konfliktsfall, sondern auch bei vereinbarter Rednerfolge und Redezeit nutzen sollte.

Das BVerfG hat sich im Redezeit-Urteil dieser Entwicklung widersetzt, sie letztlich jedoch nicht aufzuhalten vermocht. Wenngleich das Urteil auf Grund der ihm widersprechenden Entwicklung, die heute im Bundestag sowohl von der Fraktion der SPD als auch von der CDU/CSU-Fraktion überwiegend bejaht und gefördert wird, als überholt angesehen werden muß, ist eine Auseinandersetzung mit ihm und das heißt mit den latent fortwirkenden, das parlamentarische Prinzip negierenden Gedanken des Proporzes und des Dualismus zwischen Parlament und Regierung nach wie vor geboten. Das Gericht bleibt mit einem Teil der Lehre der konstitutionellen Theorie des 19. Jahrhunderts verhaftet, wenn es die Regierung neben, ja über das Parlament stellt.

Im parlamentarischen Regierungssystem mit seinen notwendig von konstanten Parlamentsmehrheiten permanent getragenen und aus ihrem

Schoß hervorgegangenen Parteiregierungen gibt es auch und gerade von Verfassungs wegen kein Gegenüber von Regierung und Gesamtparlament, sondern nur noch ein Gegenüber von Regierung und Regierungsmehrheit auf der einen und Oppositionsminderheit auf der anderen Seite. Daran brechen sich „Tradition“ und gewachsene „politische Kultur“, die — jenseits der Verfassung angesiedelt — keinen normativen Stellenwert haben. Von hier aus erfährt das aus dem 19. Jahrhundert überkommene „jederzeitige“ Rederecht der Regierung im Parlament einen entscheidenden Bedeutungswandel. Da Regierung und Parlamentsmehrheit eine Einheit bilden und bilden sollen, sind Redeprivilegien der Regierung der Sache nach solche der Mehrheitsfraktionen. Um des Gleichgewichts der oppositionellen Gegenrede willen sind sie in erster Linie restriktiv auszulegen, jedenfalls aber auszugleichen.

Die von Verfassungs wegen (Art. 42 I 1 GG) im dialektischen Wechsel von Rede und Gegenrede voranschreitende Debatte gebietet, daß bei der Verhandlung kontroverser Themen Rednerfolge und Redezeit dem Prinzip der paritätischen Wechselrede folgen. Die Stärke der Fraktionen hat in der parlamentarischen Redeordnung keinen Platz. Entgegen der Ansicht des BVerfG verstößt das Proporzprinzip, worauf schon 1919 *Rudolf Smend* nachdrücklich hingewiesen hat, gegen „Wesen“ und „Aufgabe“ des Parlaments, „Forum für Rede und Gegenrede zu sein“ (BVerfG). Bei kontingentierter Debatte — sie sollte um der Freiheit der Rede willen nur ad hoc beschlossen werden dürfen und nicht schon, wie seit 1922 üblich, generell vorgeschrieben werden — steht es dem Parlament frei, die Parität von Rede und Gegenrede durch paritätische Redezeiten der Redner oder der Fraktionen sicherzustellen. Richtet sich die Rednerfolge nach dem Prinzip der Wechselrede, wird sich in diesem Fall — bei Einbeziehung der Ministerreden — der Ausgleich von selbst einstellen. Vor einer uferlosen Ausdehnung der Debatte wird das Parlament einerseits durch die Selbstdisziplin (Fraktionsdisziplin) der Redner, die die (unverbindlichen) Zeit- und Rednervereinbarungen des Ältestenrats in aller Regel befolgen, andererseits durch die Möglichkeit der Redezeitbegrenzung und des vorzeitigen Debattenschlusses hinreichend geschützt. Muß die zeitliche Begrenzung wie der Abbruch der Debatte jedesmal ad hoc beschlossen werden, werden schon die natürlichen Hemmungen der Mehrheit vor einem solchen Schritt, die bei einer generellen Regelung zwangsläufig entfallen, eine allzu drastische und häufige Beschränkung der Redefreiheit verhindern.

Dem „Recht der Opposition auf Chancengleichheit mit der Regierung“ wird regelmäßig durch die redner- oder fraktionenparitätische Wechselrede Genüge getan. Wo dieses Recht freilich dem nicht in Art. 3 I GG, sondern in Art. 21 GG verankerten Prinzip streng formaler Fraktionenparität widerstreitet, wird es zum Privileg und damit bedenklich.

Seit langem haben die — sich wandelnde — parlamentarische Rednerfolge und Redezeitbemessung analoge Lösungen für die Gestaltung der Öffentlichkeitsarbeit der Regierung nahegelegt und bewirkt. Das läßt sich vor allem bei der Regelung und Handhabung der Regierungssendungen im Rundfunk nachweisen, wo mitunter ausdrücklich auf die Geschäftsordnung dse Bundestages verwiesen wird. Gelegentlich werden Parlamentsreformen auch umgekehrt an traditionellen Rednerfolge- und Redezeitmodellen des Rundfunks ausgerichtet, was ihren „Reform"-Charakter nicht selten widerlegt.

Bei der Übertragung der parlamentarischen Redeordnung auf die Öffentlichkeitsarbeit der Regierung außerhalb des Parlaments ist jedoch zu beachten, daß amtlicher Öffentlichkeitsarbeit von der Verfassung her enge Grenzen gezogen sind, daß außerhalb des Parlaments die in Verfassung und Geschäftsordnung niedergelegten Verfahrensgarantien des parlamentarischen Geschäftsgangs weithin entfallen und daß schließlich außerhalb des Parlaments Kontrolle und Kritik regierungsamtlicher Öffentlichkeitsarbeit nicht der parlamentarischen Opposition vorbehalten sind. Hier stehen namentlich die mandatslosen Parteien kraft des in Art. 21 GG (nicht in Art. 3 Abs. I GG!) verbürgten Grundsatzes der Parteiengleichheit gleichberechtigt neben den Parlamentsparteien.

Literaturverzeichnis

Achterberg, N.: (I) Probleme der Inkompatibilität, ZgesStW 126 (1970), 344 ff. (zugleich Rez. von Sturm)

— (II) Grundzüge des Parlamentsrechts, München 1971

— (III) Das Parlament im modernen Staat, DVBl. 1974, 693 ff.

— (IV) Parlamentsreform — Themen und Thesen, DÖV 1975, 833 ff.

Anschütz, G.: Die Verfassung des Deutschen Reiches vom 11. August 1919. Ein Kommentar für Wissenschaft und Praxis, 14. Aufl., Berlin 1933

Anschütz/Thoma (Hrsg.): Handbuch des Deutschen Staatsrechts, 2 Bde., Tübingen 1930/32
(zit.: HbDStR)

Apetz, H.: Die Grenzen der parlamentarischen Geschäftsordnungsautonomie, jur. Diss. Greifswald 1933

Arndt, A.: (I) Grundfragen des Verfassungsrechts, SJZ 1946, 81 ff.

— (II) Die Entmachtung des Bundestages, DNG 6 (1959), 431 ff.

— (III) Das nicht erfüllte Grundgesetz, Tübingen 1960

— (IV) Anmerkung [zu einem Urteil des VG Köln], DVBl. 1965, 954 f.

— (V) Opposition, Neue Sammlung 8 (1968), 1 ff.

— (VI) Schriftsatz v. 16. 4. 1962 im Sendezeitstreit BVerfGE 14, 121

Arndt, K. F.: Parlamentarische Geschäftsordnungsautonomie und autonomes Parlamentsrecht, Berlin 1966

Arndt/Schweitzer: Mandat und Fraktionsstatus. Überlegungen zur Versagung des Fraktionsstatus für 8 Abgeordnete der F.D.P. im Bayerischen Landtag, ZParl 7 (1976), 71 ff.

Bachof, O.: Rechtsweg, Parteifähigkeit, Prozeßführungsrecht und Sachlegitimation im Verfassungsstreit. Bemerkungen zum Urteil des Bundesverfassungsgerichts vom 7. 3. 1953 über die Gesetze zum EVG-Vertrag und zum Bonner Vertrag, AöR 79 (1953/54), 107 ff.

Badura, P.: Erläuterungen zu Art. 38 GG, in: Bonner Kommentar, Zweitbearbeitung 1966

Bäumlin, R.: Die Kontrolle des Parlaments über Regierung und Verwaltung, ZSR NF 85/II (1966), 165 ff.

Bausch, H.: Der Rundfunk im politischen Kräftespiel der Weimarer Republik 1923 bis 1933, Tübingen 1956

Bernau, M. R.: Die verfassungsrechtliche Bedeutung von Geschäftsordnungen oberster Staatsorgane, jur. Diss. Göttingen 1954/55

v. Beyme, Kl.: Die parlamentarischen Regierungssysteme in Europa, München 1970

Bleek, U.: (I) Art. ‚Aktuelle Stunde', in: HbdParl. S. 25 f.

— (II) Art. ‚Fragestunde', ebd. S. 137 ff.

Blischke, W.: Verfahrensfragen des Bundestages im Jahre 1972. Bericht über erstmals angewandte parlamentarische Verfahren, Der Staat 12 (1973), 65 ff.

Böckenförde, E.-W.: Die Organisationsgewalt im Bereich der Regierung. Eine Untersuchung zum Staatsrecht der Bundesrepublik Deutschland, Berlin 1964

Bonner Kommentar, [Loseblatt-]Kommentar zum Bonner Grundgesetz, Hamburg 1950 ff. (Zweitbearbeitung 1964 ff. — Stand: April 1975)

Braun, J.: Das autonome Reichstagsrecht, jur. Diss. Bonn 1914

v. Brentano di Tremezzo, H.: Die Rechtsstellung des Parlamentspräsidenten nach deutschem Verfassungs- und Geschäftsordnungsrecht, jur. Diss. Gießen 1930

Bücker, J.: Kommentar zur Geschäftsordnung des Deutschen Bundestages, in: Ritzel/Bücker (Hrsg.), [Loseblatt-]Handbuch für die parlamentarische Praxis mit Kommentar zur Geschäftsordnung des Deutschen Bundestages, Frankfurt/M. 1970 ff. (Stand: 4. Erg.Lfg. 1975), S. 197 ff.

Burhenne, W. (Hrsg.): Recht und Organisation der Parlamente. Systematische [Loseblatt-]Sammlung des Verfassungs- und Wahlrechts, der Geschäftsordnungen und aller sonstigen Materialien der Parlamente des Bundes und der Länder, der europäischen Institutionen und der Vereinten Nationen, hrsg. im Auftrage der Interparlamentarischen Arbeitsgemeinschaft, 3 Bde., Bielefeld 1958 ff. (Stand: Juni 1975)

Cohen, G.: (I) Grundzüge der Englischen Verfassung, mit besonderer Rücksicht auf das Parlament, Neue Jahrbücher der Geschichte und Politik 1847/I, S. 193 ff., 289 ff.

— (II) Parlamentarische Studien, PrJb 3 (1859), 153 ff.

— (III) Die Verfassung und Geschäftsordnung des Englischen Parlaments, mit Hinblick auf die Geschäftsordnungen deutscher Kammern, Hamburg 1861

Czajka, D.: Pressefreiheit und „öffentliche Aufgabe“ der Presse, Stuttgart, Berlin, Köln, Mainz 1968

Czerny/Fischer: Geschäftsordnung des Nationalrates samt Unvereinbarkeitsgesetz, kommentiert, mit einem Anhang versehen und herausgegeben von W. F. Czerny und H. Fischer, Wien 1968

Dellmann, H.: Fraktionsstatus als geschäftsordnungsmäßige Voraussetzung für die Ausübung parlamentarischer Rechte, DÖV 1976, 153 ff. (Erwiderung auf Linck; dessen ‚Schlußwort‘ ebd. S. 156 f.)

Dichgans, H.: Das Unbehagen in der Bundesrepublik. Ist die Demokratie am Ende?, Düsseldorf, Wien 1968

Dobiey, B.: Die politische Planung als verfassungsrechtliches Problem zwischen Bundesregierung und Bundestag, Berlin 1975

Doehring, K.: Das Staatsrecht der Bundesrepublik Deutschland unter besonderer Berücksichtigung der Rechtsvergleichung und des Völkerrechts, Frankfurt/M. 1976

Drath, M.: Die Gewaltenteilung im heutigen deutschen Staatsrecht, in: Faktoren der Machtbildung, Wissenschaftliche Studien zur Politik, mit Beiträgen von Bracher, Drath, v. d. Gablentz, Gurland, Richert, Berlin 1952, S. 99 ff.

Dübber, U.: (I) Parteifinanzierung in Deutschland, Opladen 1962

— (II) Geld und Politik. Die Finanzwirtschaft der Parteien, Freudenstadt 1970

Ehmke, H.: Empfiehlt es sich, Funktion, Struktur und Verfahren der parlamentarischen Untersuchungsausschüsse grundlegend zu ändern?, Referat, in: Verhandlungen des 45. DJT, Bd. II, Teil E, München, Berlin 1965, S. 7 ff.

Ellwein, Th. (I) Parlament und Verwaltung, 1. Teil: Ellwein/Görlitz/Schröder, Gesetzgebung und politische Kontrolle, Stuttgart, Berlin, Köln, Mainz 1967 [= Ellwein (Hrsg.), Politik, Regierung, Verwaltung. Untersuchungen zum Regierungsprozeß in der Bundesrepublik Deutschland, Bd. II/1]

— (II) Das Regierungssystem in der Bundesrepublik Deutschland, 3. Aufl., Opladen 1973

Empfehlungen des Ausschusses für Wahlprüfung, Immunität und Geschäftsordnung zur Änderung der Geschäftsordnung des Deutschen Bundestages, bestehend aus Vorblatt (I), GOBT-Entwurf 1976 (II) und Begründung (III), nicht numerierte, undatierte Ausschuß-Drucksache, Bonn [Febr.] 1976

Engels, F.: Die Funktionen des Reichstagspräsidenten, jur. Diss. Greifswald 1917/18

Enquete-Kommission: Zwischenbericht der Enquete-Kommission für Fragen der Verfassungsreform, BT-Drs. VI/3829, Bonn 1972

Erdmann, G.: Organstreitigkeiten vor dem Bundesverfassungsgericht, jur. Diss. Heidelberg 1961/63

Eschenburg, Th.: (I) Staat und Gesellschaft in Deutschland, 3. Aufl., Stuttgart 1958

— (II) Rückzieher vom Rechnungshof. Die Staatsaufsicht billigt den Wahlkampf mit Steuergeldern, in: Die Zeit Nr. 13/76 (19. 3.), S. 11

Faber, H.: Innere Geistesfreiheit und suggestive Beeinflussung, Berlin 1968

Forsthoff, E. (I) Das politische Problem der Autorität (1955), in: ders., Rechtsstaat im Wandel. Verfassungsrechtliche Abhandlungen 1950 - 1964, Stuttgart 1964, S. 99 ff.

— (II) Strukturwandlungen der modernen Demokratie, Berlin 1964

Fraenkel, E.: (I) Historische Vorbelastungen des deutschen Parlamentarismus (1960), in: ders., Deutschland und die westlichen Demokratien, 6. Aufl., Stuttgart, Berlin, Köln, Mainz 1974, S. 13 ff.

— (II) Parlament und öffentliche Meinung (1958), ebd. S. 152 ff.

— (III) Art. ‚Fraktionen' (S. 97 ff.), ‚Gewaltenteilung' (S. 117 ff.), ‚Opposition' (S. 226 ff.), ‚Parlament' (S. 231 ff.), ‚Parlamentarisches Regierungssystem' (S. 238 ff.), in: Fraenkel/Bracher (Hrsg.), Staat und Politik. Das Fischer Lexikon, Bd. 2, unveränderter Neudruck der neubearbeiteten Ausgabe von 1964, Frankfurt/M. 1975

Frank, D.: Politische Planung im Spannungsverhältnis zwischen Regierung und Parlament, Meisenheim/Glan 1976

Friesenhahn, E.: (I) Die Staatsgerichtsbarkeit, in: HbDStR II (1932), S. 523 ff.

— (II) Parlament und Regierung im modernen Staat, VVDStRL 16 (1958), S. 9 ff.

— (III) Die Verfassungsgerichtsbarkeit in der Bundesrepublik Deutschland, Köln, Berlin 1963 (= Sonderdruck aus: Verfassungsgerichtsbarkeit in der Gegenwart. Länderberichte und Rechtsvergleichung, Internationales Kolloquium, veranstaltet vom Max-Planck-Institut für ausländisches öffentliches Recht und Völkerrecht Heidelberg 1961, Köln, Berlin 1962, S. 89 ff.)

Frotscher, W.: Regierung als Rechtsbegriff. Verfassungsrechtliche und staatstheoretische Grundlagen unter Berücksichtigung der englischen und französischen Verfassungsentwicklung, Berlin 1975

Frowein, J. A.: Die Rechtsprechung des Bundesverfassungsgerichts zum Wahlrecht, AöR 99 (1974), 72 ff.

Gehrig, N.: (I) Parlament — Regierung — Opposition. Dualismus als Voraussetzung für eine parlamentarische Kontrolle der Regierung, München 1969

— (II) Gewaltenteilung zwischen Regierung und parlamentarischer Opposition, DVBl. 1971, 633 ff.

Geiger, W.: Gesetz über das Bundesverfassungsgericht vom 12. März 1951, Kommentar, Berlin, Frankfurt/M. 1952

Gerlich, P.: Parlamentarische Kontrolle im politischen System. Die Verwaltungsfunktionen des Nationalrates in Recht und Wirklichkeit, Wien, New York 1973

Geschäftsordnung für den Badischen Landtag vom 21. November 1929, in: Handbuch für den Badischen Landtag, IV. Legislaturperiode 1929 - 1933, im Auftrag des Landtags zusammengestellt und bearbeitet von K. Groß, Karlsruhe 1929, S. 61 ff.

Die *Geschäftsordnung* für den Hessischen Landtag vom 16. Mai 1933, Darmstadt 1933

Geschäftsordnung für den Volkstag der Freien Stadt Danzig, angenommen in der 1. Sitzung am 20. Juli 1933, Danzig 1933

Giese, F.: Verfassungsrechtlicher Status des Abgeordneten im Verfassungsstreit. Diätenkürzung bei Doppelmandat. Staatsrechtliche Bemerkungen zum Urteil des Bundesverfassungsgerichts vom 16. März 1955 in der Verfassungsstreitsache 2 BvK 1/54 [BVerfGE 1, 144], AöR 81 (1956), 104 ff.

Giesing, H.-H.: „Kleine Reform“ im Deutschen Bundestag, DÖV 1970, 124 f.

Goessl, M.: Organstreitigkeiten innerhalb des Bundes. Eine Untersuchung des Art. 93 Abs. 1 Nr. 1 des Grundgesetzes und der zu seiner Ausführung ergangenen Bestimmungen des Bundesverfassungsgerichtsgesetzes, Berlin 1961

Grosser, D.: Die Opposition in Deutschland. Historische und verfassungsstrukturelle Vorbelastungen, in: Doeker/Steffani (Hrsg.), Klassenjustiz und Pluralismus, Festschrift für E. Fraenkel, Hamburg 1973, S. 515 ff.

Grube, K. D.: Die Stellung der Opposition im Strukturwandel des Parlamentarismus, jur. Diss. Köln 1965

Häberle, P.: (I) Unmittelbare staatliche Parteifinanzierung unter dem Grundgesetz — BVerfGE 20, 56, JuS 1967, 64 ff.

— (II) Struktur und Funktion der Öffentlichkeit im demokratischen Staat, Politische Bildung 3 (1970), H. 3, S. 3 ff.

— (III) Freiheit, Gleichheit und Öffentlichkeit des Abgeordnetenstatus. Zum Diätenurteil des BVerfG, NJW 1976, 537 ff.

Hämmerlein, H.: (I) Öffentlichkeitsarbeit der Verwaltung, DÖV 1969, 19 ff.

— (II) Wege und Grenzen staatlicher Öffentlichkeitsarbeit, in: Almanach 1971, zusammengestellt von N. Reuter, Köln, Berlin,Bonn, München 1970, S. 47 ff.

Hamann/Lenz: Das Grundgesetz für die Bundesrepublik Deutschland vom 23. Mai 1949, Kommentar, 3. Aufl., Neuwied 1970

Hartmann, H.: Die Parteifähigkeit der politischen Parteien und Fraktionen in Verfassungsstreitigkeiten vor dem Staatsgerichtshof, jur. Diss. Jena 1932

Hatschek, J.: Das Parlamentsrecht des Deutschen Reiches, Teil 1, Berlin, Leipzig 1915

Hauenschild, W.-D.: Wesen und Rechtsnatur der parlamentarischen Fraktionen, Berlin 1968

Hegels, E. W.: Die Chancengleichheit der Parteien im deutschen und ausländischen Recht — Ein Vergleich, jur. Diss. München 1967

Heller, H.: Die Gleichheit in der Verhältniswahl nach der Weimarer Reichsverfassung, Berlin, Leipzig 1929

Henke, W.: Das Recht der politischen Parteien, 2. Aufl., Göttingen 1972

Hennis, W.: (I) Der Deutsche Bundestag 1949 - 1965 — Leistung und Reformaufgaben, Der Monat 18 (1966), H. 215, S. 26 ff.

— (II) Clôture im Bundestag, AöR 91 (1966), 254 ff.

— (III) Zur Rechtfertigung und Kritik der Bundestagsarbeit (1967), in: Ehmke/Schmid/Scharoun, Festschrift für A. Arndt, Frankfurt/M. 1969, S. 147 ff.

— (IV) Die Rolle des Parlaments und die Parteiendemokratie, in: Löwenthal/Schwarz (Hrsg.), Die zweite Republik. 25 Jahre Bundesrepublik Deutschland — eine Bilanz, Stuttgart 1974, S. 203 ff.

Hereth, M.: (I) Die parlamentarische Opposition in der Bundesrepublik Deutschland, München, Wien 1969

— (II) Die Reform des Deutschen Bundestages, Opladen 1971

Herzog, R.: Allgemeine Staatslehre, Frankfurt/M. 1971

Hesse, K.: (I) Die verfassungsrechtliche Stellung der politischen Parteien im modernen Staat, VVDStRL 17 (1959), 11 ff.

— (II) Der Rechtsstaat im Verfassungssystem des Grundgesetzes, in: Hesse/Reicke/Scheuner, Staatsverfassung und Kirchenordnung, Festgabe für R. Smend, Tübingen 1962, S. 71 ff.

— (III) Grundzüge des Verfassungsrechts der Bundesrepublik Deutschland, 8. Aufl., Karlsruhe 1975

v. Heyl, A.: Wahlfreiheit und Wahlprüfung, Berlin 1975

Huber, E. R.: Deutsche Verfassungsgeschichte seit 1789, Bd. III: Bismarck und das Reich, Stuttgart 1963

Jerschke, H.-U.: Öffentlichkeitspflicht der Exekutive und Informationsrecht der Presse, Berlin 1971

Jerusalem, F. W.: Die Staatsgerichtsbarkeit, Tübingen 1930

Jülich, H.-C.: Chancengleichheit der Parteien. Zur Grenze staatlichen Handelns gegenüber den politischen Parteien nach dem Grundgesetz, Berlin 1967

Jungheim, B.: Die Geschäftsordnung für den Reichstag mit Anmerkungen, Berlin 1916

Kägi, W.: (I) Zur Entstehung, Wandlung und Problematik des Gewaltenteilungsprinzips, Zürich 1937

— (II) Von der klassischen Dreiteilung zur umfassenden Gewaltenteilung, in: Verfassungsrecht und Verfassungswirklichkeit, Festschrift für H. Huber, Bern 1961, S. 151 ff.

Kaps/Küffner: Das Presse- und Informationsamt der Bundesregierung, Bonn 1969

Kassimatis, G.: Der Bereich der Regierung, Berlin 1967

Kaufmann, E.: Bismarcks Erbe in der Reichsverfassung, Berlin 1917

Kempen, O. E.: Grundgesetz, amtliche Öffentlichkeitsarbeit und politische Willensbildung, Berlin 1975

Kewenig, W.: (I) Die Problematik der unmittelbaren staatlichen Parteienfinanzierung, DÖV 1964, 829 ff.

— (II) Staatsrechtliche Probleme parlamentarischer Mitregierung am Beispiel der Arbeit der Bundestagsausschüsse, Bad Homburg v. d. H. 1970

— (III) Zur Revision des Grundgesetzes: Planung im Spannungsverhältnis von Regierung und Parlament, DÖV 1973, 23 ff.

Kirchheimer, O. (I) Wandlungen der politischen Opposition (1957), in: ders., Politik und Verfassung, Frankfurt/M. 1964, S. 123 ff.

— (II) Deutschland oder der Verfall der Opposition (1966), in: ders., Politische Herrschaft. Fünf Beiträge zur Lehre vom Staat, Frankfurt/M. 1967, S. 58 ff.

Kißler, L.: Die Öffentlichkeitsfunktion des Deutschen Bundestages. Theorie — Empirie — Reform, Berlin 1976

Klein, E.: Die verfassungsrechtliche Problematik des ministerialfreien Raumes. Ein Beitrag zur Dogmatik der weisungsfreien Verwaltungsstellen, Berlin 1974

Klein, H. H.: (I) Bundesverfassungsgericht und Staatsraison. Über Grenzen normativer Gebundenheit des Bundesverfassungsgerichtes, Frankfurt/M., Berlin 1968

— (II) Gefährdungen des Prinzips der Gewaltenteilung in der Bundesrepublik Deutschland, AusPoluZG B 50/74, S. 3 ff.

Krüger, H.: Allgemeine Staatslehre, 2. Aufl., Stuttgart, Berlin, Köln, Mainz 1966

Laband, P.: Parlamentarische Rechtsfragen, DJZ 1903, 5 ff.

Landshut, S.: Formen und Funktionen der parlamentarischen Opposition, in: G. Eisermann (Hrsg.), Wirtschaft und Kultursystem [Festschrift für A. Rüstow], Erlenbach-Zürich, Stuttgart 1955, S. 214 ff.

Lechner, H.: Bundesverfassungsgerichtsgesetz, 3. Aufl., München 1973

Lechner/Hülshoff: Parlament und Regierung. Textsammlung des Verfassungs-, Verfahrens- und Geschäftsordnungsrechts der obersten Bundesorgane mit Anmerkungen, Erläuterungen, Hinweisen und Sachregister, 1. Aufl., München 1953, 2. Aufl. 1958, 3. Aufl. 1971

Leibholz, G.: (I) Der moderne Parteienstaat (1960), in: ders., Verfassungsstaat und Verfassungsrecht, Stuttgart, Berlin, Köln, Mainz 1973, S. 68 ff.

— (II) Die Kontrollfunktion des Parlaments (1965), in: ders., Strukturprobleme der modernen Demokratie, 3. Aufl., Karlsruhe 1967, S. 295 ff.

— (III) Regierung und Parlament (1930), ebd. S. 160 ff.

Leihe, B.: Probleme der Tätigkeit des Presse- und Informationsamtes der Bundesregierung, MDR 1969, 445 ff.

Leisner, W.: (I) Öffentlichkeitsarbeit der Regierung im Rechtsstaat, Berlin 1966

- (II) Die quantitative Gewaltenteilung. Für ein neues Verständnis der Trennung der Gewalten, DÖV 1969, 405 ff.

Lenz, H.: Rundfunkorganisation und öffentliche Meinungsfreiheit, JZ 1963, 338 ff.

Liesegang, H. (Hrsg.): Parlamentsreform in der Bundesrepublik. Dokumente zur Reform von Aufgabe und Arbeit des Parlaments und seiner Abgeordneten im parlamentarischen Regierungssystem, Berlin 1974

Linck, J.: Fraktionsstatus als geschäftsordnungsmäßige Voraussetzung für die Ausübung parlamentarischer Rechte. Zur individuellen und kollektiven Gestaltung parlamentarischer Tätigkeit, DÖV 1975, 689 ff. (dazu Dellmann)

Lippert, M. R.: Bestellung und Abberufung der Regierungschefs und ihre funktionale Bedeutung für das parlamentarische Regierungssystem, entwickelt am Beispiel des deutschen Bundeskanzlers und des britischen Premierministers, Berlin 1973

Lipphardt, H.-R.: Die Gleichheit der politischen Parteien vor der öffentlichen Gewalt. Kritische Studie zur Wahl- und Parteienrechtsjudikatur des Bundesverfassungsgerichts, Berlin 1975

Lörken, G.: Die Rechte der parlamentarischen Minderheiten und der einzelnen Abgeordneten nach dem Geschäftsordnungsrecht des Deutschen Bundestages, jur. Diss. Köln 1963

Loewenberg, G.: Parlamentarismus im politischen System der Bundesrepublik Deutschland, Tübingen 1969

Loewenstein, K.: (I) Staatsrecht und Staatspraxis von Großbritannien, Bd. I, Berlin, Heidelberg, New York 1967

— (II) Zur Gegenwartslage des britischen Parlamentarismus, Tübingen 1967

— (III) Verfassungslehre, 2. Aufl., Tübingen 1969

Lohmann, K.: Der Deutsche Bundestag, Frankfurt/M., Bonn 1967

v. Mangoldt, H.: Das Verhältnis von Regierung und Parlament, in: E. Wolff (Hrsg.), Beiträge zum öffentlichen Recht, Berlin, Tübingen 1950, S. 47 ff.

v. Mangoldt/Klein: Das Bonner Grundgesetz [Kommentar], 2. Aufl., Berlin, Frankfurt/M. 1957 ff.

Materialien zum Bericht [der Bundesregierung] zur Lage der Nation 1972, BT-Drs. VI/3080, Bonn [Febr.] 1972

Maunz/Dürig/Herzog: Grundgesetz, [Loseblatt-]Kommentar, 2. Aufl., München 1963 ff. (Stand: Januar 1976)

Mayer-Tasch, P. C. (Hrsg.): Die Verfassungen der nicht-kommunistischen Staaten Europas. Mit einem Essay, verfassungsgeschichtlichen Abrissen und einem vergleichenden Sachregister hrsg. v. P. C. Mayer-Tasch i. Verb. m. I. Contiades, 2. Aufl. München 1975

Meyer, H.: (I) Wahlsystem und Verfassungsordnung. Bedeutung und Grenzen wahlsystematischer Gestaltung nach dem Grundgesetz, Frankfurt/M. 1973

— (II) Das parlamentarische Regierungssystem des Grundgesetzes. Anlage — Erfahrungen — Zukunftseignung, VVDStRL 33 (1975), 69 ff.

Mielke, S.: Art. ‚Wortmeldung, Worterteilung, Wortentziehung', in: HbdParl., S. 542 f.

Moecke, H.-J.: (I) Die Rechtsnatur der parlamentarischen Fraktionen, NJW 1965, 276 ff.

— (II) Die parlamentarischen Fraktionen als Vereine des öffentlichen Rechts, NJW 1965, 567 ff.

— (III) Die verfassungsmäßige Stellung der Fraktionen. Staatsrechtliche und dogmatische Probleme ihrer Institutionalisierung, DÖV 1966, 162 ff.

v. Mohl, R.: (I) Vorschläge zu einer Geschäfts-Ordnung des verfassungsgebenden Reichstages, Heidelberg [April] 1848 (vgl. auch Schwarzenberg/Mohl/Murschel)

— (II) Kritische Erörterungen über Ordnung und Gewohnheiten des Deutschen Reiches. II. Die Verhandlungen im Reichstage, ZgesStW 31 (1875), 39 ff.

Morscher, S.: Die parlamentarische Interpellation, Berlin 1973

Müller, F.: (I) Normstruktur und Normativität. Zum Verhältnis von Recht und Wirklichkeit in der juristischen Hermeneutik, entwickelt an Fragen der Verfassungsinterpretation, Berlin 1966

— (II) Normbereiche von Einzelgrundrechten in der Rechtsprechung des Bundesverfassungsgerichts, Berlin 1968

— (III) Die Positivität der Grundrechte. Fragen einer praktischen Grundrechtsdogmatik, Berlin 1969

— (IV) Juristische Methodik, Berlin 1971

Müller-Meiningen, E.: Zolltarif — Reichsverfassung — Geschäftsordnung des deutschen Reichstages, AnnDR 1902, 713 ff.

Neisser, K. u. O.: Die Geschäftsordnung des Abgeordnetenhauses des Reichstages. Ihre Geschichte und ihre praktische Handhabung von 1861 - 1909, 2 Bde., Wien, Leipzig 1909

Oberreuter, H.: Institutionalisierung der Opposition? Opposition und Parlamentsreform, in: ders. (Hrsg.), Parlamentarische Opposition. Ein internationaler Vergleich, Hamburg 1975, S. 266 ff.

Offizieller Bericht über die Verhandlungen zur Gründung eines deutschen Parlaments, Frankfurt/M. 1848

Parlamentarischer Rat, Schriftlicher Bericht zum Entwurf des Grundgesetzes für die Bundesrepublik Deutschland, erstattet von dem Berichterstatter des Hauptausschusses für das Plenum, Anlage zum Stenographischen Bericht der 9. Sitzung des parlamentarischen Rates am 6. Mai 1949, Bonn 1949

Parlamentsreform. Anträge und Vorschläge der Abgeordneten und Fraktionen in der 5. Wahlperiode, hrsg. von der Wiss. Abteilung des Deutschen Bundestages, Materialien Nr. 10, Bonn 1969

Partsch, K. J.: Empfiehlt es sich, Funktion, Struktur und Verfahren der parlamentarischen Untersuchungsausschüsse grundlegend zu ändern?, Gutachten, in: Verhandlungen des 45. DJT, Bd. I, Teil 3, München, Berlin 1964

Perels, K.: (I) Das autonome Reichstagsrecht, Berlin 1903

— (II) Geschäftsgang und Geschäftsformen [des Reichstags], in: HbDStR I (1930), S. 449 ff.

— (III) Geschäftsgang, Geschäftsformen, Rechtsstellung der Mitglieder [der Landesparlamente], HbDStR I (1930), S. 642 ff.

Peters, H.: (I) Die Gewaltentrennung in moderner Sicht, Köln, Opladen 1954

— (II) Die Opposition in der parlamentarischen Demokratie, ÖZöR NF 10 (1959/60), 424 ff.

Plate, A.: Die Geschäftsordnung des Preußischen Abgeordnetenhauses, ihre Geschichte und ihre Anwendung. Unter Berücksichtigung der Geschäftsordnung und der Gewohnheiten des Deutschen Reichstages, Berlin 1904

Pohle, H.: Der Rundfunk als Instrument der Politik. Zur Geschichte des deutschen Rundfunks von 1923 - 1938, Hamburg 1955

Rasner, W.: Herrschaft im Dunkel? Aufgabe und Bedeutung des Ältestenrates, in: Hübner/Oberreuter/Rausch (Hrsg.), Der Bundestag von innen gesehen. 24 Beiträge, München 1969, S. 99 ff.

v. Rauchhaupt, F. (Hrsg.): Handbuch der Deutschen Wahlgesetze und Geschäftsordnungen, München, Leipzig 1916

Rausch/Oberreuter: Reform in der Dunkelkammer? Zum Selbstverständnis der Bundestagsabgeordneten, ZParl 0 (1969), 56 ff.

Redlich, J.: Recht und Technik des englischen Parlamentarismus, Leipzig 1905

Reifenberg, G. A.: Die Bundesverfassungsorgane und ihre Geschäftsordnungen, jur. Diss. Göttingen 1958

Richtlinie für das Verfahren bei Fernseh-Erklärungen der Bundesregierung und für Erklärungen der Bundestagsfraktionen im ARD-Gemeinschaftsprogramm, in: Media Perspektiven 1974, H. 2, S. 88 f.

Ridder, H.: (I) Besprechung von Leisner I, in: AöR 93 (1968), 402 ff.

— (II) In Sachen Opposition: Adolf Arndt und das Bundesverfassungsgericht, in: Ehmke/Schmid/Scharoun (Hrsg.), Festschrift für A. Arndt, Frankfurt/M. 1969, S. 323 ff.

— (III) Grundgesetz und „Öffentlichkeitsarbeit", in: J. P. Ruppert (Hrsg.), Freiheit und Verantwortung in Gesellschaft und Erziehung, Festschrift für E. Stein, Frankfurt/M. 1969, S. 57 ff.

Rinck, H.-J.: Allgemeinheit und Gleichheit der Wahl als Wegbereiter zu einem zeitgemäßen Verständnis der Menschenwürde, in: Leibholz/Faller/Mikat/Reis (Hrsg.), Menschenwürde und freiheitliche Rechtsordnung, Festschrift für W. Geiger, Tübingen 1974, S. 677 ff.

Rinck, H. W.: Die Fraktionen in der Verfassungsgerichtsbarkeit, jur. Diss. Heidelberg 1957

Ritter, G. A.: (I) Deutscher und britischer Parlamentarismus. Ein verfassungsgeschichtlicher Vergleich, Tübingen 1962

— (II) Die Kontrolle von Regierung und Verwaltung in Großbritannien, in: Ritter/Ziebura (Hrsg.), Faktoren der politischen Entscheidung, Festgabe für E. Fraenkel, Berlin 1963, S. 294 ff.

— (III) Entwicklungsprobleme des deutschen Parlamentarismus, in: ders. (Hrsg.), Gesellschaft, Parlament und Regierung. Zur Geschichte des Parlamentarismus in Deutschland, Düsseldorf 1974, S. 11 ff.

Ritzel, H. G.: Parlamentarische Geschäftsordnungen im Weimarer Reichstag und im Deutschen Bundestag, in: E. Deuerlein (Hrsg.), Der Reichstag. Aufsätze, Protokolle und Darstellungen zur Geschichte der parlamentarischen Vertretung des deutschen Volkes 1871 - 1933, Frankfurt/M., Bonn 1963, S. 145 ff.

Ritzel/Koch: Geschäftsordnung des Deutschen Bundestages. Text und Kommentar, Frankfurt/M. 1952

Röhring/Sontheimer (Hrsg.): Handbuch des deutschen Parlamentarismus. Das Regierungssystem der Bundesrepublik in 270 Stichworten, München 1970 (zit.: HbdParl.)

Roßmann, G.: Die Leitung der Parlamentsverhandlungen durch das Präsidium des Reichstags, jur. Diss. Jena 1926/27

Rupp-v. Brünneck, W.: Zur Grundrechtsfähigkeit juristischer Personen, in: Ehmke/Schmid/Scharoun (Hrsg.), Festschrift für A. Arndt, Frankfurt/M. 1969, S. 349 ff.

Sänger, F. (Hrsg.): Die Volksvertretung. Handbuch des Deutschen Bundestags, Stuttgart 1949

Sänger, G.: Die Funktion amtlicher Pressestellen in der demokratischen Staatsordnung, dargestellt am Beispiel der Bundesrepublik Deutschland, Frankfurt/M., Berlin 1965

Schäfer, F.: Der Bundestag. Eine Darstellung seiner Aufgaben und seiner Arbeitsweise, verbunden mit Vorschlägen zur Parlamentsreform, Köln, Opladen 1967

Scheuner, U.: (I) Der Bereich der Regierung, in: Rechtsprobleme in Staat und Kirche, Festschrift für R. Smend, Göttingen 1952, S. 253 ff.

— (II) Das parlamentarische Regierungssystem in der Bundesrepublik Deutschland, DÖV 1957, 633 ff.

— (III) Die Parteien und die Auswahl der politischen Leitung im demokratischen Staat, DÖV 1958, 641 ff.

— (IV) Das repräsentative Prinzip in der modernen Demokratie, in: Verfassungsrecht und Verfassungswirklichkeit, Festschrift für H. Huber, Bern 1961, S. 222 ff.

— (V) Das Wesen des Staates und der Begriff des Politischen in der neueren Staatslehre, in: Hesse/Reicke/Scheuner (Hrsg.), Staatsverfassung und Kirchenordnung, Festgabe für R. Smend, Tübingen 1962, S. 225 ff.

— (VI) Politische Koordination in der Demokratie, in: Bracher/Dawson/Geiger/Smend (Hrsg.), Die moderne Demokratie und ihr Recht, Festschrift für G. Leibholz, Bd. II, Tübingen 1966, S. 899 ff.

— (VII) Entwicklungslinien des parlamentarischen Regierungssystems in der Gegenwart, in: Ehmke/Schmid/Scharoun (Hrsg.), Festschrift für A. Arndt, Frankfurt/M. 1969, S. 385 ff.

— (VIII) Verantwortung und Kontrolle in der demokratischen Verfassungsordnung, in: Ritterspach/Geiger (Hrsg.), Festschrift für G. Müller, Tübingen 1970, S. 379 ff.

— (IX) Zur Entwicklung des parlamentarischen Verfahrens im Deutschen Bundestag, in: Lembruch/v. Beyme/Fetscher, Demokratisches System und politische Praxis der Bundesrepublik [Festschrift für Th. Eschenburg], München 1971, S. 143 ff.

— (X) Zur Entwicklung des Parlaments unter der Ordnung des Grundgesetzes, in: G. A. Ritter (Hrsg.), Gesellschaft, Parlament und Regierung. Zur Geschichte des Parlamentarismus in Deutschland, Düsseldorf 1974, S. 421 ff.

— (XI) Die Lage des parlamentarischen Regierungssystems in der Bundesrepublik, DÖV 1974, 433 ff.

— (XII) Das Mehrheitsprinzip in der Demokratie, Opladen 1973

Schindler, P.: (I) Die Fragestunde des Deutschen Bundestages, PVS 7 (1966), 407 ff.

— (II) Zum Streit um die gerechte Redezeitverteilung, ZParl 2 (1971), 253 ff.

Schleth, U.: Parteifinanzen. Eine Studie über Kosten und Finanzierung der Parteientätigkeit, zu deren politischer Problematik und zu den Möglichkeiten einer Reform, Meisenheim/Glan 1973

Schmid, G.: Das Verhältnis von Parlament und Regierung im Zusammenspiel der staatlichen Machtverteilung, Basel, Stuttgart 1971

Schmid, K.: Regierung und Parlament, in: H. Wandersleb (Hrsg.), Recht Staat Wirtschaft, Bd. III, Düsseldorf 1951, S. 86 ff.

Schmidt, W.: Chancengleichheit der Fraktionen unter dem Grundgesetz, Der Staat 9 (1970), 481 ff.

Schmidt-Jortzig, E.: Das rechtliche Fundament der Ministerkompatibilität unter dem Grundgesetz. Gewaltenteilung modifizierendes Verfassungsgewohnheitsrecht, ZgesStW 130 (1974), 123 ff.

Schmitt, C.: Verfassungslehre (1928), 4. unveränderte Aufl., Berlin 1965

Schneider, G.: Die unzulässige Beeinflussung politischer Wahlen, jur. Diss. Tübingen 1960

Schneider, H.: (I) Die Bedeutung der Geschäftsordnungen oberster Staatsorgane für das Verfassungsleben, in: Rechtsprobleme in Staat und Kirche, Festschrift für R. Smend, Göttingen 1952, S. 303 ff.

— (II) Der Gegenstand der Normenkontrolle, in: Carstens/Peters, Festschrift für H. Jahrreiß, Köln, Berlin, Bonn, München 1964, S. 385 ff.

— (III) Autonome Satzung und Rechtsverordnung. Unterschiede und Übergänge, in: Hefermehl/Nipperdey (Hrsg.), Festschrift für Ph. Möhring, München, Berlin 1965, S. 521 ff.

Schneider, H.-P.: Die parlamentarische Opposition im Verfassungsrecht der Bundesrepublik Deutschland, Bd. I: Grundlagen, Frankfurt/M. 1974

Schneider, P.: Zur Problematik der Gewaltenteilung im Rechtsstaat der Gegenwart, AöR 82 (1957), 1 ff.

Schönfeld, G.: Das Zitier-, Zutritts- und Rederecht des Artikel 43 Grundgesetz, jur. Diss. Berlin 1973/74

Schreiber, W.: Kommentar zum Bundeswahlgesetz, Handbuch des Wahlrechts zum Deutschen Bundestag Bd. 1, Köln, Berlin, Bonn, München 1976

Schwarzenberg/Mohl/Murschel: Entwurf einer Geschäftsordnung für den verfassungsgebenden Reichstag, Frankfurt/M. [Mai] 1848 (vgl. auch v. Mohl I)

Schweitzer, G. B.: Aktuelle Probleme des parlamentarischen Geschäftsordnungsrechts, NJW 1956, 84 ff.

Seifert, K.-H.: Die politischen Parteien im Recht der Bundesrepublik Deutschland, Köln, Berlin, Bonn, München 1975

Seligmann, R.: Die staatsrechtliche Stellung des deutschen Reichstagspräsidenten, jur. Diss. Heidelberg 1912

Sellmann, Kl.-A.: Der schlichte Parlamentsbeschluß. Eine Studie zum Parlamentsakt außerhalb des Gesetzgebungsverfahrens, dargestellt an Beschlüssen des Bundestages und des bayerischen Landtages, Berlin 1966

v. Seydel, M.: Der Deutsche Reichstag, AnnDR 1880, 352 ff.

Smend, R.: Die Verschiebung der konstitutionellen Ordnung durch die Verhältniswahl (1919), in: ders., Staatsrechtliche Abhandlungen und andere Aufsätze, 2. Aufl., Berlin 1968

Spengler, K.: Die rechtliche Stellung und die Befugnisse des Reichstagspräsidenten, Nürnberg, Leipzig 1912

Starck, Chr.: (I) Politische Parteien, Verfassungsrecht in Fällen, Heft 13, Baden-Baden 1970

— (II) Wahlrecht und Abgeordnete, Verfassungsrecht in Fällen, Heft 14, Baden-Baden 1970

Steffani, W.: (I) Gewaltenteilung im demokratisch-pluralistischen Rechtsstaat, PVS 3 (1962), 256 ff.

— (II) Funktion und Arbeitsweise der Fraktionen im amerikanischen Kongreß und im Deutschen Bundestag. Eine vergleichende Betrachtung, in: Gegenwartskunde 18 (1969), Heft 2, S. 125 ff.

Steiger, H.: Organisatorische Grundlagen des parlamentarischen Regierungssystems. Eine Untersuchung zur rechtlichen Stellung des Deutschen Bundestages, Berlin 1973

Stein, E.: Staatsrecht, 3. Aufl., Tübingen 1973

Steinmüller, W.: Das Informationsrecht des Parlaments, Anhang zu: Grundfragen des Datenschutzes, Gutachten im Auftrage des Bundesministeriums des Innern (1971), BT-Drs. VI/3826, Bonn [Sept.] 1972, S. 163 ff. (zusammen mit B. Lutterbeck, C. Mallman, U. Harbort, G. Kolb, J. Schneider)

Sternberger, D.: (I) Über parlamentarische Opposition, in: G. Eisermann (Hrsg.), Wirtschaft und Kultursystem [Festschrift für A. Rüstow], Erlenbach-Zürich, Stuttgart 1955, S. 301 ff.

— (II) Gewaltenteilung und parlamentarische Regierung in der Bundesrepublik Deutschland, PVS 1 (1960), 22 ff.

— (III) Parlamentarische Regierung und parlamentarische Kontrolle, PVS 5 (1964), 4 ff.

Sturm, G.: Die Inkompatibilität im geltenden deutschen Staatsrecht, jur. Diss. Würzburg 1966

Szmula, V.: (I) Die Arbeit des Geschäftsordnungsausschusses. Aufgabe und Bedeutung eines Bundestagsausschusses, phil.-hist. Diss. Heidelberg 1970

— (II) Art. ‚Redezeit', in: HbdParl., S. 421

— (III) Zum Selbstverständnis des Deutschen Bundestages, AusPoluZG B 39/74, S. 19 ff.

Thamm, P.: Die gegenwärtige Handhabung der Interpellation im Deutschen Reichstag, jur. Diss. Kiel 1932

Thaysen, U.: Parlamentsreform in Theorie und Praxis, Opladen 1972

Trossmann, H.: (I) Reichstag und Bundestag — Organisation und Arbeitsweise, in: E. Deuerlein (Hrsg.), Der Reichstag. Aufsätze, Protokolle und Darstellungen zur Geschichte der parlamentarischen Vertretung des deutschen Volkes 1871 - 1933, Frankfurt, Bonn 1963, S. 125 ff.

— (II) Parlamentsrecht und Praxis des Deutschen Bundestages, Kommentar in alphabetischer Ordnung, Bonn 1967

Tschermak von Seysenegg, A.: Die Fraktionen im Deutschen Bundestag und ihre verfassungsrechtliche Stellung, jur. Diss. Freiburg 1971

Uhlitz, O.: Öffentlichkeitsarbeit der Regierung und Parteifinanzierung, Recht und Politik 2 (1966), H. 4, S. 12 ff.

Veen, H.-J.: Die parlamentarische Regierung zwischen Subordination und politischer Führung. Darstellung und Kritik der Parlamentarismustheorien im gegenwärtigen deutschen Verfassungsrecht, AusPoluZG B 38/72, S. 3 ff.

Vonderbeck, H.-J.: Das Rederecht der Mitglieder des Bundesrates und ihrer Beauftragten im Deutschen Bundestag, DÖV 1976, 555 ff.

Weber, M.: (I) Die Abänderung des Artikel 9 der Reichsverfassung (1917), in: ders., Gesammelte politische Schriften, 3. Aufl., hrsg. v. J. Winckelmann, Tübingen 1971, S. 222 ff.

— (II) Bismarcks Erbe in der Reichsverfassung (1917), ebd. S. 241 ff. (Rez. zu E. Kaufmann)

— (III) Parlament und Regierung im neugeordneten Deutschland. Zur politischen Kritik des Beamtentums und Parteiwesens (1918), ebd. S. 306 ff.

Weber, W.: (I) Parlamentarische Unvereinbarkeiten (Inkompatibilitäten), AöR 58 (1930), 161 ff.

— (II) Die Teilung der Gewalten als Gegenwartsproblem (1959), in: ders., Spannungen und Kräfte im westdeutschen Verfassungssystem, 3. Aufl., Berlin 1970, S. 152 ff.

Weiler, J.: Politische Parteien, Fraktionen und Abgeordnete im Verfassungsprozeß: Ungeklärte Rechtswege, ZParl 4 (1973), 525 ff.

Wigard, F. (Hrsg.): Stenographischer Bericht über die Verhandlungen der deutschen constituirenden Nationalversammlung zu Frankfurt am Main, 9 Bde., Frankfurt/M. 1848/49

Wildenmann/Kaltefleiter, Funktionen der Massenmedien, Frankfurt/M., Bonn 1965

Witte-Wegmann, G.: Recht und Kontrollfunktion der Großen, Kleinen und Mündlichen Anfragen im Deutschen Bundestag, Berlin 1972

Wittig, P.: Politische Rücksichten in der Rechtsprechung des Bundesverfassungsgerichts?, in: Der Staat 8 (1969), 139 ff.

Wollmann, H.: Die Stellung der Parlamentsminderheiten in England, der Bundesrepublik Deutschland und Italien, Den Haag 1970

Zirker, G.: Die staatsrechtliche Stellung der Opposition nach dem Grundgesetz, jur. Diss. Würzburg 1970

Zschucke, O. (Hrsg.): Die Geschäftsordnungen der deutschen Parlamente, Berlin 1928

Anhang

Auszüge aus der Geschäftsordnung des Deutschen Bundestages

a) GOBT in der Fassung vom 22. 5. 1970 (BGBl. I S. 628)

§ 11 Reihenfolge der Fraktionen. Nach der Stärke der Fraktionen bestimmt sich ihre Reihenfolge. Bei gleicher Fraktionsstärke entscheidet das Los, das vom Präsidenten in einer Sitzung des Bundestages gezogen wird. Erledigte Mitgliedersitze werden bis zur Neubesetzung bei der Fraktion mitgezählt, die sie bisher innehatte.

§ 12 Stellenanteile der Fraktionen. Die Zusammensetzung des Ältestenrates und der Ausschüsse sowie die Regelung des Vorsitzes in den Ausschüssen ist im Verhältnis der Stärke der einzelnen Fraktionen vorzunehmen. Derselbe Grundsatz wird bei Wahlen, die der Bundestag vorzunehmen hat, angewandt.

§ 33 Reihenfolge der Redner. (1) Der Präsident bestimmt die Reihenfolge der Redner. Dabei soll ihn die Sorge für sachgemäße Erledigung und zweckmäßige Gestaltung der Beratung, die Rücksicht auf die verschiedenen Parteirichtungen, auf Rede und Gegenrede und auf die Stärke der Fraktionen leiten; insbesondere soll nach der Rede eines Mitgliedes oder Beauftragten der Bundesregierung eine abweichende Meinung zu Wort kommen.

(2) Der Präsident kann zu bestimmten Tagesordnungspunkten den Redner bitten, seine Redezeit anzugeben.

(3) Der erste Redner in der Beratung von Anträgen soll nicht der Fraktion des Antragstellers entnommen werden. Antragsteller und Berichterstatter können sowohl zu Beginn wie nach Schluß der Beratung das Wort verlangen. Der Berichterstatter hat das Recht, jederzeit das Wort zu ergreifen.

(4) In den Ausschüssen erfolgt die Worterteilung in der Reihenfolge der Wortmeldungen.

§ 39 Rededauer. (1) Die Zeitdauer für die Aussprache über einen Gegenstand wird — in der Regel nach Vorschlag des Ältestenrates — vom Bundestag festgesetzt. Sie kann während der Beratung eines Gegenstandes geändert werden.

(2) Der einzelne Redner soll nicht länger als fünfzehn Minuten sprechen. Jede Fraktion kann für einen ihrer Redner fünfundvierzig Minuten Redezeit beanspruchen. Der Präsident kann die Redezeit auf Antrag verlängern. Er soll sie verlängern, wenn dieser Antrag von einer Fraktion gestellt wird oder wenn der Gegenstand oder Verlauf der Aussprache dies nahelegt. Dabei soll er die Grundsätze des § 33 Abs. 1 Satz 2 beachten.

(3) Spricht ein Mitglied des Bundestages über die Redezeit hinaus, so kann ihm der Präsident nach einmaliger Mahnung das Wort entziehen. Ist einem Redner das Wort entzogen, so darf er es in derselben Aussprache zum selben Gegenstand nicht wieder erhalten.

§ 48 Wiedereröffnung der Aussprache. (1) Ergreift nach Schluß der Aussprache oder nach Ablauf der beschlossenen Redezeit ein Mitglied oder Beauftragter der Bundesregierung oder des Bundesrates zu dem Gegenstand das Wort, so ist die Aussprache wieder eröffnet.

(2) Erhält während der Aussprache ein Mitglied oder Beauftragter der Bundesregierung oder des Bundesrates zu dem Gegenstand das Wort, so haben die Fraktionen, deren Redezeit zu diesem Tagesordnungspunkt bereits erschöpft ist, das Recht, noch einmal ein Viertel ihrer Redezeit in Anspruch zu nehmen.

(3) Ergreift ein Mitglied oder Beauftragter der Bundesregierung oder des Bundesrates das Wort außerhalb der Tagesordnung, so wird auf Verlangen von soviel anwesenden Mitgliedern des Bundestages, wie einer Fraktionsstärke entspricht, die Aussprache über seine Ausführungen eröffnet. Anträge zur Sache dürfen hierbei nicht gestellt werden.

b) GOBT vom 6. 12. 1951 (BGBl. 1952 II S. 389)

§ 33 Reihenfolge der Redner. (1) Der Präsident bestimmt die Reihenfolge der Redner. Dabei soll ihn die Sorge für sachgemäße Erledigung und zweckmäßige Gestaltung der Beratung, die Rücksicht auf die verschiedenen Parteirichtungen und auf die Stärke der Fraktionen leiten.

(2) und (3) . . .

§ 39 Rededauer. (1) Die Zeitdauer für die Beratung eines Gegenstandes wird — in der Regel nach Vorschlag des Ältestenrats — vom Bundestag festgesetzt. Sie kann während der Beratung des Gegenstandes geändert werden. Der einzelne Redner soll nicht länger als eine Stunde sprechen. Die Mindestredezeit soll auf nicht weniger als fünf Minuten festgesetzt werden.

(2) . . .

MIX
Papier | Fördert
gute Waldnutzung
FSC® C083411

Kolibri 360 GmbH
Ferdinand-Jühlke-Straße 7
99095 Erfurt, Deutschland
produktsicherheit@kolibri360.de

Druck:
CPI Druckdienstleistungen GmbH
im Auftrag der
Kolibri 360 GmbH
Ferdinand-Jühlke-Str. 7
99095 Erfurt